Dietlind Steinhöfel

Wer bist du, fremde Schwester?

Lebenswege von Frauen in Deutschland – Ost und West

Dietlind Steinhöfel, geb. 1950 in Wolfsburg-Unkeroda bei Eisenach, Journalistin und Buchautorin, lebt und arbeitet in Weimar/Thüringen. Zwei Jahre lang recherchierte sie für dieses Buch. Nach dem Vorbild der Protokollliteratur schrieb sie die authentischen Biografien nach persönlichen Begegnungen mit Frauen aus Ost- und Westdeutschland.

IMPRESSUM

Dietlind Steinhöfel
Wer bist du, fremde Schwester?
Layout und Titelgestaltung: Andreas Klinkert
Titelfoto: Erwin Johann Wodicka / www.BilderBox.com
(gestelltes Foto / die abgebildeten Personen sind nicht identisch mit den in diesem Buch portraitierten Frauen)
Portraitfoto Dietlind Steinhöfel: Maik Schuck
Satz: Sabine Felbinger
Druck: Druckhaus Bayreuth

Verlagsgesellschaft mbH
Postfach 2010
61410 Oberursel
ISBN: 3-88095-112-8

Dietlind Steinhöfel

Wer bist du, fremde Schwester?

Lebenswege von Frauen
in Deutschland – Ost und West

Inhalt

Dietlind Steinhöfel

Geschichten erzählen

Vor vier Jahrzehnten saß ein kleines Mädchen in den Zweigen einer weit ausladenden Kiefer auf einer Anhöhe des Thüringer Waldes und schaute in Richtung Westen. Ob dort, wo der Horizont im Dunst verschwand, schon Hessen war? Im anderen Deutschland wohnten die Cousins und Cousinen, die Onkel und Tanten, die einmal im Jahr zu Besuch kamen. Wie mochte es dort aussehen?

Dieses kleine Mädchen war ich. Durch die familiäre Situation und das Wohnen in Grenznähe beschäftigte mich schon frühzeitig das Ost-West-Thema. Es war für mich erstaunlich, dass die Verwandten anderer Mädchen und Jungen aus unserem Dorf im Ort wohnten. Mit Onkel und Tante verband ich die »andere Welt«, die in der Schule als die »böse« dargestellt wurde und zu Hause als die »freie«. Die ich mit Apfelsinen und Schokolade in Zusammenhang brachte. Als meine Eltern mit meinem Bruder und mir im Sommer 1961 nach Hessen fahren wollten, war ich sehr aufgeregt. Denn es wäre meine erste Westreise geworden. Ich ahnte nicht, dass es ein Besuch ohne Rückkehr hätte werden können. Doch in jenem Sommer wurde die innerdeutsche Grenze dichtgemacht, so dass wir unsere Reise nicht mehr antreten konnten. Als meine Eltern von ihrer Enttäuschung sprachen und mir klar wurde, dass sie in Hessen hatten bleiben wollen, gab mir das einen Stich ins Herz. Ich liebte mein Dorf und meinen Baum, auf dem ich oft stundenlang saß. Die große Neugierde auf diesen »Westen«, den ich nur im Dunst der Landschaft ahnen konnte, wurde verdrängt durch ein starkes Gefühl des Zu-Hause-Seins. Der Gedanke, dass ich nie wieder hätte zurückkommen können, löste Angst in mir aus.

In jenem Sommer 1961 habe ich, ohne es zu wissen, an der Schwelle zu einem anderen Leben gestanden. Walter Ulbricht, damals Staatsratsvorsitzender der DDR, hat mit dem Mauerbau diese Schwelle unpassierbar gemacht. Wie wäre mein Leben verlaufen, wenn ...? Das ist eine Frage, die ich mir in meiner Jugend oft gestellt habe. Ich kann sie nicht beantworten, aber sie hat mich beschäftigt, und sie hat mich nach der Grenzöffnung wieder eingeholt. Wie sieht das Leben der Frauen im anderen Teil Deutschlands aus? Wäre ich so geworden wie sie? Was wissen sie von mir, von unserem Leben in der DDR?

Kurz nach der Wiedervereinigung saßen einige Frauen und Männer in einer Wohnung in Weimar zusammen, unter ihnen Dorothee Sölle. Wir sprachen davon, dass wir unsere Geschichten erzählen müssten. Wir sprachen auch davon, dass sich gleich Gesinnte treffen müssten, um dieser Einigung einen guten Impuls zu geben. Denn es gibt sie, diese Menschen, die für das gegenseitige Verstehen und Miteinander-Gehen etwas tun möchten. Aber wir warten noch aufeinander, wir Menschen in Ost und West. Scheu oder Vorurteile haben Fremdheit oder Unsicherheit entstehen lassen.

Meine Erlebnisse, meine eigene Geschichte, ließen den Gedanken in mir wachsen, davon zu erzählen. Den letzten Anstoß für dieses Buch und meine Reise in die Lebenswelten anderer Frauen meines Jahrgangs 1950 erhielt ich, als ich 1998 zum Klassentreffen fuhr. Jeder erzählte, wie die letzten Jahrzehnte verlaufen waren. Mit meiner Jugendfreundin saß ich einen halben Tag und eine halbe Nacht im Gespräch zusammen. Was für Geschichten! Was für Lebenswege! Ich dachte: Die müssen aufgeschrieben werden!

In vielen Begegnungen mit westdeutschen Menschen hatte ich in den Jahren zuvor erfahren, wie wenig sie von unserem Leben in der DDR wissen. Da geisterten Vorstellungen durch die Köpfe, wir hätten wohl nie richtig gelacht und permanent Angst vor der Stasi gehabt. Wir haben genauso vom Perlonkleid und Petticoat geträumt wie die Mädchen im Westen, auch bei uns haben sich die Beatles-Fans mit den Stones-Fans gestritten. Wir waren verliebt, neugierig, aufmüpfig oder brav. Selbstverständlich haben die politischen Verhältnisse unser Weltbild geprägt, doch sehr verschieden.

Ich wollte aber nicht nur Lebensläufen von Frauen aus dem Osten nachgehen, sondern auch aus Westdeutschland. Weil eben auch jener Aspekt mitschwang: Wie wäre mein Leben verlaufen, wenn ... Und weil unser Bild vom Leben in Westdeutschland nicht minder verzerrt und unbekannt ist.

Im Jahr 2000, als ich 50 wurde, habe ich mich auf die Suche nach gleichaltrigen Frauen gemacht, die ich für mein Buchprojekt begeistern könnte. Sie sollten möglichst aus unterschiedlichen Bundesländern kommen, aus allen Himmelsrichtungen unseres Landes. Was uns verband, war einzig das Geburtsjahr. Ich fragte Freundinnen und Freunde, Kollegen und Kolleginnen. Wie ich zu den einzelnen Kontakten kam, das sind mitunter schon wieder eigene Geschichten. Kollege Zufall war mir ein guter Gehilfe. Ich telefonierte mit den Frauen. Die meisten waren bereit, sich mit mir zu treffen.

Die Lebenswege, die mir die Frauen beschrieben haben, sind keine spektakulären Biografien. Trotzdem sind sie spannend und bewegend. Zwei Jahre habe ich daran gearbeitet. Zwei Jahre, von denen ich sagen kann, dass sie reich und ausgefüllt waren. Ich hatte so wunderbare Begegnungen und Gespräche. Frauen, die mir unbekannt und fremd waren, die ich nie zuvor gesehen hatte, kamen mir im Laufe der Zeit sehr nah. Ich kannte plötzlich ihre Lebensgeschichte, ihre Träume und Wünsche, ihre Ängste und ihre Freuden.

Ich möchte Ihnen, liebe Leserin, lieber Leser, mit meinem Buch von diesem Reichtum etwas abgeben und Sie ermuntern, gleichfalls den Geschichten der anderen zuzuhören – und selbst zu erzählen. Unsere Bäume sind alle nicht in den Himmel gewachsen. Sie stehen auf den Anhöhen in Thüringen und Hessen wie all die Jahrzehnte. Wenn ein Kind heute hinaufklettert, hat es andere Gedanken und Träume als das kleine Mädchen, das ich einmal war. Viele meiner Wünsche haben sich in den fünfzig Jahren meines Lebens erfüllt. Auch der, dass ich nach Hessen gehen und wieder zurückkommen kann.

Im Herbst 2001 will ich mich mit den zehn Frauen treffen, denen ich an dieser Stelle für ihre Mitarbeit und Offenheit danken will. Sie kennen sich untereinander noch nicht. Ich bin gespannt, wie unser Zusammensein gelingen wird. Und ich bin gespannt auf das Leben selbst, das seine Geschichten schreibt: die von Hanna* oder Karin*, von Sonja* oder Hella*, die Ihre und die Meine.

* Zum Schutz der Persönlichkeit wurden die Namen der Frauen geändert und Lebensorte zum Teil verfremdet.

Dorothee Sölle

Respekt vor der Anderen

Die Verständigung zwischen Ost und West in Deutschland ist immer noch nicht selbstverständlich oder vorurteilsfrei geworden, es ist fast so, als stünde die Mauer auch 12 Jahre nach ihrem Fall in den Köpfen und Herzen der Menschen noch da. Dass eine Übernahme noch keine Vereinigung ist, hat sich inzwischen herumgesprochen. Vorurteile wachsen sogar an manchen Stellen, wie das, dass »drüben« schlechterdings alles, auch die Kindergärten und die gemeinsamen Gesundheitspraxen der Ärzte, furchtbar war oder dass es im Westen, wo doch Demokratie Bananen bringt, keine Armut gab.

Die Lebensbeschreibungen von zehn Frauen aus Ost und West, die in diesem Buch gesammelt sind, alle Jahrgang 1950, sind eine schöne Hilfe zur Verständigung der beiden so verschiedenen Kulturen, die sicher noch einige Zeit zum Zusammenwachsen brauchen. Es ist ein nachdenkliches Buch, das zum Zuhören, zum »Guck doch mal endlich hin!« in vielen Formen auffordert. Es tut dies, weil es den Alltag mit all dem, was er für Frauen bedeutet, nicht verschweigt oder glättet, die Sorgen und Ängste um einen alkoholkranken Mann, aber auch die um das Brot, das in der DDR 93 Pfennig kostete und nach der Wende drei Mark.

Von einem Kind wird erzählt, das gern in die Kirche ginge, dessen Vater aber bei der Stasi arbeitet. Ich erwähne dieses Beispiel, weil ich von einer solchen Situation noch nie gehört habe, sie mir auch nicht vorstellen konnte. Es gab in der Westkultur eben andere Ängste, andere Schwierigkeiten. Dass zum Beispiel die Emanzipation der Frauen in der DDR-Kultur früher und selbstverständlicher war als im Westen, ist ein interessantes Faktum, konterkariert allerdings durch eine nach der Wende auftauchende neue Angst vor »Emanzen« oder so harmlosen Begriffen wie »feministische Theologie«!

Dass Frauenkultur und Erzählkultur zusammengehören, ist eine der Voraussetzungen dieses notwendigen und bereichernden Buches. Gerade in der immer brutaler werdenden Globalisierung von oben – ich schreibe diese

Zeilen nach Genua – brauchen wir ein Element, das in der Kultur der DDR besser gedieh und 40 Jahre lang anders rezipiert und akzeptiert wurde als im Westen, das soziale Gewissen, das in der Einteilung der Menschen in »winner« und »loser« verloren geht. »Fremde Schwester« ist ein schöner Titel, der den Respekt vor der Andersheit des Anderen, der »difference«, ausdrückt und gleichzeitig die Verbundenheit, das biblische »Sie ist wie du«, nicht wegwirft.

Regine Hildebrandt

Eine gemeinsame Zukunft

Ich habe mit großem Interesse und wirklicher innerer Beteiligung die Lebensgeschichten der Frauen in Ost und West gelesen und halte es für ganz wichtig, dass auch elf Jahre nach der deutschen Einigung ein solches Buch erscheint. West- und Ostdeutschland gehören mit ihrer getrennten geschichtlichen Entwicklung zusammen, und deswegen ist es notwendig, dass ihre unterschiedlichen Lebensläufe auch zur Kenntnis genommen werden.

Zu meinen enttäuschendsten Erfahrungen in den alten Bundesländern gehört, dass selbst elementare Kenntnisse über die DDR und das Leben in ihr fehlen – alle sind über Stasi und Einmauerung informiert, aber über mehr nicht. Statistiken sagen, dass vor der Wende acht von zehn Bundesbürgern nie in der DDR waren, sie also auch überhaupt nicht kannten; in den Jahren nach der Wende waren es immer noch sechs von zehn. Aus eigener Anschauung kannten also die wenigsten die DDR-Verhältnisse im Alltag – und die waren natürlich nicht rosig, wir entnehmen es den Biografien, aber sie waren für die Entwicklung und Emanzipation der Frauen wesentlich günstiger als in der alten Bundesrepublik. Frauenförderung war Staatsaufgabe. Frauen sollten in allen Bereichen gleichberechtigt am Leben der Gesellschaft teilnehmen. Da die DDR nun eine Arbeitsgesellschaft war, kam der Bildung und der Erwerbstätigkeit der Frauen eine große Bedeutung zu. Nicht nur die selbstverständliche Förderung von Mädchen in der Schule, sondern auch die gezielte Ausbildung in nicht frauentypischen Berufen (53 Prozent haben Abschlüsse im gewerblich-technischen Bereich, in der alten Bundesrepublik 18 Prozent!) führten zu positiven Ergebnissen bei der Gleichstellung. Die erheblichen Differenzen der Entlohnung gegenüber Männern wie in der Bundesrepublik waren im Osten minimal.

Beeindruckend, aber von uns zu DDR-Zeiten leider oft diskreditiert und belächelt, waren die Bemühungen zur Qualifizierung auch älterer Frauen ohne abgeschlossene Berufsausbildung: Berufsbegleitende Ausbildung, Frauensonderstudiengänge führten tatsächlich dazu, dass in Ostdeutschland nur fünf Prozent der Frauen keine abgeschlossene Berufsausbildung hatten, in Westdeutschland dagegen 30 Prozent!

Ich selbst habe als Diplombiologin, die aus politischen Gründen trotz ausgezeichneten Diploms nach dem Studium nicht an die Universität oder die Akademie, sondern in einen Produktionsbetrieb ging, erlebt, dass mir über den Frauenförderplan des Betriebs eine außerplanmäßige Aspirantur, die ich mir allerdings selbst organisiert hatte, ermöglicht wurde, die mich in vier Jahren zur Promotion über ein betriebliches Forschungsthema (neben der normalen Arbeit) führte. Und ich war nicht in der FDJ oder irgendeiner Partei, ja damals nicht einmal im FDGB (dem Einheitsgewerkschaftsbund). Meine männlichen Kollegen, auch Absolventen von Universitäten, hatten diese Möglichkeit nicht!

Leitbild der emanzipierten Frauen in der DDR war aber nicht die erfolgreiche Berufstätige, sondern die berufstätige Ehefrau und Mutter! Die »sozialpolitischen« Maßnahmen für Familien mit Kindern führten dazu, dass (trotz Fristenregelung seit vielen Jahren) statistisch 1,9 Kinder pro Elternpaar zur Welt kamen (Westdeutschland: 1,3 Kinder).

Natürlich mussten auch die Voraussetzungen dafür geschaffen werden, dass die Vereinbarkeit von Berufs- und Familienarbeit überhaupt möglich war: Kinderkrippen, Kindergärten, Schulhorte bis zur vierten Klasse wurden systematisch aufgebaut und standen im Laufe der Entwicklung der DDR dann auch allen dem Bedarf entsprechend zur Verfügung. Natürlich muss man all diese positiven Gegebenheiten immer auch unter dem Gesichtspunkt der politischen Indoktrination sehen. Selbstverständlich wurde Systemkonformität erwartet – wo nicht, gab es Schwierigkeiten. In den Biografien der Ostfrauen erleben Sie die unterschiedlichsten Ausformungen der DDR-Realität: Mal war der Vater bei der Stasi – es gab gar keine Diskussionen; mal waren die Eltern angepasst – zu Hause wird geredet, wie es wirklich ist, in der Schule, wie es gewollt wird, dass es ist! Und schließlich erleben wir einen Pastorinnen-Lebenslauf, bei dem die Kinder eben nicht in den Pionieren waren.

Also – immer die politischen Verhältnisse einschränkend mit im Hinterkopf haben, wenn ich eine positive Bilanz der Frauenemanzipation in der DDR ziehe.

Aber es war eben gelebte Gleichstellung unter den gegebenen Bedingungen: Das selbst verdiente Geld, die sehr billigen Kinderbetreuungsmöglichkeiten, die subventionierten Lebenshaltungskosten ermöglichten auch einer allein erziehenden Frau mit mehreren Kindern, bescheiden klarzukommen. Diese wirtschaftliche Unabhängigkeit halte ich für eine ganz wesentliche Voraussetzung für eine gute gleichberechtigte Partnerschaft.

Ernüchternd war für mich in der Wendezeit nur die Erkenntnis, dass die »gelebte« Emanzipation eben an Bedingungen gebunden war, die nach dem Ende der DDR nicht mehr existierten!

Eine Umfrage unter den ostdeutschen Männern kurz vor und kurz nach der Wende ergab signifikante Unterschiede bei den Ergebnissen zur Zuständigkeit für Kindererziehung und Hausarbeit – auf einmal war diese Mitverantwortung eben nicht mehr selbstverständlich! Unabhängig davon, ob sie wirklich immer maßgeblich wahrgenommen wurde. Die größte Belastung hatten auch in der DDR meistens die Frauen.

In der Bundesrepublik verlief die Entwicklung nach dem Zweiten Weltkrieg völlig anders: Primär haben die Trümmerfrauen, und nicht nur sie, Deutschland mit aufbauen geholfen; aber das Wirtschaftswunder führte zu einem Wohlstand, der den Frauen wieder den Platz bei Haushalt, Kindern und ehrenamtlicher Arbeit zuwies, während das »Familienoberhaupt« das nötige Geld für den Unterhalt der Familie verdiente. Nicht nur bei Akademikern wurde die nichtberufstätige Frau ein Imagefaktor, sondern auch der Facharbeiter im Ruhrgebiet wollte zeigen, dass er es sich leisten kann, seine Frau zu Hause zu haben. Die sich daraus ergebenden Konsequenzen der wirtschaftlichen Abhängigkeit, vor allem wenn die Ehe unglücklich verläuft, haben mich als Sozialministerin stark umgetrieben. Ein großer Teil der Sozialhilfeempfängerinnen mit Kindern ist wegen dieser Lebensläufe in die Sozialhilfe gekommen.

Ein besonders erschütterndes Aha-Erlebnis war in diesem Jahr das Erinnern an die Reform des BGB unter der sozialliberalen Koalition vor 25 Jahren, also 1976: Bis dahin war die Gesetzeslage so, dass die Frau die Verpflichtung hatte, den Haushalt zur Zufriedenheit ihres Mannes zu führen. Wenn sie einen Beruf ausüben wollte, brauchte sie die Zustimmung ihres Mannes. Litt die »Zufriedenheit« über die Haushaltsführung, konnte der Mann die Berufstätigkeit untersagen. Wollte die Frau ihren Wohnort wechseln, brauchte sie ebenfalls die Zustimmung des Ehemannes! So weit die Gesetzeslage bis 1976! Natürlich wird dagegen gehalten, dass das nicht mehr die Rechtswirklichkeit war – sicher nicht. Aber die Prägung der Gesellschaft mit ihren Werten ist natürlich in der Vergangenheit genau so erfolgt – und sitzt tief. Veränderungen sind mühsam und langwierig. Akzeptanz der Kinderbetreuung muss wachsen: Ganztagserziehung im Kindergarten (drei bis sechs Jahre) schadet den Kindern, meinen 47 Prozent der Westdeutschen; nützt den Kindern, meinen 66 Prozent der Ostdeutschen.

Ich hoffe sehr, dass die Biografien der Ostfrauen dabei helfen, Vorbehalte gegen die Vereinbarkeit von Beruf und Familie abzubauen, dass sie helfen, das Leben und die Lebensleistung der Ostdeutschen zu verstehen, dass sie Mauer und Stasi-Horror auf das Maß im Alltag der Normalfamilie herunterbrechen, dass sie mehr Verständnis entstehen lassen für Ostdeutschland und natürlich umgekehrt auch für die westdeutschen Biografien – aber das sind ja jetzt auch unsere! Wir haben eine gemeinsame Zukunft, und da haben wir Frauen in Ost und West noch vieles gemeinsam durchzukämpfen! Hoffentlich mit viel Erfolg in kurzer Zeit!

Ein kalter Wind bläst durch die Straßen Schwerins. Ich habe Schutz gesucht in einem Hauseingang und bin ziemlich aufgeregt. Wie wird mein Abenteuer ausgehen? Karin ist die erste der Frauen, mit der ich mich treffe. Sie ist Pastorin in Mecklenburg-Vorpommern, seit 25 Jahren glücklich verheiratet und hat zwei Töchter. Am Telefon hatte ich ihr mein Anliegen auseinander gesetzt. Sie reagierte aufgeschlossen und neugierig. Im Laufe unseres Gespräches in einem kleinen Büro lerne ich eine wache und temperamentvolle Frau kennen, die streiten kann, aber sich zurücknimmt, wenn es die Situation erfordert. »Unser Gespräch«, sagt sie viele Wochen später, »war fast eine Therapie. Ich entdeckte auf einmal, wie reich mein Leben ist.«

***

Ich war immer so 'ne Brave

Ich habe schon in den ersten Jahren meiner Schulzeit gemerkt, dass es diese beiden Welten gibt: die Kirche und die Schule. Ich ging zur Christenlehre und war bei den Jungen Pionieren. Das gehörte für meine Eltern ganz selbstverständlich zur Schule dazu. Meine Eltern waren wirklich gläubige Christenmenschen. Sie haben nicht viel darüber geredet, hörten im Radio regelmäßig kirchliche Sendungen und gingen jeden Sonntag zum Gottesdienst. Sie schärften mir ein: »Es gehört nicht alles in die Schule, was dich beschäftigt. Sei da vorsichtig! Du musst in der Schule nicht auffallen und aufmüpfig sein. Wenn dir was komisch vorkommt, dann sprich mit uns oder mit dem Pastor.« Ich habe das beherzigt, jedenfalls in den ersten Jahren. Von der menschlichen Seite merkte ich als Kind keinen Unterschied zwischen Christen und Sozialisten. Ich hatte zum Beispiel in der ersten Klasse eine Lehrerin, die später Pionierleiterin war. Das war für mich eine liebenswerte Frau, die sehr nett mit uns Kindern umging. Unsere Schule war zwei Kilometer von unserem Dorf entfernt, und wir gingen über die Felder zum Unterricht. Einmal regnete es sehr stark, und ich hatte kein Regencape mit. Da gab mir diese Lehrerin den Regenmantel von einem ihrer Kinder, und ich bin trocken nach Hause gekommen. Das hat mich damals sehr beeindruckt, und ich finde das heute noch toll.

Bei meinen eigenen Kindern war die Sache mit den Pionieren viel schwieriger. Mein Mann und ich hatten richtige Konflikte miteinander, ob unsere Große nun zu den Pionieren gehen sollte oder nicht. Wir waren damals in Sachsen als Pastorenehepaar angestellt. Christina kam 1982 zur Schule. Mein Mann sagte: »Sie geht auf gar keinen Fall. Wir müssen für die Gemeinde ein Vorbild sein.« Er stammt aus dem Erzgebirge. Dort gehörten selbst in DDR-Zeiten die meisten Leute zur Kirche. Es gingen nur wenige Kinder zu den Pionieren, nicht wie bei uns die ganze Klasse. Mein Mann sagte, wir könnten uns das als Pfarrersleute überhaupt nicht leisten. Ich dagegen war der Meinung, dass es zu hart sei für unsere Kinder, wenn sie als Einzige nicht in der Pionierorganisation wären. Wir haben Christina letztendlich nicht eintreten lassen. Sie hat es in den ersten Jahren nicht leicht gehabt, weil die anderen Kinder überhaupt nicht verstanden, dass jemand nicht bei den Pionieren sein konnte, und weshalb sie kein Halstuch trug. Die Kinder sagten: »Haste wieder dein Halstuch vergessen!« Unsere Tochter hat das sehr beschäftigt, dass die anderen dachten, sie wäre so unordentlich.

Meine Eltern waren Umsiedler aus Polen, aus der Gegend zwischen Warschau und Poznan. »Warthegau« sagten meine Eltern dazu. Ich weiß nicht, wie diese Gegend heute heißt. Sie waren mit ihren Geschwistern und anderen Flüchtlingen nach dem Krieg nach Klein-L. gekommen. Das ist ein kleines, entlegenes Dorf in Mecklenburg, so richtig hinterm Mond. Dort bin ich aufgewachsen. Unser Dorf war fast ausschließlich von Flüchtlingsfamilien bewohnt. Vor dem Krieg war Klein-L. ein Gutsdorf. Die Gutsbesitzerfamilie wurde im Zuge der Bodenreform enteignet. Meine Eltern bekamen Bodenreformland wie die anderen Flüchtlinge. 1949 haben sie geheiratet. Meine Mutter war schon 30, eine alte Jugendliche. Das waren viele damals, nach dem Krieg. Die Flüchtlinge heirateten nur untereinander und nicht etwa Mecklenburger. Die Umsiedler blieben unter sich. Früher wohnten mehr Leute in Klein-L. als heute, und es gab vor allem viele Kinder. Heute leben fast nur alte Menschen dort. Die Jungen sind nach und nach weggezogen.

Als ich klein war, nahmen mich meine Eltern mit aufs Feld. Helfen musste ich dort nicht. Sie erzählten mir später, dass sie sich überlegen mussten, wie sie mich die vielen Stunden beschäftigen konnten. Zum Beispiel hätten sie Eier versteckt, die ich gesucht und natürlich gegessen habe. Oder ich musste irgendetwas erzählen. Sie selbst hatten keinen Beruf gelernt. Sie waren in der Landwirtschaft aufgewachsen. Der Krieg hatte alle Perspektiven zunichte gemacht. Deshalb haben sie mich bestärkt zu lernen. An meinen ersten Schultag erinnere ich mich gut, weil es da Fotos gibt. Es war kein großes Familienereignis wie heute. Meine Eltern hatten kaum Zeit. Es war Sommer- und Erntezeit. Ich glaube, mein Vater war gar nicht mit zur Schule gekommen. Für mich war es trotzdem ein besonderes Ereignis, dass ich jetzt zur Schule gehen durfte. Ich hatte mich sehr darauf gefreut, vor allem weil ich nun mit anderen Kindern zusammen sein konnte. Ich war nicht in den Kindergarten gegangen und hatte keine Geschwister. Deswegen bin ich so ein vernünftiges und braves Kind gewesen. Ich war nie aufmüpfig, wie ich das von meinen eigenen Kindern kenne, nicht mal in der Pubertät. Ich hatte niemanden, mit dem ich mich streiten konnte. Das Streiten habe ich deshalb nicht gut gelernt. Ich denke, dass es besser ist, wenn Geschwister da sind, mit denen man sich auseinander setzen muss und mit denen man sich auch mal über die Eltern auslassen kann. Ich habe gesehen, dass meine Eltern so viel Arbeit hatten, und wollte ihnen keinen Kummer machen. Deshalb habe ich gemacht, was ihnen gut gefiel. Im Dorf wohnte der Bruder meiner Mutter mit Familie. Mein Cousin Werner ist genauso alt wie ich. Seine Mutter war oft krank, deshalb waren wir viel zusammen und haben miteinander gespielt. Wir besaßen nicht so tolle Spiele wie die Kinder heute. Das Spielfeld von »Hase und Wolf« war auf Pappe aufgemalt, und wir spielten mit Halmafiguren. Unsere Eltern haben jedes Jahr zusammen ein Schwein geschlachtet. Bei diesen Schlachtefesten waren wir natürlich voll dabei! Wir haben die Schweinsblase aufgepustet, Erbsen reingefüllt und der Katze an den Schwanz gebunden. Das hat der Katze gar nicht gefallen. Im Winter, wenn wir nicht draußen spielen konnten, malten wir uns mit Kreide einen Kreis auf den Fußboden und spielten Murmeln. Und waren glücklich dabei. Trotzdem empfinde ich es als Defizit, dass ich nicht in den Kindergarten gegangen bin. Mein sozialer Kontakt war ziemlich einseitig. Ich erlebte bei unseren Kindern, die beide im Kindergarten waren, welchen Wert das Zusammensein mit anderen hat. Ich habe zwar nicht darunter gelitten, aber mir fehlte der Umgang mit Gleichaltrigen.

Das erste Mal, dass die politischen Verhältnisse unsere Familie fundamental belasteten, war die Kollektivierung der Landwirtschaft. Aus der Kreisstadt kamen zwei Männer: »Funktionäre mit Aktentaschen und Halbschuhen«. Die wollten meine Eltern überzeugen, dass es doch das Allerbeste und Klügste wäre, sich in dieser Landwirtschaftlichen Produktionsgenossenschaft (LPG) zusammenzuschließen. Die Stimmung bei uns zu Hause war in dieser Zeit sehr gedrückt. Meine Eltern haben viel geweint und sich lange gegen die Zwangskollektivierung gesträubt. Meine und Werners Eltern hatten einige landwirtschaftliche Maschinen gemeinsam. Da, wo es wirtschaftlich notwendig war, haben sich die Leute von allein zusammengetan. Meine Eltern gehörten zu den letzten Bauern im Dorf, die der LPG beigetreten sind. Sie haben diesen Schritt sehr widerwillig getan. Zuerst wurde LPG Typ 1 eingeführt. Da konnten sie privat noch etwas Vieh halten. Bis 1968 hatten sie fünf Kühe, einige Schweine und ein Pferd. Dann kam die LPG Typ 3, und sie mussten alles Vieh abgeben. Das war ein großer Verlust für meine Eltern. Dass sie das Pferd hergeben mussten, schmerzte sie am meisten, glaube ich. Meine Eltern gehörten weder einer Partei noch einer anderen Organisation an, wie DSF oder Gewerkschaft. Nur mit den Pionieren, das sahen sie anders. Das musste man.

An den Mauerbau 1961 habe ich ganz konkrete Erinnerungen, nicht unbedingt wegen der politischen Ereignisse. An diesem 13. August ist mir was Peinliches passiert. Es war ein Sonntag, und ich hatte einen schönen Rock an. Sonntags musste ich etwas Besonderes anziehen. Mit meinem Cousin kletterte ich in Bäumen herum. Dabei zerriss ich meinen Schlüpfer. Das war mir vielleicht peinlich! Meine Tante hat meinen Schlüpfer genäht. Als ich mittags heimkam, war ich mit meinem geflickten Schlüpfer beschäftigt. Doch zu Hause interessierte sich kein Mensch dafür. Meine Eltern hatten auf einem Westsender vom Mauerbau gehört. Das war das einzige Thema: »Also, wir sind jetzt abgesperrt.« Das war mein 13. August. Mir ist vor allem die Aufregung der Erwachsenen in Erinnerung geblieben. Ich war erst elf. Und Berlin war weit weg. Wir hatten keine engen verwandtschaftlichen Westkontakte. Bei Hannover lebte eine Tante, die uns manchmal besuchte. Sehr intensiv war diese Bindung nicht.

Mein Vater ist oft krank gewesen. Er hatte Grauen Star und erblindete 1958. Er war darauf angewiesen, dass er bei vielem begleitet wurde. Ich war oft mit ihm und dem Pferdewagen unterwegs, habe auf dem Kutschbock gesessen und meinen Vater kutschiert. Ende des Jahres wurde er operiert. Weihnachten kam er nach Hause und konnte wieder sehen. Das war ganz wunderbar für uns. Mich hat sehr geprägt, dass man nicht selbstverständlich alle Gesundheit und Kraft zur Verfügung hat. Trotzdem fühlte ich mich in der Kindheit geborgen und behütet. Mein Vater ist letzten Sommer gestorben.

Der Wert, so ein Zuhause zu haben, ist mir erst jetzt wirklich bewusst geworden. Meine Eltern haben mir stets Mut gemacht, wenn ich vor einer neuen Aufgabe stand. Sie meinten: »Du machst das schon!« Das hat mir gut getan. Das ist bis heute so. Wenn mir jemand etwas zutraut und sagt: »Karin, das nimm jetzt mal in Angriff!«, dann mache ich das. Viele haben mich bestärkt, meinen eigenen Weg zu gehen. Das war nicht einfach und nicht typisch für ein kleines Dorf.

Meinem Vater lag sehr viel an meiner Bildung. Er wollte gern, dass ich Akkordeon spiele. Also habe ich mit acht Jahren angefangen, Musikunterricht zu nehmen. Ich habe zuerst Akkordeon gelernt. Die Musiklehrerin kam aus der Kreisstadt zu uns. Sie unterrichtete mehrere Kinder aus dem Dorf und übernachtete bei uns, weil abends kein Zug mehr zurückfuhr. Was meine Eltern alles für mich gemacht haben, ist mir heute fast unbegreiflich! Ich erinnere mich an gute Gespräche abends oder morgens beim Frühstück. Die Musiklehrerin war eine sehr fromme Frau. Sie hat mit mir Musik und Lieder jeglicher Art auf dem Akkordeon geübt. Ich habe die »Träumerei« von Schumann, »Aida« von Verdi, Volkslieder und geistliche Lieder wie »Ich bete an die Macht der Liebe« gespielt. Heute könnte ich mich darüber kaputtlachen. Später nahm ich noch Klavierunterricht. Als die Organistin in unserer Kirchgemeinde aufhörte, habe ich mich an die Orgel gesetzt und mit meiner Freundin, die zwei Jahre älter als ich war, zusammen im Sonntagsgottesdienst gespielt. Der Pastor suchte solche Lieder aus, die wir beide spielen konnten. Für mich war diese Zeit sehr wichtig, auch deshalb, weil der Pastor mir und meiner Freundin so viel zugetraut hat. Unser Pastor konnte gut mit Kindern und Jugendlichen umgehen und sie begeistern. Es gab jeden Sonntag Kindergottesdienst. Da kamen 80 bis 90 Kinder. Das sind Zahlen, die man sich heute in Mecklenburg überhaupt nicht mehr vorstellen kann. Ich war sehr eifrig und interessiert im Gottesdienst und in der Christenlehre. Durch meine Musik war ich jeden Sonntag in der Kirche und erlebte die christliche Gemeinde für mich als sehr großen Freiraum. Dort konnte ich alles sagen und fragen, was ich wollte. Das war ein großer Unterschied zur Schule. Für mich als junges Mädchen war die Erfahrung der Gemeinschaft, die Offenheit und dass sich Leute so selbstverständlich versammeln und was Gemeinsames tun und auf den Pastor hören, sehr beeindruckend. Heute, wo ich selbst Pastorin bin, habe ich manche kritische Anfragen an diese Gemeindearbeit, die sich sehr an der Person des Pastors festmachte. Damals war das für mich gut und gab mir Orientierung.

Irgendwann wurde mir klar: Ich kann nicht so zweispurig weitermachen. Ich halte das nicht aus. Ich ging deshalb nicht zur Erweiterten Oberschule, obwohl ich als Bauernkind sehr gute Chancen gehabt hätte. Es sollten möglichst viele aus der Arbeiter- und Bauernklasse Abitur machen. Sie hätten mich sogar genommen, obwohl ich mich in den oberen Klassen politisch von der offiziellen Meinung distanzierte. FDJ kam für mich nicht in Frage. Das war eine atheistische Organisation und feindlich. Dort wurde gegen den Westen agitiert und gesagt, das seien unsere Feinde. Von der Kirche wusste ich, dass so ein Freund-Feind-Denken falsch ist. Ich hatte mich entschieden, nur zur Konfirmation zu gehen und nicht parallel zur Jugendweihe, wie viele andere das taten. Trotzdem wollte mich meine Direktorin überreden, zur Oberschule zu gehen. Doch ich wollte diese Zweispurigkeit in der Schule nicht mehr. Der Pastor brachte mich schließlich auf meinen Weg. Er sagte: »Es gibt im Raum der Kirche Schulen, wo Leute wie du gut aufgehoben sind.« Daraufhin habe ich mich im kirchlichen Proseminar beworben. Ich fuhr in der zehnten Klasse im Herbst mit meiner Mutter zur Aufnahmeprüfung. Die Prüfung selbst war nicht schwierig, ich wurde nach allerhand Allgemeinwissen gefragt, musste einen Aufsatz schreiben – ich weiß noch genau, dass ich eine Bildbeschreibung zu einem Bild von van Gogh gewählt hatte. Das war alles nicht dramatisch. Aber meine Mutter! Die fand es dort primitiv. Sie meinte, wenn ich schon auf eine höhere Schule gehe, dann muss das auch äußerlich Niveau haben, nicht so einfach und schlicht wie auf dem Dorf. Es war wirklich sehr einfach dort. Wir waren zwei oder drei Mädchen in einem Zimmer, hatten ein gemeinsames Bad und heizten vom Flur aus die Zimmer. Immerhin war es schon ein Vorteil, dass wir nicht im Zimmer heizen mussten. Mir war das völlig egal. Ich wollte unbedingt auf diese Schule und war sehr froh, als ich die Aufnahmeprüfung bestanden hatte.

1967 im September fing das Schuljahr an, und ich ging zum ersten Mal von zu Hause weg. Das Proseminar war eine Internatsschule im Bezirk Cottbus. Das war für mich sehr weit, vielleicht so, als ob heute ein Kind nach Amerika oder Schottland geht. Ich fühlte mich ziemlich klein und verlassen. Die anderen kamen zum Teil aus Pfarrhäusern beziehungsweise aus Elternhäusern, die in der Kirche sozialisiert waren. Meine Eltern waren zwar glaubwürdige Christenmenschen. Bei uns wurde jedoch über Rüben, Kartoffeln und Kühe beim Essen gesprochen und wie das Wetter ist und nicht von Bonhoeffer und von Synoden oder Bischöfen. Ich wusste überhaupt nichts. Ich wusste nichts von Landeskirchen oder anderen Strukturen. Ich habe gedacht: »Mensch, wo kommst du eigentlich her? Du kannst hier gar nicht mithalten.« Doch ich hatte den Ehrgeiz zu lernen und wollte mich anstrengen. Mich hat sehr interessiert, was wir im Proseminar gelernt haben! Für mich ging dort sozusagen die Welt auf. Das kann ich wirklich so bezeichnen. Für Klein-L. war ich fast ein bisschen exotisch. Ich lernte Latein! Es tat mir gut, wenigstens im Dorf was Besonderes zu sein. Im Proseminar kam ich mir manchmal vor wie der letzte Dreck. Ich beeindruckte die Mädchen dann mit anderen Dingen. Meine Mutter schickte mir hin und wieder Pakete mit Hähnchen, Eiern oder Kuchen. Damals kostete ein Paket bloß 80 Pfennig. Da hatte ich also doch was zu bieten!

Was mir so alles einfällt! Wir hatten im Internat Hausdienst. Wir haben wie verrückt gebohnert. Ich habe mein ganzes Leben lang nicht so viel sauber gemacht wie im Internat! Es ging sehr streng zu. Ich war 17, und wir bekamen Ausgang bis halb acht. Abends gab es regelmäßig Programm. Deshalb empfand ich nicht schlimm, dass wir nicht länger ausgehen durften. Zwei Mal in der Woche war Chor, einmal Literaturabend und einmal Geschichtsabend. Manches war wöchentlich, manches wechselte 14-tägig. Ich bin heute noch erstaunt, was die Lehrer uns alles geboten haben. Unser Musiklehrer lud uns in seine Wohnung ein. Er kochte Tee und stellte uns die Beethovensinfonien vor. Er kannte viele Pianisten, die für uns kleine Klavierkonzerte gaben. Der berühmte Webersinke zum Beispiel war auch einmal da. Ich wusste damals nicht, dass er so ein bedeutender Mann war. Ich kam mit Dingen in Berührung, die DDR-Jugendliche in meinem Alter normalerweise nicht hatten. Wir haben Max Frisch und Dürrenmatt und Camus gelesen. Unsere Deutschlehrerin bot oft an: »Wenn euch das interessiert, können wir heute Abend dies und das darüber machen.« Es war toll, dass die Dozenten ihr Wissen an uns weitergegeben haben. Einige meiner Mitschüler fanden diese organisierten Programme furchtbar und waren sauer, dass wir keinen Ausgang hatten. Aber für mich war das ... ja, ich kann es nur wiederholen: Die Welt ging auf! Selbst die geistliche Seite, die Erfahrung von Gemeinschaft, empfand ich großartig. Ich musste mich nicht dagegen auflehnen, dass morgens und abends eine Andacht war oder dass wir Metten gesungen haben. Es hat mir gut getan, mit anderen jungen Leuten das erleben zu können und so intensiv an Kultur herangeführt zu werden. Ich habe mich im Seminar unheimlich wohl gefühlt und gelernt, dass ein persönlicher Einsatz weiterbringt. Die

Lehrerinnen und Lehrer haben nicht einfach ihre Arbeit getan. Gerade weil wir so weit von zu Hause weg waren, gaben uns die gemeinsamen Abende familiäre Atmosphäre. Und das brauchte ich. Das Lernen ist mir nicht leicht gefallen. Ich war gefordert und musste mich ziemlich anstrengen. Durch meinen Musikunterricht war ich zeitlich sehr eingespannt.

Meinen Mann hatte ich schon in der zehnten Klasse kennen gelernt. Zwei seiner Kommilitonen, die aus dem Nachbardorf stammten, hatten ihn Pfingsten 1967 mit in unser Kirchspiel gebracht. Es sollte ein großes Gemeindefest stattfinden. Die beiden hatten Helmut von unserem berühmten Pastor vorgeschwärmt. Am Freitag fuhr ich mit meiner blauen Schwalbe – das war damals schon was Besonderes – auf den Pfarrhof und wollte mir die Lieder für den Pfingstgottesdienst abholen. Das Amtszimmer war voller Jugendlicher. Beim Pastor haben sich immer alle getroffen. Einer stellte sich mir vor: »Helmut, Freund von Siggi.« Das war mein erster Eindruck von meinem Helmut. Ich muss sagen, nicht so berauschend. Es herrschte keine gute Stimmung, da der Pastor die Nachricht bekannt gab, dass das Gemeindefest von den staatlichen Stellen wegen Maul- und Klauenseuche abgesagt worden war. Die Gründe der Absage waren natürlich politisch. Wir waren wütend und haben geschimpft. Doch der Pastor sagte gleich: »Das lassen wir uns nicht vermiesen, wir fahren alle nach A.« Das liegt etwa zehn Kilometer entfernt von Klein-L. Meine Freundin und ich fuhren am Sonntag mit der Schwalbe nach A., die anderen mit dem Fahrrad. Wir spielten Orgel, wie das unsere Pflicht war, und sind nach dem Gottesdienst von der Orgelempore runtergekommen. Unten stand dieser Helmut und fragte: »Wer von euch beiden hat das g-Moll-Präludium von Bach gespielt?« Ich war stolz, dass ich das konnte, obwohl ich keinen Orgelunterricht hatte. Das Stück hatte ich mir selbst eingeübt. Ich hatte überhaupt keine Ahnung, dass irgendwas nicht stimmen könnte. Und dann hat dieser Heini uns doch vorgesungen, wie das richtig geht. Ich hatte es rhythmisch verkehrt gespielt. Einerseits schämte ich mich, andererseits machte das ziemlichen Eindruck auf mich, dass der das g-Moll-Präludium von Bach so gut kannte. Nachmittags sind wir von der Jungen Gemeinde miteinander spazieren gegangen. Helmut pflückte mir Maiglöckchen. Ja, so ging das los mit uns.

Helmut hat es ganz schön schwer mit mir gehabt. Ich mit ihm auch. Wir hielten uns lange sehr auf Distanz. Ich war vorher mit keinem anderen Jungen näher oder gar intim befreundet gewesen. Ich fand manche ganz gut als Kumpels, mehr nicht. Ich hatte große Hemmungen. Ich dachte: »Lass dich mit denen nicht zu sehr ein, das wird zu gefährlich.« Na ja, ich war eben so 'ne Brave. Irgendwie hat das damals für mich gestimmt. Im Seminar hatte ich viele Freunde. Wir sind am Sonnabendnachmittag spazieren gegangen, haben uns tiefsinnig – oder oberflächlich – miteinander unterhalten. Jungs als Kumpels, das war in Ordnung. Die waren wie Brüder für mich. Ohne alles Erotische. Bei mir jedenfalls nicht. Und dadurch, dass ich Helmut schon kannte, als ich auf das Proseminar ging, waren die Fronten klar. Zu Helmut hatte ich einen anderen Draht. Dass es zu anderen Jungen keine Beziehungen gab, lag nicht daran, dass ich das unerlaubt oder unmoralisch fand. Ich bin gar nicht darauf gekommen! Aus heutiger Sicht finde ich das schon ein bisschen eigenartig, weil andere so viele Affären zu erzählen hatten.

Früher mochte ich diese Geschichte vom falschen Orgelspiel nie erzählen. Ich finde es inzwischen sehr gut, wenn man schon in den Anfängen offen und ehrlich miteinander umgehen kann. Das ist bei uns bis heute geblieben. Ich merke, wie wichtig diese Offenheit ist. Gerade beruflich hat mir Helmut viel Mut gemacht, bei der Sache zu bleiben. Auf dem Proseminar wusste ich noch nicht, wie mein weiterer Weg aussehen sollte. Dass ich bei der Kirche anfangen würde, war klar. Woanders hätte ich mit dem kirchlichen Abitur nichts beginnen können. Als Kind wollte ich Apothekerin werden, weil es in der Apotheke der Kreisstadt gut roch und so sauber war. Später wusste ich: Ich will was mit Menschen und mit Musik machen. Für Kirchenmusik als Beruf war ich nicht gut genug. Ich überlegte, Kantor-Katechetin zu werden. Dass ich Theologie studiert habe, ist das Verdienst meiner Lehrer. Vor allem meine Lateinlehrerin und der Griechischlehrer redeten mir zu: »Warum wollen Sie nicht Theologie studieren? Grade als Frau. Sie können doch gut mit Menschen arbeiten.« Ich war sehr zögerlich, denn ich wollte mich nicht vor die Leute stellen und sagen, wo es langgeht und was richtig ist. Sie überzeugten mich mit dem Argument, dass kirchliche Arbeit aus ganz vielen Arbeitsfeldern besteht. Ich hatte Lust, noch zu lernen. Und mein lieber Helmut bestärkte mich: »Solche Pastorinnen wie dich braucht die Kirche!« Ich hatte außerdem inzwischen gemerkt, dass die Katechetinnen sehr unter der Autorität des Pastors stehen. Ich erlebte oft, dass sie sich untergeordnet haben. Ich weiß nicht, ob sie darunter litten. Ich wollte jedoch eigenständig arbeiten können.

Ja, an 1968 erinnere ich mich gut. Der Prager Frühling war so hoffnungsvoll. Obwohl ich nicht so nah dran war, kriegten wir manches von dem Gedankengut mit und von der Aufbruchstimmung. Und dann der Einmarsch der sowjetischen Truppen in Prag. Ich war an diesem Tag in G. und hörte dort aus den Lautsprechern des Dorffunkes diese Nachrichten, die offizielle DDR-Version natürlich. Wir waren sehr betroffen und fragten uns, was das für Folgen haben würde. Helmut stammt aus einem Ort nahe der tschechischen Grenze. Als die Sowjets in Prag einmarschierten, waren gerade Sommerferien, und Helmut war zu Hause. Er schrieb mir, wie sein Dorf voller Armeefahrzeuge war. Die Leute in den südlichen DDR-Gebieten hatten richtig Angst in jenem Sommer. Für sie war dieser Einmarsch besonders hart. Helmut und seine Eltern waren oft in der Tschechoslowakei gewesen. Ich weiß von ihm, dass die Menschen dort zum Teil existenziell betroffen waren. Ich selbst hatte das Gefühl, dass es in der Folge bei uns politisch enger wurde. Im nächsten Frühjahr wurde die Universitätskirche in Leipzig gesprengt. Im April 1968 war die Abstimmung zur Verfassung der DDR. Die Verfassungsdiskussion hat uns sehr beschäftigt. Im Seminar haben wir wochenlang gestritten. Deshalb ist mir dieser Volksentscheid als etwas Bedeutsames gegenwärtig. Aber die Bevölkerung hat ihre Chance verpasst, wirklich mal mitzureden.

Im Proseminar lernte ich eine Kirche kennen, die ganz in dieser Gesellschaft zu Hause sein wollte, wenn auch als Inselkirche. Hierbleiben sozusagen und machen, was dran ist. Das passte zu mir. Ich habe mich jedoch nicht als oppositionell gefühlt oder erlebt. Ich hatte einfach meinen Raum gefunden und war nicht angefochten. So war es auch während der Studienzeit an der kirchlichen Hochschule in Naumburg. Ich bedauerte ein wenig, dass ich nicht in einer Universitätsstadt sein konnte, wo es auch andere Fachrichtungen gab, nicht nur Theologen. Trotzdem existierten in Naumburg ganz viele Meinungen nebeneinander, was mich sehr beeindruckte. Das Studium war für mich eine großartige und reiche Zeit. Wolfgang Ullmann war unser Kirchengeschichtsdozent. Mich hat sehr bewegt, was er dachte und sagte. Ich habe ihn zwar manchmal nicht verstanden – man versteht ihn auch heute nicht immer –, aber er hatte eine Vision und unkonventionelle Ideen, die er uns vermitteln wollte. Unsere theologischen Lehrerinnen und Lehrer waren beeindruckende Menschen, die sich anfragen ließen und sich mit uns auseinander setzten. Wir hatten ganz tolle Arbeitsgemeinschaften: »DDR-Literatur – kommt da Gott vor?« oder »Wie wird mit Sterben und Tod in der DDR-Literatur umgegangen?« zum Beispiel. Wir nutzten diese freiwilligen Angebote, um über Fragen zu sprechen, die dran waren.

Helmut studierte auch in Naumburg. Wir haben jedoch nicht ständig zusammengehockt und Händchen gehalten. Er hatte ganz andere Freunde als ich. Das finde ich gut. Wir haben uns nicht eingeengt. Das wollten wir beide nicht. Er war vier Semester weiter und hatte seinen eigenen Freundeskreis. 1973 haben wir uns verlobt und 1974 geheiratet. Wenn ich mir die gemeinsamen Jahre aus heutiger Perspektive anschaue und mir bewusst werde, dass wir jetzt noch zusammen sein können, werde ich richtig rührselig. Es ist ein ganz großer Wert, dass wir so viele gemeinsame Erinnerungen teilen. Wir können mit unseren jetzt jugendlichen Töchtern vieles besprechen. Wenn ich andere Geschichten höre, wo sich die Leute scheiden lassen oder wo ein Partner gestorben ist, denke ich, dass ich wirklich Grund habe, dankbar zu sein. Uns verbindet so viel miteinander! Ich hätte mir das früher nicht vorstellen können, wie gut es ist, mit einem Partner zusammen Rückschau zu halten. Als wir heirateten, hatte Helmut gerade sein erstes Examen in der Tasche. Ein gutes Jahr später kam unsere erste Tochter zur Welt. Das war im September, genau in den Semesterferien – wie sich das gehört! Am 12. Oktober fing das Semester an. Ich nahm meine kleine Tochter – zur Geburt war ich bei meinen Eltern gewesen –, setzte mich in den Zug und fuhr nach Naumburg. Mein Mann bekam nach einem Jahr Vikariat eine Assistentenstelle in Naumburg. Das war günstig für uns. Er konnte dadurch seine Zeit recht frei einteilen. Außer Stillen konnte er allerhand machen, so dass ich kein Freisemester nach der Entbindung nehmen musste. Wir haben das erste Jahr gut miteinander geschafft. Als Christina größer wurde, halfen meine Eltern. So oft es ging, war sie in Klein-L. Unsere Christina ist ein richtiges Studentenkind. Wir hatten nicht viel Platz, und Christina saß oft in der Bücherecke und hantierte mit den Büchern. Sie hat sie nur angeschaut, nichts kaputtgemacht. Erst wollte sie die Bücher bemalen. Wir konnten ihr das schnell abgewöhnen. Während meiner Prüfungen ging Helmut mit dem Kind raus ins Grüne, Christina war noch keine zwei Jahre alt. Er nahm eine Decke mit und war einen halben Tag mit ihr in den Naumburger Wiesen. Ich konnte ungestört meine Arbeiten schreiben und lernen. Dadurch hat mein Mann eine intensive Beziehung zu unseren Kindern entwickelt. Ich habe ihm diese Zeit mit den Kindern gegönnt und bin sehr froh darüber. Manche Frauen, die alles besonders gut machen wollen, binden ihre Männer kaum in die Kinderbetreuung ein.

Mir waren Arbeit und Beruf immer wichtig. Christina war kurzzeitig in der Kinderkrippe, doch nur so viele Stunden wie unbedingt nötig. Ich höre oft von westdeutschen Frauen, die Frauen in der DDR hätten ihre Kinder in die Krippen gesteckt. Da seien sie von früh sieben Uhr bis abends um fünf geblieben. Das stimmt einfach nicht. Für uns jedenfalls nicht. Es gab zwischen den Krippenerzieherinnen und uns persönliche Absprachen. Außerdem hatten wir den Vorteil, dass die Krippentante bei uns im Haus wohnte und Christina sie gut kannte. Damals hatte ich kein schlechtes Gefühl. Heute frage ich mich schon mal, ob ich die private Seite habe zu kurz kommen lassen. Wenn ich mir unsere Kinder anschaue, meine ich, dass sie keinen Schaden genommen haben. Und sie selbst sagen: »Mutti, das ist ganz in Ordnung, dass du uns nicht nur behütet und beschützt, sondern auch gelassen hast.« Wenn mich westdeutsche Frauen fragen, wie ich das denn geschafft habe, dann weiß ich keine eindeutige Antwort. Ich habe es eben geschafft.

1977 absolvierte ich mein Examen, das war ein theologisch-pädagogisches, also mit einer katechetischen Zusatzausbildung. Ich wollte diese praktische Seite, weil ich mir zu diesem Zeitpunkt nicht vorstellen konnte, Pastorin zu sein. Außerdem kann eine Pastorin die Pädagogik gut gebrauchen. Ich hatte auch meine Musik weiterbetrieben, hatte im Domchor mitgesungen und nebenbei die C-Kantorenprüfung abgelegt. Helmut und ich redeten viel darüber, wie es denn werden würde, wenn wir beide so qualifiziert seien. Wir mussten uns verschiedene berufliche Möglichkeiten offen halten. Während meines Vikariats, das ich in der Nähe von Naumburg machte, war Helmut Assistent an der Hochschule in Leipzig. Das Vikariat war wichtig für mich in der Auseinandersetzung, ob Pastorin der richtige Weg für mich ist oder nicht. Ich erlebte in dieser Zeit, dass man viele unterschiedliche Menschen kennen lernen kann. Der Kontakt zu den Menschen lag mir sehr. Ich hörte gern zu, nahm ihre Geschichten und Fragen ernst und achtete auf die Antworten, die sie durch ihre Lebenserfahrung hatten. Ich war auf einem kleinen Dorf, das von einer Pastorin betreut wurde. Auch das war gut. Danach wusste ich: Ich will Pastorin werden, und ich will mich nicht als Anhängsel von meinem Mann verstehen.

Die Stellensuche wurde 1979 aktuell, als die Assistentenzeit für meinen Mann zu Ende ging und ich das zweite Examen gemacht hatte. Ich wollte nicht einfach dorthin gehen, wo mein Mann hingesetzt wird, und dann schauen, was sich findet. Zum Glück zeigten sich unsere Kirchenoberen offen und freundlich. Damals war ein Theologenehepaar wie wir gern gesehen.

Heutzutage ist das eher nachteilig, weil die Finanzen in der Kirche knapp sind und viele Stellen gestrichen werden. Der zuständige Gebietsdezernent in Dresden und unser Superintendent waren uns gegenüber sehr aufgeschlossen. Sie gaben mir eine so genannte tote Pfarrstelle, damit ich kirchenrechtlich als Pastorin eingestellt werden konnte. Die Kantorkatechetenstelle in W., wo mein Mann die Pfarrstelle bekam, blieb unbesetzt. Wir sind im Herbst nach W. gezogen. Meine Ordination war am 7. Oktober, das war der 30. Jahrestag der DDR, ein Sonntag. Am Vormittag war große Demonstration zum Republikgeburtstag, was uns nicht berührte. Am Nachmittag um 14 Uhr waren meine Ordination und unsere Einführung in die Kirchgemeinde. Bei diesem Datum haben wir natürlich geschmunzelt. Welche Provokation dieser Festgottesdienst für unseren Staatsapparat gewesen sein musste, wurde mir erst nach der Wende wirklich klar. Unseren Dienst regelten wir gemeinsam. Wir teilten das Dorf in zwei Seelsorgebezirke und hielten im Wechsel Gottesdienst. Einer war für die Predigt zuständig, der andere für die Kirchenmusik, die Kinder und die Küche. Der Wechsel wurde von uns strikt eingehalten. Da wir beide Musik machen und Christenlehre halten konnten, war das kein Problem. Anfangs fragten mich die Leute bei Hausbesuchen: »Schön, Frau Traut, dass sie kommen. Aber wann kommt denn der Herr Pfarrer?« Und ich habe geantwortet: »Ich bin die Frau Pfarrer für Sie.« Die Anrede war nicht das Wichtige, die Funktion. Als ich ein paar Beerdigungen und Gottesdienste, ganz selbstverständlich meine Aufgaben, erledigt hatte, gab es diese Probleme nicht mehr. Die klare Trennung der Seelsorgebezirke hat den Leuten geholfen, mich als Pastorin zu akzeptieren.

Mein erster Konfirmandenjahrgang bestand aus vier jungen Leuten! Ich war vor einiger Zeit mit bayrischen Pastorinnen zusammen. Die können sich solche kleinen Gruppen gar nicht vorstellen. Während meiner Zeit in W. erfuhr ich, welche Bedeutung die Kirchgemeinde für viele Leute in der DDR hatte. Ihnen gab die Kirche einen Raum zum Atmen. Ich will das nicht schöner oder schlechter machen. Nur wenige gehörten der Kirche an. Doch selbst für manche Nichtchristen war die Kirche eine Orientierung. Bei der Renovierung unserer Kirche beteiligten sich viele Leute aus dem Dorf. Manche, die mit Kirche gar nichts am Hut hatten, die auch nicht eintreten wollten, spendeten Geld. Für die unterschiedlichsten Menschen in diesem Staat wollte ich Pastorin sein. Ich weiß nicht, ob ich in Westdeutschland Pastorin geworden wäre. Vielleicht doch Apothekerin.

Viele suchten sich in der DDR ihre Nische, unsere war die Kirche. Ich bin jedoch nicht in dieser Nische geblieben: 1985 sind wir nach Leipzig gezogen. Mein Mann hatte eine Stelle am Predigerseminar bekommen. Es war schwer für uns, die Gemeinde zu verlassen. Ich hätte in W. bleiben können, das war nur 50 Kilometer weg von Leipzig. Doch wir waren realistisch und sagten: »Das tut unserer Familie nicht gut.« Wir hatten bisher unser Familienleben und unsere Freizeit gemeinsam geplant und organisiert. Das war uns wichtig. Wir machten der Kirchenleitung klar, dass Helmut erst anfangen kann, wenn auch ich etwas gefunden habe. Es ergab sich, dass die Stelle der Krankenhausseelsorge an den Universitätskliniken frei wurde. Der Krankenhausseelsorger war nach dem Westen ausgereist. Ich hatte schon in W. mit Krankenhausseelsorge begonnen, die sehr im Kommen war, und gemerkt, dass mir dieses Gebiet lag. Auf Grund meiner Erfahrungen bekam ich diese Stelle. Das war für mich schon was Besonderes, auch äußerlich. Ich hatte zwar kein Büro, aber einen Stempel »Krankenhausseelsorge bei den Kliniken der Karl-Marx-Universität«. So hieß dieses Pfarramt. Im Februar 1985, ich war knapp 35, sind wir umgezogen, am 1. März trat ich meine neue Stelle an. Ein paar Tage nach Dienstantritt schrieb ich einen Brief an den Prorektor, der zuständig war für den Bereich Medizin. Ich teilte ihm mit, dass ich den Dienst angetreten hätte und dass ich mich bei ihm vorstellen möchte. Natürlich mit meinem Stempel versehen! Die Sekretärin rief umgehend zurück und gab mir einen Termin bei diesem Prorektor. Das geht mir heute noch durch und durch, wenn ich an dieses Treffen denke! Dieser Mann begann das Gespräch: »Als Erstes muss ich Ihnen sagen, dass ich mich über Ihr Anliegen gefreut habe. Hier arbeiten so viele tausend Leute, die ich nicht kenne. Dass Sie einfach sagen, Sie wollen sich bei mir vorstellen, gefällt mir.« Ich antwortete ganz offen: »Ich bin darauf angewiesen. Ich habe hier überhaupt nichts und niemanden in dieser Uniklinik. Ich muss bei irgendeinem Menschen ankommen.« Er sah mich an und meinte: »Das sind Sie. Und wenn es irgendwo Schwierigkeiten gibt, melden Sie sich bei mir.« Er sagte deutlich, dass er SED-Genosse sei und Funktionär, und er setze voraus, dass ich die Leute nicht zum Glauben und zur Kirche zwinge. Das war für mich selbstverständlich. Er fragte mich nach meinem Aufgabengebiet. »Ich werde Menschen besuchen und sehen, was sie brauchen – von mir und von der Kirche«, antwortete ich. Ich bekam sozusagen »seinen Segen«. Das hat mir unwahrscheinlich gut getan. Ich besitze ein Foto von mir vor einem Gebäude der Uni.

Da ist deutlich das Schild zu sehen »Karl-Marx-Universität«. Das muss im Herbst aufgenommen worden sein, um den 7. Oktober, denn es war alles geflaggt. Deshalb ist die DDR-Fahne mit auf dem Bild. Ich hatte dieses Foto mit bei Pastorinnen in Bayern, die mich zu ihrem 25-jährigen Ordinationsjubiläum eingeladen hatten. Erst dachte ich: »Das ist sehr verfänglich, wenn ich das zeige.« Doch das gehört eben zu meiner Identität. Ich konnte mich in dieser Uniklinik frei und selbstbewusst bewegen und uneingeschränkt wirken. Es gab überhaupt keine Schwierigkeiten. Das Gespräch mit dem Prorektor hatte mir sozusagen Boden unter die Füße gegeben. Ich hatte gemerkt: Der ist nicht gegen mich. Alles andere musste ich selbst machen. Zehn Jahre arbeitete ich dort. Es bedeutet mir viel, dass ich für so viele Menschen Vertrauensperson sein konnte. Die Patienten haben mir von ihren persönlichen Nöten, Bedrängnissen und Sorgen und von vielen politischen Problemen erzählen können. Das Personal war mir gegenüber eher zurückhaltend, wenn auch freundlich. Erst nach der Wende wurde es aufgeschlossener. Durch den Einzelkontakt mit den Patienten im Krankenhaus erfuhr ich, dass sich viele Menschen – vor allem in der Psychiatrie – bedrängt fühlten durch politische Zwänge. Für sie war sehr wichtig, dass ich ihnen als Gesprächspartnerin zur Verfügung stand. Am beeindruckendsten für mich war die Begegnung mit unkirchlichen Menschen. Ich bin auf sie zugegangen und habe versucht zu vermitteln: »Ich habe einen festen Grund für mein Leben, von dem ich Ihnen gern was zeigen möchte.« Ich dachte mit keiner Silbe daran, sie in die Kirche zu bewegen. Ich wollte ihnen meine Person anbieten. Manchmal wurde ich von Pastorenkollegen gefragt: »Wie oft teilen Sie das Abendmahl aus?« Solche Fragen fand ich völlig unpassend, und ich dachte: »Die leben in einer völlig anderen Welt. Die hat mit dem Leben draußen gar nichts zu tun.« Diese innerkirchliche Enge war nicht meins. Nach der Wende gehörte ich der Landessynode und der Kirchenleitung an und habe mich viel mit dieser Männerkirche auseinander gesetzt. Dort fühlte ich mich kurzzeitig wieder als die Kleinste und Geringste von allen. Ich dachte oft: »Da blickst du nicht durch.« Wenn ich jedoch merkte: »Meine Güte, ich habe dazu doch was zu sagen, was ganz Normales und nicht so was Abgedrehtes« – dann konnte ich Mut fassen und meine Ansichten einbringen. Aber es gibt eben auch das andere, wo ich am liebsten nicht da sein möchte. Das ist so.

Wir sind auch außerhalb unseres Berufes in der Kirche aktiv gewesen, bei den Friedensgebeten in der Nikolaikirche Leipzig zum Beispiel. An das

Frühjahr 1989 erinnere ich mich gut. Es war Messezeit und Kommunalwahl. In den Mittwochsgottesdiensten war es ziemlich brisant, weil im Umfeld so viel passierte. Wir konnten nicht einfach still sein, wenn so viele Leute ausreisten. In einem Gottesdienst sagte ich: »Wir bleiben hier! Wir haben hier eine Aufgabe, zum Beispiel bei den Umweltproblemen.« Es kamen die ersten Demonstrationen und die Aktion »Eine Mark für Espenhain«. Bei solchen Sachen habe ich mitgemacht, meine Erfahrungen gesammelt und mich getraut, öffentlich zu reden – in meiner Art, gar nicht so großartig politisch. Ich habe meine Meinung jedoch mit Überzeugung gesagt. Nach solch einem Gottesdienst kam einmal ein Mann auf mich zu und fragte: »Woher nehmen Sie Ihren Mut, so offen zu sprechen?« Er sagte mir, er sei Westdeutscher. Ich weiß nicht genau, ob das stimmte. Ich antwortete: »Ja, ich kann hier sagen, was ich will. Und das tue ich.«

Meine Familie und ich haben nie daran gedacht, nach dem Westen zu gehen. Ich konnte die Leute zwar verstehen, die einen Ausreiseantrag stellten. Wir sagten: »Das ist nicht unser Ding. Wir wollen hier etwas verändern, und wir wollen hier etwas mit den Menschen gestalten.« Die Ausreisewelle spitzte sich im Sommer so zu, dass in der Uniklinik manchmal keine Operationen mehr stattfinden konnten, weil so viel Personal fehlte. Hinzu kam die psychische Belastung für manche Patienten. Ich erinnere mich an einen krebskranken Mann, der fast daran gestorben wäre, dass sein Sohn über Ungarn nach dem Westen abgehauen war. Das war schon schlimm. Im September sind wir mit zu den Leipziger Montagsdemonstrationen gegangen. Unsere kleine Tochter Annette saß auf unseren Schultern. Ich kannte manche der Leute, die abgeführt wurden. »Zugeführt« hieß das damals! Ende September waren wir zum Geburtstag meiner Mutter in Mecklenburg und haben von den Demos erzählt. »Und da geht ihr mit?« Meine Eltern hatten wahnsinnige Angst um uns. Es war wirklich nicht ungefährlich. Als wir am 8. Oktober Bescheid bekamen, dass die Musikschule am kommenden Montag ausfällt, das war der Demo-Tag nach dem 40. Republikgeburtstag, wussten wir, dass die Lage prekär werden kann.

Dass nach der Maueröffnung am 9. November das Klima auf den Demonstrationen umschlug, konnte ich nicht begreifen. Erst der Ruf gegen Stasi, für Demokratie und freie Wahlen, und dann ging es nur noch um Bananen und die D-Mark. Mir ist in ganz unangenehmer Erinnerung, wie massenwirksam das war. Und später, vor den ersten freien Wahlen in der DDR, diese Wahlveranstaltungen und Kundgebungen. Das hat mich alles ziemlich enttäuscht. Ich dachte: »Wo sind die Demo-Leute jetzt?« Es waren sehr wenige, die wirklich etwas für die Veränderungen tun wollten, also die Freiheit nutzen und gestalten. Rückblickend frage ich mich, ob das überhaupt realistisch war, so zu denken. Aber damals hatte ich so viele Wünsche und die Illusion, dass wir das schaffen. Ich hatte ein Gefühl von Stärke und Solidarität. Auch ein bisschen größenwahnsinnig sind wir gewesen, glaub' ich. Wir konnten die Realität nicht einschätzen.

Was unsere Kinder damals in der Schule erlebten, erschüttert mich heute noch. Annette ist 1980 geboren. Sie ging im Herbst 1989 in die 3. Klasse. Ihre damalige Lehrerin sagte zu den Kindern: »Alle, die zu diesen Demonstrationen und zum Friedensgebet gehen, sind Rowdys und Randalierer.« Unsere kleine Tochter kam nach Hause und sagte: »Mutti, das stimmt doch nicht. Ihr seid doch gar keine Rowdys und Randalierer. Frau L. hat gesagt, dass alle, die zur Demo gehen, das sind.« Der Vater ihrer Freundin war bei den Kampfgruppen. Die beiden Mädchen erzählten später: »Wir haben uns am 9. Oktober ganz doll Gedanken und Sorgen gemacht, wie das ausgehen wird. Constanze hat gesagt: Mein Vati ist doch auf der ganz anderen Seite.« Ich frage mich heute, was sich wohl zwischen diesen Kindern abgespielt hat. Eigentlich wäre wichtig gewesen, mit Constanze und ihren Eltern zu sprechen. Wir hatten so viel mit uns zu tun, dass wir nicht alles schaffen konnten, was eigentlich auch dran gewesen wäre. Von besagter Lehrerin erfuhr ich, dass sie schon im Dezember oder Januar nach Bayern in eine Schule zum Hospitieren ging. Sie wechselte den Stadtbezirk und wurde in einer anderen Schule Direktorin oder stellvertretende Direktorin. Ein Kollege von uns, der dort Religionsunterricht geben sollte, sagte eines Tages, dass diese Lehrerin an ihrer Schule begeistert erzählte, wie toll sie mit uns zusammengearbeitet hätte. Das sind Erfahrungen, die zeigen: Es ist noch viel Handlungsbedarf.

Wir haben 1997 unsere Stasiakten gelesen. Es existiert nur etwas über unsere Zeit in W. Zwei Leute waren auf uns angesetzt, die uns wirklich beobachtet haben und Berichte schrieben. Ich habe es bis heute nicht geschafft, mit ihnen zu reden und mich mit ihnen auseinander zu setzen. Der eine ist jetzt leitender Oberarzt an einer Privatklinik. Ich spüre eine große Enttäuschung, Wut und Ärger, dass solche Typen ganz schnell die Kurve gekriegt haben und angeblich nicht schuldig geworden sind. Für mich ist der Vertrauensbruch sehr wohl schuldhaft. Ich frage mich, wo dieses ganze

Potenzial an Verquickung und Verstrickung heute ist. Zu meiner eigenen Geschichte als DDR-Pastorin stehe ich. Und ich will auch in der neuen Zeit mit dieser meiner Geschichte Pastorin sein. Ich bin ziemlich enttäuscht, wenn die Kirche solche Leute wie mich – mit meinen 50 Jahren »Weisheit«! – auf einmal nicht mehr will oder braucht oder aus finanziellen Gründen aufs Abstellgleis tut. Wir haben doch wirklich was zu bieten: die Erfahrungen mit all den Auseinandersetzungen aus der Vergangenheit und die daraus entwickelte Sensibilität für Verzwickungen.

Meine erste Westreise war 1986, kurz nach dem Reaktorunfall in Tschernobyl. Ich war von der sächsischen Kirche zu einem Seminar für Krankenhausseelsorge nach Norderney delegiert worden. Als ich ankam, sprachen alle von dem Unfall in Tschernobyl und fragten, was nun mit den Kindern wird, ob sie Milch trinken und was sie essen können. In der DDR wurde die Gefahr sehr heruntergespielt. Ich war deshalb erstaunt über die Sorgen und kapierte das verheerende Ausmaß der Katastrophe erst im Westen, hunderte Kilometer weiter weg. Bei diesem Krankenhausseelsorgeseminar habe ich mich wohl gefühlt. Da ging es um die Arbeit und um Gespräche mit Patienten. Ich fand das sehr interessant und war bewegt, wie sich die Kolleginnen und Kollegen aus der BRD für mich und meine Arbeit interessierten. Gerade eben auch für die Klinikseelsorge an dieser Karl-Marx-Universität. Wir sind nicht in die Tiefen von Ost-West gegangen. Ich fand es dort schön sauber und ordentlich. Danach war ich 1988 noch einmal drüben. Das war nicht so bedeutend. Nach der Wende fuhr ich im Frühjahr 1990 nach Straßburg zu einer Weiterbildung vom Lutherischen Weltbund. Ich hatte seit 1985 Rundfunkarbeit gemacht, Morgenfeiern für Radio DDR. Die sächsische Kirche sollte seinerzeit einen Pfarrer oder möglichst eine Pastorin dafür vorschlagen. Sie kamen auf mich, weil ich nicht sächselte. Da gab es nicht so viele Leute in Sachsen. Außerdem, sagten sie, hätte ich Erfahrungen mit Gesunden und Kranken. Als dann der Lutherische Weltbund diese Weiterbildung im Rahmen »Frauen und Medien« anbot, gehörte ich zu den wenigen Kirchenleuten in der DDR, die mit Rundfunkarbeit schon Erfahrung hatten. In Straßburg waren lauter Frauen aus lutherischen Minderheitskirchen: aus Polen, Estland, Littauen; aus Ostdeutschland war ich die Einzige. Es war eine gute Gemeinschaft. Ich war sehr beeindruckt von Straßburg und von der Art, wie wir da gearbeitet haben. Später absolvierte ich eine Seelsorgeausbildung beim Diakonischen Werk in Berlin und habe 1991 als Seelsorgeberaterin abgeschlossen. Doch ich hatte den Eindruck, dass unsere Ausbildung im Osten nicht ausreichte. Ich entschloss mich, eine Ausbildung im Westen zu machen. Ich suchte mir Gestaltseelsorge aus. Wir waren 12 in der Gruppe, ich wieder die Einzige aus dem Osten. In solchen Seelsorgeausbildungen geht es sehr um Auseinandersetzung mit der eigenen Person und Identität, weil es auch um Authentizität in der Arbeit geht. Ich nutzte das sehr für mich als Möglichkeit, mich mit meiner Geschichte und Biografie auseinander zu setzen. Ich merkte, dass ich oft nicht in der Lage bin, jedenfalls wenn ich von vielen Westdeutschen umgeben bin, zu erzählen, was nötig wäre. Sie wissen zu wenig von meinem Umfeld. Wenn ich zum Beispiel sagte, dass mich dieses ganze Konsumangebot erschlägt, meinten die Frauen ganz schnell: »Das erschlägt uns genauso, das ist uns alles zu viel.« Ich hätte viel mehr erklären müssen, warum ich das jetzt so empfinde. Denn unsere Erfahrungen sind einfach nicht dieselben. Wenn ich an die schmuddeligen, halb leeren DDR-Regale denke und jetzt in ein Kaufhaus gehe, empfinde ich das als Kulturschock und sehe manche Angebote kritischer als jemand, der in diesen Konsum hineingewachsen ist. Ich fühlte mich von den Frauen oft nicht verstanden und habe mich zurückgenommen. Dabei ist es mir ganz wichtig, mir Zeit zu nehmen, westdeutschen Menschen zu erzählen, was meine Hintergründe sind. Oder wenn sie dieses Bild von mir haben mit der Fahne und dem Schild »Karl-Marx-Universität«, dann möchte ich sagen: »Ich habe euch das Bild nicht mitgebracht, weil ich so eine nostalgische DDR-Frau bin.« Das ist nicht der Grund. Sondern ich möchte den Menschen, die so wenig von meiner Heimat wissen, nahe bringen, wie diese drei Dinge – das Schild, die Fahne und ich – zusammengehören. Ich möchte zeigen, was alles in mir drin ist. Ich spüre oft, wie fremd Kirche für die Welt ist. Die Botschaft, die wir haben, war schon zur Zeit Jesu fremd. Für mich ist es wichtig, dass ich mir dieser Fremdheit bewusst werde und frage: »Was ist das, was ich einzubringen habe?« Und ich kann das nicht tun wie Erna oder Lieschen oder sonst wer, ich kann das nur so machen wie ich. Deshalb ist es mir zunehmend wichtiger, die Dinge beim Namen zu nennen. Zum Beispiel alles, was mit unserer Vergangenheit zu tun hat, mit FDJ, Pionieren und Jugendweihe. Ich will nicht von vornherein sagen: »Wer in der FDJ war, der war ein Mitläufer.« Mir kommt es auf aufrichtige Auseinandersetzung an. Das ist ein mühsamer Weg, den ich vor uns sehe. Auch mit den Stasileuten, die uns beschnüffelt haben, müssen wir uns auseinander setzen. Manchmal, wenn ich schlecht drauf bin, meine ich: »Das schaffen wir nicht.« Andererseits denke ich: »Wenn nicht mal ich das schaffe, wer dann? Was ist denn das für ein Umgang mit der Geschichte!« Deshalb bin ich froh, dass ich im Moment noch so viel Energie verspüre und denke: »Mensch, das muss ich doch irgendwie schaffen.«

Ich habe einige Jahre mit westdeutschen Kolleginnen und Kollegen zusammen Öffentlichkeitsarbeit gemacht. Die Kommunikation untereinander war manchmal schwierig. Die haben oft nicht verstanden, was ich meinte. Bei meiner Arbeit war ich mir sicher, aber es gab Situationen, da fühlte ich mich manchen Kollegen gegenüber minderwertig. Es gab viel Fremdheit zwischen ihnen und mir, auch bei denen, die aus der Kirche kamen. Ich registrierte, dass in den oberen Etagen Leute aus dem Westen saßen, in den unteren Ostdeutsche. Da gab es selbstverständlich Reibungspunkte. Die Hierarchie erinnerte mich an meine Krankenhausseelsorgezeit an den Unikliniken. Es war gut, dort als Kirchenfrau zwischen den Ebenen zu sein und mich nicht vereinnahmen zu lassen. Wenn der Chef meinte, die Kirche solle das »Eigentliche« machen, konnte ich ihm meine Meinung sagen und fragen, was denn das »Eigentliche« sei. Es gab auch anderes. Wenn mal jemand über den Flur rief: »Grüß Gott, Frau Traut!«, rief ich zurück: »Warum ›Grüß Gott‹, wir sind doch nicht in Bayern?« Da kam die Antwort: »Na, ich dachte, Sie hätten einen Draht zu dem.« Solche lockere Art tat mir gut. Nicht genau alles zu wissen, wie das mit der Kirche ist, sondern auf der Suche sein und nicht nur bierernst darüber zu reden. Das macht mir Spaß.

Das Zusammensein mit den Frauen in Bayern war sehr schön, mit den Theologinnen, von denen ich vorhin schon einmal sprach. Ich sollte dort die Sicht aus dem Osten vertreten. Ich spürte, dass sich diese Frauen wirklich für mich und meine Geschichte und für uns hier interessierten. Sie wollten sich engagieren, damit wir uns annähern können. Bei unseren Gesprächen habe ich zum ersten Mal gemerkt, wie wertvoll das ist, was ich als Pastorin in der DDR erlebt hatte. Wir haben es uns nicht gefallen lassen, uns als Anhängsel unserer Männer behandeln zu lassen. Also: Erst kriegt der Mann eine Stelle, die Frau muss zusehen. Von den Frauen dort fühlten sich einige zu kurz gekommen und sagten resigniert: »Diese Männerkirche!« Ich habe mit dieser Männerkirche hart zu kämpfen gehabt, als ich in der Synode und der Kirchenleitung war. Da saß ich manchmal im Zug von Dresden nach Leipzig und habe geheult, weil ich dachte: »Diese Strukturen und diese abartige Art zu denken und zu verhandeln und Geschäftsordnung hinten und vorne.« Doch wenn ich mich traute, was zu hinterfragen, wurde das ernst genommen. Immer von Neuem diesen Mut zu entwickeln ist die Herausforderung ganz besonders für Frauen.

Wie immer man über Gleichberechtigung in der DDR denkt und welchen Preis das Frauen gekostet hat, es war gut, dass es diesen gesellschaftlichen Anspruch gab, dass eine Frau nicht nur für Haushalt und Kinder da zu sein hatte. Ich denke, das hat sich auch auf die Kirche ausgewirkt. Jetzt, wo sich das Blatt wieder wendet, möchte ich mit meinen fünfzig Jahren nicht aufs Abstellgleis. Als Mutter bin ich wirklich nicht mehr gefragt. Ich möchte meine Erfahrungen gern für die Zukunft nutzbar machen. Ich habe so viel Kraft und Energie! Ja, ich möchte einfach noch viel tun, nicht unbedingt was Großartiges. Einfach was Normales. Es ist manchmal was Besonderes, einfach das Normale zu tun. Ich habe keine Ahnung, was mit meiner Stelle wird.

In unserer Ehe spielte Gleichberechtigung eine große Rolle. Mein Mann hat oft gesagt, er möchte nicht schuld daran sein, dass ich meinen Beruf nicht weiterführe. Ich habe das im Laufe der Jahre sehr schätzen gelernt. Er hat mir Mut gemacht, meine Konflikte an den Stellen zu bearbeiten, wo sie entstanden sind. Wenn ich verzweifelt von der Kirchenleitungssitzung kam, sagte er: »Das musst du doch mit denen besprechen und nicht nach Hause kommen und am Boden sein.« Mein Mann fragte mich auch stets bei seinen Entscheidungen, obwohl er eine ganz andere Art hat, Dinge anzugehen. Da ergänzen wir uns gut. Wir waren uns einig, dass es nicht nur für unsere Ehe wichtig ist, dass Männer und Frauen von ihrer Sicht aus die Aufgaben in den Blick nehmen, sondern eben auch in der Kirche und der Gesellschaft. Klar gab es auch Krisen und Rivalität zwischen uns. Mein Mann ist jetzt in der Weiterbildung tätig und mit vielen verschiedenen Männern und Frauen aus kirchlichen Bereichen zusammen. Ich beneide ihn ein bisschen um seine Gruppen, in denen er arbeitet. Ich habe eher einen Einzelposten und suche mir mühsam meine Gesprächspartner. Das ist eine Herausforderung für unsere Ehe. Ich denke oft: »Der hat mit so jungen, attraktiven Frauen zu tun und ich abgewrackte Fünfzigjährige ...« Das fordert mich heraus, mich nicht so hängen zu lassen und meinem Mann zu zeigen, was ich doch für eine starke Frau bin. Ich finde es schön zu merken, dass ich stark sein kann und nicht nur diese schwache Frau.

Was im Moment schwierig für uns ist: Die Kinder sind aus dem Haus, die Eltern sind alt, mein Vater ist schon gestorben. Da kommen ganz neue

Probleme auf uns zu, und wir müssen aufpassen, dass wir als Ehepaar einfach Zeit miteinander finden. Es gab so viel, was funktionieren musste in all den Jahren. Wenn wir Aufgaben haben, können wir gut damit umgehen. Mit Freizeit alleine, nur für uns, da weiß ich nicht, wie wir damit zurechtkommen werden. Unsere Schwierigkeit ist, dass wir uns zu sehr über die Arbeit definieren. Es wäre dumm, wenn wir die neue Situation nicht als Chance nutzen würden.

»Mein Leben ist doch nicht interessant«, antwortet Gerda am Telefon. Sie lebt seit ihrer Kindheit in einer hessischen Großstadt. »Jedes Leben ist interessant«, antworte ich und kann sie schließlich überzeugen, sich mit mir zu treffen. Die zierliche Frau besucht mich in meiner Wohnung. Wir sitzen in der Küche, im Wohnzimmer, immer das Diktiergerät zur Hand. Das Besondere für mich ist ihre Liebe zu Klaus, einem jungen Mann, der mit 17 Jahren aus der DDR geflohen war. Baut Liebe eine Brücke zwischen den Kulturen? Sie waren nur wenige Jahre verheiratet. Bei einem Betriebsunfall kam Klaus ums Leben. Seitdem war sie allein mit den beiden Töchtern, die inzwischen längst flügge sind und die mütterliche Obhut verlassen haben.

***

Die Frauen hatten plötzlich Angst um ihre Männer

Ich habe immer davon geträumt, ein Einzelkind zu sein und meine Mutter für mich allein zu haben. Ich fühlte mich nie genug beachtet und umsorgt. Natürlich hat sich meine Mutter um uns gekümmert, aber bei sechs Kindern kommt das einzelne zu kurz. Das ist logisch. Ich bin das zweite Kind in der Geschwisterreihe. Zu meinem älteren Bruder hatte ich nur wenig Kontakt, er ist quasi bei meinen Großeltern aufgewachsen, die nebenan wohnten und sozial besser gestellt waren als wir. Ich empfand diesen Klassenunterschied stark. Meine Familie war ziemlich arm. Meine Mutter war Hausfrau und mein Vater meistens arbeitslos. Es gab für uns kein Taschengeld oder irgendwas extra. Mein Opa kaufte meinem Bruder Sachen, die wir auch gern gehabt hätten. Wir waren oft neidisch auf ihn. Mit meinen beiden Schwestern, die ein und zwei Jahre jünger sind als ich, verstand ich mich gut. Wir waren ein prima Gespann. Die Jüngeren mochten wir nicht so sehr. Wir mussten sie meistens mitnehmen, wenn wir mit Freunden verabredet waren. Ständig diese Kleinen dabei! Trotzdem gab es kaum Streit zwischen uns Geschwistern. Nur mein Vater war für mich ein Problem. Ich empfand ihn als launisch und unverantwortlich, weil er in seiner Situation so viele Kinder in die Welt gesetzt hatte. Er war ein richtiger Pascha. Das registrierte ich schon als Schulkind. Als meine Mutter eine Fehlgeburt hatte, musste ich alles wegmachen. Er tat keinen Handschlag. Oder wenn es sonntags Koteletts gab, was für uns ein besonderes Essen war – es gab nicht oft Fleisch –, bekam mein Vater ein ganzes Kotelett. Für uns Kinder wurde eins aufgeteilt. Meine Mutter nahm sich nichts. Sie war angeblich satt. Das hat mir wehgetan. Meine Mutter war beim Mittagessen zu oft satt. Sie wollte alles vertuschen und hat sich niemals über ihr beschissenes Leben beschwert. Als mir das später richtig bewusst wurde, war ich sehr bedrückt. Ich mochte meine Mutter sehr und verstand mich gut mit ihr. Ich bereue heute, dass ich nicht mal von mir aus mit ihr über ihre Situation gesprochen habe. Sie ist so plötzlich gestorben.

Mein Vater hatte eine Kriegsverletzung und war oft krank. Deshalb bekam er schwer Arbeit und wenn, nur kurzzeitig. Es war ein ständiger Wechsel. Geschlagen hat uns unser Vater nicht oft. Ich erinnere mich an ein einziges Mal, wo er mich vertrimmt hat. Da war ich sehr wütend. Er hatte mich drei Mal losgeschickt, um etwas einzukaufen. Dann sollte ich ein viertes Mal gehen. Ich sagte: »Nee, jetzt reicht's.« Er zog seinen Gürtel raus ... – das war heftig. Ich weinte nicht eine Träne, was ihn noch mehr aufbrachte. Für mich war das ein kleiner Triumph. Also, mit meinem Vater bin ich nie klargekommen. Meine Großmutter nutzte meine Mutter ziemlich aus. Sie hatte einen Gehirntumor. Das wusste damals jedoch niemand. Anfangs dachten sie, meine Großmutter würde simulieren. Sie konnte nichts mehr allein machen. Wenn meine Oma, die in der Nachbarwohnung wohnte, an die Wand klopfte, musste meine Mutter springen, auch nachts. Sie hatte viel mitzumachen, war 'ne arme Frau. Meine Mutter war für mich als Frau nie ein Vorbild. So hätte ich nicht leben wollen und mir so viel gefallen lassen. Als ich Ostern 1957 zur Schule kam, lag meine Großmutter grade im Krankenhaus. Ich hatte meine Zuckertüte mit Schokolade und Apfelsinen. Nach der Schuleinführung besuchten wir sie, und ich schenkte ihr meine Schokolade. Sie hat geweint vor Rührung. Das vergesse ich nie. Sie ist bald danach gestorben.

In der Schule spielte es anfangs keine Rolle, dass ich aus armen Verhältnissen kam. Ich glaube, meine Freundinnen haben das nicht gemerkt. Jedenfalls erinnere ich mich nicht an Hänseleien. Ich beneidete sie nur, wenn sie nachmittags ihr Kaffeebrot mit Honig und Butter und Kakao bekamen. Sie setzten sich richtig an den Tisch und aßen in Ruhe. Bei uns lief es so: Wenn wir Hunger hatten, kriegten wir ein Brot in die Hand und sind wieder raus.

Ich wäre gern Krankenschwester geworden. Dazu hätte ich auf die Realschule gehen müssen. Die Lehrer rieten uns ab. Der soziale Unterschied würde deutlicher zu merken sein, und ich würde darunter leiden, meinten sie. Obwohl unser Stadtteil eingemeindet war und zu D. gehörte, waren bei uns eher dörfliche Verhältnisse. Die Realschule war richtig in der Stadt. Dort waren die Kinder moderner gekleidet und legten mehr Wert auf Äußeres. Ich bin auf der Hauptschule geblieben. Damals war Hauptschule eher das Normale. Ich hätte anschließend zwei Jahre weiterlernen können. Ich durfte nicht. Ich sollte Geld verdienen. Meine jüngere Schwester konnte die mittlere Reife machen und ist Erzieherin geworden. Und ich hatte so gekämpft! Weil ich schon Geld verdiente, war eben bei ihr schon mehr Luft, und sie konnte länger zur Schule gehen. Ich war ein wenig eifersüchtig und neidisch darauf.

Wir hatten zu Hause keine Zeitung, keinen Fernseher. Politisch habe ich von meinen Eltern gar nichts mitgekriegt. Ich habe Radio gehört und manches aus Gesprächen aufgeschnappt. Politische Dinge waren bei uns kein Gesprächsthema. Wir fragten nach, was mein Vater im Krieg gemacht hatte. Wir bekamen keine Antwort. Wenn er was darüber sagte, hatte ich das Gefühl, er erzähle nur Märchen. Meine Mutter hatte meinen Vater erst 1946 kennen gelernt. Sie war deshalb keine verlässliche Quelle. Die Verwandtschaft von meines Vaters Seite kenne ich nicht, nicht mal seine Brüder. Durch Zufall traf ich eine Frau, die im selben Stadtteil wie mein Vater gewohnt hatte. Das war zur Beerdigung meiner Mutter. Sie ging auf meinen Vater zu und sagte: »Mensch, Rolf, du bist's doch!« Mit ihr unterhielt ich mich ein wenig. Sie erzählte, dass in der Familie meines Vaters ganz viele Kinder gewesen seien, alles Jungs. Mein Vater hätte einen Zwillingsbruder. Die Mutter sei früh gestorben, und die Kinder bekamen eine Stiefmutter. Die Jungs hätten es schwer gehabt und ordentlich Druck von zu Hause bekommen. Wegen der Stiefmutter sei die Familie wohl auseinander gefallen. Mehr konnte sie nicht erzählen. Ob mein Vater überhaupt eine politische Meinung hatte, weiß ich nicht. Er interessierte sich nicht. Auch Glaubensfragen waren bei uns kein Thema. Wir wurden getauft und konfirmiert, fertig. Ich bin von mir aus in die Jungschar gegangen. Meine Mutter war eher dagegen. Sie sagte: »Wenn es Gott gäbe, könnte es mir nicht so schlecht gehen.« Das war das einzige Mal, dass sie ihre miserable Situation zugab. Wenn ich konkrete Fragen zur Politik hatte, konnte ich zu meinem Großvater gehen. Er hat mir Zusammenhänge erklärt. Über die Judenverfolgung erfuhr ich erst in der

Berufsschule etwas. Und dann habe ich »Das Tagebuch der Anne Frank« gelesen und zum ersten Mal kapiert, was in der Nazizeit gelaufen war. Das hat mich ziemlich beschäftigt. Doch selbst in der Berufsschule wurde der Holocaust nur kurz erwähnt. Wir haben nicht wirklich was über diese Zeit gelernt. Als ob das einfach nicht passiert wäre. Über die DDR wurden wir ebenfalls nicht ausreichend informiert, vor allem falsch. Als ich später öfter in die DDR fuhr, sah ich mit eigenen Augen, dass vieles ganz anders war. Politische Bildung hatte ich im freiwilligen neunten Jahr, das ich noch machen durfte. Man merkte, dass der Lehrer nur rumdruckste. Die Nazizeit, die gab's nicht. Die DDR war was Böses. Das waren die Feinde. Ganz grob eben. Wir haben nicht differenzieren gelernt.

Ich fuhr in der siebenten oder achten Klasse zum ersten Mal mit meinem Opa in den Osten. Er hatte in Jena Verwandte. Ich dachte, mir begegnen dort ganz schlimme Verhältnisse, dort sei alles grau und die Menschen arm, sie hätten nichts zu essen und dürften nichts sagen. Ich hatte sehr nebulöse Vorstellungen. Und dann fand ich das dort toll! Schon die Vorbereitungen waren aufregend. Mein Opa steckte sich Geld in den Schlips und schmuggelte noch andere Sachen. Ich durfte Mitbringsel einkaufen. Als wir im Zug saßen, hatte ich Angst, weil mein Opa schmuggelte. Wir kamen jedoch ohne Probleme über die Grenze. Jena erlebte ich als eine wunderbare Stadt. Ich fand gleich eine Freundin, die mit den Verwandten im Haus wohnte. Ich kriegte Taschengeld und konnte in einer Eisdiele ein Ananaseis essen. Das war für mich was Besonderes. Wir hatten Geld und konnten uns was dafür kaufen. Wir waren Besuch. Das war ein Leben, wie ich es mir erträumte: Ich war da und stand ein bisschen im Mittelpunkt. Deshalb fand ich diese DDR-Reise wunderschön.

Anfang der 60er Jahre begann die Hippie-Zeit, Beatles und Rolling Stones und so. Ich war Stones-Fan, meine Schwester war Beatles-Fan. Wir haben uns deswegen manchmal gekabbelt. Damals öffnete in D. die erste Disko. Ich hatte meinen ersten Freund, und wir fuhren mit dem Moped auf die Dörfer zur Disko. Das war die Zeit mit Parka und Fuchsschwanz und Mopedfahren. Das fand ich toll. Wir führten Grundsatzdiskussionen, ob es die große Liebe gibt oder nicht. Ich war der Meinung, Liebe gibt's nicht. Ich konnte mir nicht vorstellen, nur einen zu lieben. Dann habe ich Klaus kennen gelernt. Das war 1967. Er wohnte im Jugendwohnheim. Er war 1964 aus der DDR abgehauen und damals noch nicht volljährig. Deshalb musste er ins Wohnheim und seine

Lehre beenden. Dieses Heim war eigentlich für Jugendliche, die auf die schiefe Bahn geraten waren, Kleinkriminalität, und einige »allein stehende« Jugendliche. Außer Klaus und einem Asylbewerber aus Ägypten habe ich eigentlich niemanden dort getroffen, mit dem nicht irgendwas war. Meine Schwester hatte in diesem Wohnheim einen Freund, und ich bin mitgegangen. Da fiel mir Klaus gleich auf – so durch seine Art, seine Augen, sein Grinsen. Er hatte einen gewissen Charme. Ich guckte zwei Mal hin. Ich ging dann öfter mit meiner Schwester zu diesem Wohnheim. So sind sich Klaus und ich näher gekommen, wir haben uns abgeseilt und sind miteinander spazieren gegangen. Er hat viel über sich erzählt, von seinem Zuhause im Osten, seiner jüngeren Schwester und von seiner Nichte, der Tochter der ältesten Schwester. Das waren seine Hauptthemen, und ich merkte, dass er ziemlich Heimweh hatte. Klaus suchte Familienanschluss. Er war kein Mensch fürs Heim. Und er war ein ganz armes Schwein: Er hatte nur fünf Mark Taschengeld in der Woche, davon kaufte er sich Zigaretten und sparte sich den Führerschein ab. Dann wollte er mir auch mal eine Cola spendieren. Für die Disko reichte das Geld schon gar nicht. Deshalb gingen wir meistens spazieren. Hauptsache, wir konnten zusammen sein. Es war trotzdem schön. Nach einiger Zeit stellte ich ihn meinen Eltern vor. Meine Mutter brauchte immer jemanden zum Betutteln. Da fühlte sich Klaus gleich wohl.

1969 kam die Einberufung zur Bundeswehr. Eigentlich hätte er als ehemaliger DDR-Bürger den Dienst verweigern können. Doch irgendwie haben die ihn total eingesülzt. Und Klaus war nicht der Mensch, der sich dagegen behaupten konnte. Er ist zum Bund gegangen und hat sich für zwei Jahre verpflichtet. Beim normalen Wehrdienst hätte er nur ganz wenig Geld bekommen. Wir überlegten, dass es ganz schwierig würde, sich zu sehen. Denn bei uns zu Hause war kein Platz, wo er hätte schlafen können. Deshalb beschlossen wir, im August zu heiraten. Wir waren sehr jung. Ich war 19 und Klaus 22. Ich hatte meine kaufmännische Lehre abgeschlossen und arbeitete in einem Kaufhaus. In meine Lehre hatte ich mich reingekniet. Ich wusste, wenn ich die Prüfung mit einer Zwei mache oder besser, kann ich weitermachen. Meine Leistungen waren gut, doch ich wurde schwanger. Damals gab es keinen Erziehungsurlaub. Du hättest sechs Wochen nach der Geburt schon wieder arbeiten müssen, um die Zeit anerkannt und bezahlt zu kriegen. Du musstest arbeiten oder kündigen. Krippenplätze gab es nicht. Meiner Mutter konnte ich das Kind nicht den ganzen Tag geben. Mein Dienst ging von morgens neun Uhr bis abends halb sieben. Bildung, Beruf und Familie unter einen Hut zu kriegen war ganz schön schwierig.

Auch wenn die Schwangerschaft nicht geplant war und meine beruflichen Pläne zunichte machte, freuten wir uns auf das Kind. Klaus und ich suchten uns eine Wohnung in der Kleinstadt, wo Klaus' Schwester Lisa wohnte, die kurz nach ihm aus dem Osten geflüchtet war. Ich fühlte mich dort nie wohl. Ich sehnte mich nach der Großstadt. Im folgenden Sommer wurde unsere Tochter Daniela geboren. Danach arbeitete ich noch ein Vierteljahr. Meine Mutter betreute das Kind. Klaus kam 1971 vom Bund zurück, und wir sind endlich wieder nach D. gezogen. Klaus fing bei der Bahn an, ich arbeitete wieder halbtags. Das war unsere schönste Zeit, muss ich sagen. Wir hatten viel Zeit füreinander. Daniela ging gern zu meiner Mutter. Wir konnten unheimlich viel zusammen unternehmen. Klaus war ein Naturfreak. Ich kannte mich in Wald und Flur überhaupt nicht aus. Er konnte alles erklären. Wir sind oft in den kleinen Wald hier in der Nähe gegangen. Wir hatten zwar kein Auto, kamen aber überall hin. Das war kein Problem. Und er lernte seine Tochter erst richtig kennen. Durch den Dienst bei der Bundeswehr hatte er sie vorher kaum gesehen. Wir fühlten uns wohl in unserer Wohnung, merkten, dass wir uns langsam was schafften. Wir konnten ins Kino oder sogar mal zusammen essen gehen, was vorher überhaupt nicht möglich war. Wir haben das sehr genossen! Wir fuhren in den Urlaub an die Nordsee. Ich liebe die Nordsee und die Stimmung dort, auch den Sturm. Du kannst am Strand lang gehen, deinen Gedanken nachhängen, denkst über Gott und die ganze Welt nach. Das ist alles so friedlich. Ich bin später mit den Kindern jedes Jahr in den Urlaub gefahren, meistens an die Nordsee, einmal in die Schweiz, nach Österreich, Italien, Holland, Dänemark. Am liebsten bin ich jedoch an der Nordsee. Da fühle ich mich wohl, ganz gleich, welches Wetter ist. Du kannst Ruhe oder Remmidemmi haben, wonach dir gerade der Sinn steht.

1971 fuhr ich zum ersten Mal zu Klaus' Verwandten in den Osten. Ich kannte weder meine Schwiegermutter – der Schwiegervater war schon tot – noch meine beiden anderen Schwägerinnen. Mit der jüngsten Schwester, von der Klaus oft erzählt hatte, habe ich mir Briefe geschrieben. Sie ist so alt wie ich und schrieb ihrem Bruder. Klaus war sehr schreibfaul und hat nicht geantwortet. Da antwortete ich, was mir unheimlich schwer fiel. Ich kannte sie gar nicht, nur durch Erzählungen aus ihrer Kindheit. Jedenfalls wollte mich Klaus' Familie kennen lernen. Meine Schwiegermutter reichte die Papiere ein. Die

Einreise wurde abgelehnt. Dann versuchte es die älteste Schwester, die in der Bezirksstadt wohnte. Sie bekam die Papiere, und ich konnte fahren. Das war alles ziemlich aufregend. Ich war unsicher, wie ich mich meiner Schwiegermutter gegenüber verhalten sollte. Ich legte mir vorher die Worte zurecht, die ich sagen wollte. Meine Schwiegermutter wohnte in der Nähe von Eisenach. Weil ich die Genehmigung aus Erfurt hatte, musste ich zuerst dorthin fahren, um mich anzumelden. Wir hatten ausgemacht, dass meine Schwiegermutter in Eisenach in den Zug steigt. Als der Zug in Eisenach einlief, nahm ich mein Kind, stellte es ans Fenster und dachte: »Nun seht mal zu. Muss ja was auf mich zukommen.« Ich hatte gar kein klares Bild von ihr. Ich weiß nicht, ob ich sie erkannt hätte, wenn sie nicht auf mich zugekommen wäre. Sie kam jedenfalls ganz zielsicher: »Das ist doch die Daniela. Und du bist die Gerda.« Ich drückte ihr schnell das Kind in den Arm und sagte: »Ich muss unbedingt auf die Toilette.« Als ich zurückkam, war es ganz leicht. Ich hatte mich einfach nur verrückt gemacht. In Erfurt stand meine Schwägerin Helga mit ihren Kindern am Bahnsteig. Sie kam auf mich zu, ganz unkompliziert. Ich gehörte einfach dazu. Es war bei der Familie von Klaus überhaupt leicht dazuzugehören. Nachdem ich mich in Erfurt bei der Polizei angemeldet hatte, fuhr ich mit meiner Schwiegermutter nach W., wo sie wohnte. Ich glaube, das hätte ich gar nicht gedurft. Gut, dass mir das nicht bewusst war. Ich hätte sonst wahnsinnige Angst gehabt. Es war für mich interessant, alle Ecken kennen zu lernen, wo Klaus gespielt hat und wo er aufgewachsen ist. Ich fuhr nun jedes Jahr in den Osten. Ich habe neulich mal in meinem alten Reisepass nachgesehen: Ich habe wirklich kein Jahr ausgelassen.

Im März 1970 fuhr Willy Brandt in den Osten und traf sich mit Willi Stoph in Erfurt. Mich berührte das weniger. Klaus war unheimlich gespannt. Als ich Willy Brandt im Fernsehen in Erfurt sah, dachte ich nur: »Ach Gott, da warst du auch schon.« Ich hoffte natürlich ebenso, dass sich durch die neue Ostpolitik der Bundesregierung was bewegt. Für meinen Mann war es sehr viel aufregender. 1972, kurz bevor der Grundlagenvertrag zwischen den Regierungen von Ost- und Westdeutschland geschlossen wurde, gab es eine Amnestie in der DDR. Das betraf auch Klaus, der ja als »Republikflüchtiger« nach DDR-Gesetz ein Straftäter war. Zu Silvester 1972 durfte er zum ersten Mal nach acht Jahren wieder rüberfahren. So lange hatte er seine Schwestern und seine Mutter nicht gesehen. Meine Schwägerin Helga besorgte die Einreisegenehmigungen. Da ihre Kinder Scharlach hatten, konnten wir nicht in

Erfurt bleiben, mussten uns schnell anmelden und sofort nach W. zu meiner Schwiegermutter fahren. Das war ein Hin- und Hergereise. Wir waren diesmal mit dem Auto gekommen, hatten Schallplatten und Sachen mit, die wir eigentlich nicht hätten mitnehmen dürfen. Am Grenzübergang war mir ziemlich mulmig. Klaus war noch aufgeregter, der war richtig weiß im Gesicht. Dieser Ostaufenthalt war bedrückend. Ich kann gar nicht beschreiben, wovor wir Angst hatten. Wir fühlten uns irgendwie beobachtet.

Zu meiner Mutter hatten wir immer guten Kontakt, zumal sie Daniela betreute. Klaus ging gern zu ihr. Ich denke, er hat viel mit ihr gesprochen und ihr sein Herz ausgeschüttet. Ich war manchmal ganz schön biestig. Einfach war ich bestimmt nicht. Aber eigentlich lief es sehr gut zwischen Klaus und mir. Er war schon der Mann, der zu mir passte. Wir planten bald ein zweites Kind. Wir wollten kein Einzelkind und keinen großen Abstand. Klaus war ein bisschen enttäuscht, als wieder ein Mädchen kam. Er hätte gern einen Jungen gehabt. Trotzdem war er der ideale und glücklichste und stolzeste Vater. Er erlebte zum ersten Mal sein Baby so richtig. War schon toll, wie er alles so entdeckte. Für mich war es beim zweiten Mal nicht mehr so aufregend. Allerdings gab es damals auch Trouble. Klaus war schon manchmal ein Ekel. Mir ist die Fruchtblase zu Hause geplatzt. Klaus traute sich nicht, mich ins Krankenhaus zu fahren. Er rief ein Krankenauto. Als ich nach fünf Tagen aus der Klinik kam, hatte er nicht mal das Bett frisch bezogen. Da war noch der ganz Mist drin. Ich war sauer. Er hatte zwar, wie verabredet, Daniela zur Oma gebracht, aber sonst keinen Handschlag gemacht. Ich war ziemlich enttäuscht. Vor allem bist du nach einer Entbindung sehr empfindlich. Er war jedoch wirklich ein idealer Vater. Wenn er nachmittags von der Arbeit kam, trank er einen Kaffee, las die Zeitung, und danach war Kinderstunde angesagt. Ich hatte erst mal Feierabend. Er machte den Kindern Abendbrot, badete sie und brachte sie ins Bett. Am Wochenende ging er mit Daniela früh um sechs in den Wald. Die war von diesen Ausflügen ganz begeistert.

Unsere letzte gemeinsame Ostreise war Silvester 1975. Wir waren mit den beiden Schwestern und ihren Männern zum Feiern in Schloss Mohlsdorf bei Erfurt. Das war so richtig schön mit Oldie-Musik und Twist und Rock 'n' Roll. Die Geschwister waren sehr fröhlich miteinander, nur Lisa hat gefehlt. Die Kinder haben in Helgas Wohnung auf dem Fußboden geschlafen. Wir mussten nachts über die schlafenden Kinder steigen. Es war schön und unkompliziert. Das war das letzte Mal, dass die Geschwister zusammen waren.

Im Sommer darauf war der Unfall. Es fällt mir immer noch schwer, darüber zu reden. Ich stand neben mir. Ich weiß gar nicht ... Klaus hatte Nachtschicht. Er arbeitete im Ausbesserungswerk bei der Eisenbahn. Wenn Sicherheitsposten auf der Strecke fehlten, mussten die Arbeiter vom Ausbesserungswerk einspringen. Die Schichtarbeit war nichts für Klaus. Er konnte tagsüber nicht schlafen, da war er viel zu hippelig. Er ging zur Gewerkschaft und zum Betriebsrat, wollte sich dagegen wehren. Da hat er sich wirklich mal eingesetzt. Diese eine Nachtschicht musste er noch machen. Zum Schichtschluss auf dem Rückweg ging er auf dem falschen Gleis, als der Zug kam ...

Daniela war gerade in Frankfurt bei meiner Schwester. Wir wollten sie samstags abholen. Jedenfalls schellte es am anderen Morgen um fünf Uhr Sturm. Ich muss es nicht gleich gehört haben, denn die Nachbarn standen schon auf der Treppe. Ich dachte nur: »Mensch, hat er seinen Schlüssel vergessen!« Ich öffnete die Tür, und da standen Sicherheitsbeamte. Die sagten: »Wir müssen Ihnen eine traurige Mitteilung machen, Ihr Mann ist verunglückt.« Ich ließ sie rein, die Kleine war munter geworden und saß auf meinem Schoß. Der eine Beamte wollte jemanden anrufen, der zu mir kommen sollte, meine Eltern. Ich sagte nur: »Brauchen Sie nicht.« Ich stand total unter Schock und habe nichts realisiert. Ich dachte nur: »Was will der jetzt mit meiner Mutter?« Ich wollte sie so früh nicht aus dem Bett holen. »Ich kann das nachher machen.« Er ging. Eine Nachbarin schellte. Ich wollte nur ins Bett. Ich wollte niemanden reinlassen. Der Sicherheitsbeamte muss jedoch bei meinen Eltern gewesen sein, denn eine Viertelstunde später schellte es schon wieder. Ich war richtig sauer. Es waren meine Eltern. In diesem Moment klickte es erst. Mensch, was ist da passiert? Am selben Tag musste ich zum Unfallort. Meine Freundin ist mit mir hingefahren. Von da an war irgendwie Chaos. Die Kinder wollten bei meiner Mutter schlafen. Steffi kriegte gar nichts mit. Eigentlich sollte Daniela bei meiner Schwester bleiben, doch sie war auf Heimfahrt programmiert. Als sie kam, war gerade der Pfarrer da. Der hat sich schnell verzogen, als das Kind kam, ihre Sachen auspackte und fragte: »Wo ist der Papa?« Da war unser Pfarrer weg. Kann ich verstehen. Wie sollte er mir helfen? Daniela hatte dem Papa was mitgebracht. Ich musste ihr irgendwie erklären, dass der Papa nicht wiederkommt. Das war ganz schlimm. Das war eigentlich das Schlimmste. Ich habe das dann so erzählt: »Papa ist im Himmel, er ist bei euch und der sieht euch, nur wir können ihn nicht sehen.« Daniela bekam richtig Existenzangst: »Der Papa muss doch Geld verdienen. Müssen wir jetzt hungern?« Das war schlimm. Sie legte ihr Mitbringsel auf die Fensterbank, damit der Papa sich das holt. Ich brachte nicht übers Herz, ihr zu sagen, dass er sich das Geschenk nicht holen kann. Ich nahm es heimlich weg. Seitdem saß Daniela ganz oft in der Ecke, die Finger im Mund und ihren Teddy im Arm. Ich ging mit ihr zum Kinderarzt. Der hatte auch keine Ahnung. Ich war damals 26. Ich stand total neben mir, alles rauschte vorbei. Ich habe organisiert, was zu erledigen war, ging mit meinen Kindern ganz normal raus und zur Buddelkiste. Ich habe alles gemacht wie vorher. Da ging in der Siedlung das Getratsche los. Ich war nicht so die typisch trauernde Witwe, die sich überall ausweinte. Demzufolge war ich herzlos. Wenn die Nachbarn kamen zum Beileidsagen und heulten, stand ich nur da, konnte das gar nicht so zeigen. Mir war nicht nach Trauer. Klaus' Schwester Lisa kam am Sonntag. Ich war noch im Nachthemd. Es war schon 11 Uhr, und ich hatte zu nichts Lust. Sie weinte. Ich konnte das verstehen. Aber ich dachte nur: »Was will sie jetzt von mir? Was erwartet sie?« Ich hatte lange das Kopfkissen von Klaus in meinem Bett und seinen Schlafanzug. Das roch nach ihm. Daniela nahm sein T-Shirt. Ich glaube, das hat sie bis heute. Das war meine Art, damit umzugehen. Im Kopf hatte ich es noch nicht. Das kam erst sehr viel später, lange nach der Beerdigung. Ich hatte Klaus nicht sehen dürfen. Vielleicht hätte ich darauf bestehen sollen. Für mich war er ... irgendwie kann ich das gar nicht erklären. Es war nicht real. Vielleicht war ich zu jung. Ich denke, es wäre besser gewesen, ich hätte ihn gesehen. Jahre später hatte ich Albträume: Da stand Klaus plötzlich vor der Tür, und ich dachte: »Was machst du jetzt nur?«

Ich hatte wahnsinnige Angst, seine Mutter zu benachrichtigen. Klaus' Mutter war, als sie Rentnerin wurde, nach dem Westen umgesiedelt zu Lisa. Als der Unfall war, besuchte Lisa grade die beiden anderen Schwestern im Osten. In den Osten zu telefonieren war ein ziemliches Problem. Ich rief deshalb zuerst Lisas Mann an. Der war zunächst ziemlich ungehalten, weil ich am Sonnabend so zeitig anrief. Ich sagte: »Ich wollte nur sagen, der Klaus hatte einen Unfall.« Und mein Schwager: »Was ist denn passiert? Warum rufst du mich an?« Ich sagte nur: »Er ist tot.« Er war geschockt, und ich sagte gleich: »Ich ruf' nur an ... seine Mutter muss es doch wissen. Ich sag' es ihr nicht.« Er wollte es ihr auch nicht sagen. Irgendwie konnte er dann Lisa erreichen, die sofort nach Hause fuhr und der Mutter die furchtbare Nachricht überbrachte. Ich hatte großes Mitleid mit Klaus' Mutter. Ich hätte ihr das gar nicht sagen können. Ich sah sie das erste Mal zur Beerdigung wieder. Wir saßen ganz weit auseinander. Ich ging ihr richtig aus dem Weg. Anfangs konnte ich nicht mit ihr zusammen auf den Friedhof gehen. Ich konnte überhaupt mit niemandem gehen. Ich wollte nur allein hin.

Das Finanzielle wurde schnell geregelt. Einige Kollegen vom Ausbesserungswerk halfen mir. Das war überhaupt kein Problem – und wir mussten nicht hungern. Im Gegenteil, ich hatte plötzlich mehr Geld als vorher. Was das andere natürlich nicht aufwog. Ein Problem war das Getratsche der Leute. Die Frauen hatten plötzlich Angst um ihre Männer. Ich war jahrelang mit einem Nachbarn joggen gewesen. Wir duzten uns. Es gab keinen Grund, nicht mehr mit ihm zu joggen. Plötzlich meinte seine Frau: »Die Karin – also eine andere Nachbarsfrau – wundert sich, dass ich dich mit dem Jürgen alleine joggen lasse.« Ich sagte: »Ja, und?« Sie sagte: »Karin meint, sie ließe ihren Mann nicht alleine mit einer Frau joggen.« Ich war ganz betroffen und ging natürlich nicht mehr mit dem Jürgen joggen. Das war mir zu blöd. Oder andere sagten: »Ich hätte dich gern zu der Fete eingeladen, aber ich dachte, allein hast du keine Lust.« Anfangs sagte ich nichts. Als ich dann selbstsicherer wurde, antwortete ich: »Klar wäre ich gekommen. Ich hätte mich gefreut.« Da waren sie sprachlos. Du hast richtig gemerkt, sie wollten keine allein stehende Frau, wo vorher nur Ehepaare waren. Das könnte eine Gefahr sein. Ich machte bald meinen Führerschein. Bei der ersten Autofahrt bat ich meinen Bruder, mich zu begleiten. Ich war noch unsicher und wollte, dass jemand neben mir saß. Am nächsten Tag ging es in der Siedlung rum: »Der Mann ist kein halbes Jahr tot, und sie macht schon mit anderen Männern rum und küsst sich in aller Öffentlichkeit.« Das war mein Bruder! Und in unserer Familie haben wir uns nie mit Küsschen verabschiedet, das war nicht üblich. Sofort gingen Gerüchte rum, wir hätten schon in Scheidung gelegen ... ach, und alle solche Sachen. Das ist eben Siedlung. Es entsprach nicht ihrem Bild, dass eine junge Witwe ihren Führerschein macht und nach sechs Wochen kein Schwarz mehr trägt. Dabei hatte das seinen Grund. Ich hatte einmal einen graumelierten Pulli angezogen. Da fiel mir meine dreijährige Steffi in die Arme und sagte: »Mama, hast du dich so schick gemacht.« Ich dachte: »Bist doch eigentlich blöd, nur für die Leute in Schwarz zu gehen.« Von da an zog ich mich wieder normal an. Die Gerüchte waren manchmal richtig bösartig. Ich hielt es nicht mehr aus, ich ging ins Ausbesserungswerk und sagte: »Ich will was ans schwarze Brett schreiben: dass wir nicht in Scheidung gelegen haben und ich noch keinen Freund habe, und wenn ich einen habe, werde ich es bekannt geben.« Ich durfte natürlich nichts ans schwarze Brett schreiben, aber ich hatte endlich meine Ruhe.

Irgendwann lernst du Männer kennen. Das war oft ganz schön schwierig. Die wollten gleich mit in die Wohnung. Ich mochte das nicht. Ich wollte einfach nur mal ausgehen, mehr nicht. Bis ich Robert kennen lernte und mich in ihn verliebte. Der hatte Augen wie Klaus, und er kam gut mit meinen Kindern zurecht. Wir haben viel zusammen unternommen. Er war den Kindern wirklich ein guter Freund. Das war schön. Mit ihm leben wollte ich nicht. Und schon gar nicht heiraten. Das habe ich von Anfang an gesagt. Robert lebte getrennt, wurde später geschieden. Wir fuhren gemeinsam in den Urlaub. Nur zu den Feiertagen war er bei seinen Kindern. Das war nicht schön, aber eigentlich logisch. Bei mir durfte er nicht so richtig rein. Ich achtete auf Abstand. Ich hatte Angst und wollte mein Herz nicht mehr an neue Leute hingeben. Was an Bindung da ist, kannst du nicht ändern. Eine neue intensive Sache will ich nicht. Ich möchte nicht noch mal was erleben, das mir so nah geht, das mir so wehtut. Eigentlich bin ich damit gut gefahren. Die Beziehung mit Robert ist schon lange zu Ende. Wir sind gute Freunde geblieben.

Es gab zum Teil recht schlimme Erfahrungen mit Männern. Am schlimmsten empfand ich, dass mir der Mann meiner Schwester seine »männlichen Dienste« anbot. Er half mir irgendwas im Keller, und dort sagte er mir ganz vertraulich und leise: »Wenn du mal einen Mann brauchst, ich bin für jeden Zweck da.« Das war für mich der Hammer, weil ich solche Gedanken überhaupt nicht hatte. Ähnlich kam mir der Mann von meiner besten Freundin. Es war schwierig, damit umzugehen. Ich hatte früher nie darüber nachgedacht, dass so etwas passieren könnte, wenn man alleine ist. Mit Mann ist man eher tabu.

Einmal nahm mich eine nette Bekannte mit in ein Café. Ich war damals in einer Frauengruppe aktiv. Diese Bekannte war eine liebe, nette Frau, zehn oder 15 Jahre älter als ich. Sie hatte mir beigestanden, als Klaus gestorben war. Eines Tages meinte sie: »Ach, jetzt musst du mal wieder unter Leute. Wir gehen zusammen aus.« Sie nahm mich in ein Frauencafé mit. Ich dachte mir nichts dabei. Als ich reinkam, war alles so komisch. Frauen saßen auf den Sofas zusammen und knutschten. Ich fand das schrecklich. Das hört sich vielleicht merkwürdig an: Ich hatte mir über Lesbisch- oder Schwulsein bisher keine Gedanken gemacht. Ich kannte zwar einen Homosexuellen, das war ein lieber, netter Kerl, den ich gut leiden konnte. Mehr nicht. In diesem Frauencafé sah ich mich nun einer völlig anderen Situation gegenüber. Das war mir unangenehm. Meinetwegen konnten sie lesbisch sein, aber so offen ... Tja, und meine liebe Freundin war mit einer anderen Frau in irgendeine Ecke verschwunden. Daran habe ich gemerkt, dass sie lesbisch ist. Ich fand das eigentlich nicht schlimm. Nur so unvorbereitet konnte ich nicht damit umgehen. Sie war verheiratet und hatte Kinder. Ich saß auf meiner halben Pobacke am äußersten Couchrand – das war so eine Kneipe mit Sesseln und Couch, nicht wie üblich mit Stühlen, ein Frauencafé eben – und dachte nur: »Kommt mir bloß nicht zu nah!« Ich mag körperliche Berührung sowieso nicht, das ist nicht meine Art. Und dann so was. Eine Frau bot mir Tee an. Ich fühlte mich unwohl und bedrängt. Mit einer unterhielt ich mich ein bisschen. Sie klärte mich auf, dass das ein Lesbencafé sei und wunderte sich, wie ich hierher gekommen war. Ich hab mich bald verdrückt. Ich ließ meine Freundin Freundin sein und fuhr nach Hause. Ich gab ihr keinen Bescheid. Ich hatte Angst, dass ich mich irgendwie rechtfertigen müsste, warum ich das nicht wollte. Seit diesem Erlebnis war das Verhältnis zu dieser Frau gestört. Sie sprach auch hinterher nie offen mit mir darüber. Vielleicht hatte sie mir auf diese Art sagen wollen, dass sie lesbisch ist, und wollte herausfinden, ob ich genauso veranlagt sei. Ich fand diese Art sehr merkwürdig. Ob das zu ihrer Emanzipation gehörte? Ob sie sich selber ausprobierte?

Meine Kinder großzuziehen ist mir eigentlich gut gelungen. Mit Daniela hätte ich damals zum Psychiater gehen müssen. Sie hat heute noch Probleme und kann nicht auf den Friedhof gehen. Sie kann mit Tod gar nicht umgehen. Alles andere war kein Problem. Die Schule lief so nebenher. Wir haben uns miteinander eingerichtet: Jeder durfte sein Leben leben. Wir gehörten trotzdem zusammen. Klar gab es auch mal Schwierigkeiten. Steffi wurde in der Pubertät linksextrem, war in der Antifa und kam mit radikalen Ansichten nach Hause. Sie hatte Schriften mitgebracht, wo gegen den Staat argumentiert wurde. Da war von »Bullenschweinen« und solchen derben Sachen die Rede, von Töten – was für mich das Schlimmste ist. Ich fragte die Große: »Lies mal, vielleicht bin ich schon zu alt und verstehe das falsch.« Daniela sagte nur: »Um Gottes willen!« Ich knöpfte mir mein Kind vor: »So, nun erkläre mir das mal genau. Du willst nicht gewalttätig sein und nicht gegen den Staat. Aber hier steht was anderes.« Sie hatte das gar nicht verstanden, fand das nur schick. Ich sagte: »Wenn du mir das nicht erklären kannst und sagst, das sei nicht staatsfeindlich und nicht so gemeint, dann muss ich das nächste Mal mit in die Gruppe gehen und mir das von den anderen erklären lassen.« Steffi ging dann nie wieder in diese Gruppe, weil sie Angst hatte, ich würde mitkommen. Ich wäre natürlich nie hingegangen.

Im Verhältnis zur Familie meines Mannes änderte sich nach dem Tod von Klaus nichts. Sie haben mich so aufgenommen, als ob ich richtig dazugehörte. Ich war ja nur eingeheiratet und eigentlich fremd. Wir haben nicht mehr so oft Kontakt miteinander, aber wenn wir uns sehen, denke ich: »Mensch, gehörst ja doch dazu.« Das ist nicht nur so oberflächlich oder irgendwie gespielt. Ich habe wirklich das Gefühl dazuzugehören. Es war nach Klaus' Tod für die Kinder gut, dass sie die Omi hatten. Also, meine Mutter war die Oma, die von Klaus die Omi. Sie haben sie viel nach ihrem Vater gefragt und sich mit meiner Schwiegermutter die Fotoalben angesehen. Ich glaube, die wissen aus der Kindheit ihres Vaters mehr als ich und kennen jede Ecke in seinem Heimatdorf. Omi musste oft von früher erzählen. Wenn sie mal bei uns geschlafen hat, stand sie zeitig auf. Ich konnte dann so richtig schön ausschlafen, was ich so liebe. Die Kinder sind zu ihr ins Zimmer und haben »Erfurt und Eisenach« gespielt. Da waren sie mindestens zwei Stunden beschäftigt. Ich weiß nicht, was das für ein Spiel war, wahrscheinlich, dass sie nach Erfurt und Eisenach gefahren sind. Also in die Heimat von ihrem Vater und Omi.

Finanziell, wie gesagt, gab es überhaupt keine Probleme. Ich bekam Witwen- und Unfallrente und für die Kinder Waisenrente. Ich musste aufhören zu arbeiten, weil sonst die Rente gekürzt worden wäre. Ich stürzte mich in ehrenamtliche Sachen bei der Stadtjugendpflege. Wir lösten ein Obdachlosenasyl auf. Wir besorgten den Leuten Wohnungen. Ich machte bei einer Kindergruppe mit. Vor zehn Jahren fing ich dann auf 630-Mark-Basis wieder zu arbeiten an. Mehr durfte ich nicht dazuverdienen. Ich arbeitete in einer Klinik als Stationshilfe. Ich machte alles außer Medikamente verabreichen. Das durfte ich als ungelernte Kraft nicht. Die Arbeit machte mir viel Spaß. Neun Jahre arbeitete ich dort. Ich merkte damals, dass Krankenschwester wirklich ein Beruf für mich gewesen wäre. Die Arbeit war körperlich anstrengend. Ich bekam nach einiger Zeit Rückenschmerzen. Als mein Vater krank wurde und ich ihn versorgen musste, konnte ich nicht mehr arbeiten. Beides hätte ich nicht geschafft. Meine Geschwister waren inzwischen in alle Winde verstreut, nur meine beiden Brüder lebten in D. Bis mein Vater ins Heim kam, hatte ich mit ihm alle Hände voll zu tun. Das war eine große Belastung. Jeden Tag, wenn ich mich auf den Weg in seine Wohnung machte, dachte ich nur: »Was er wohl wieder angestellt hat?« Einmal hatte er einen Hammer genommen und gegen den Duschknopf geschlagen. Der war natürlich abgebrochen, und alles war überschwemmt. Ein anderes Mal hat er fast den Gasboiler in die Luft gejagt. Es war sehr nervenaufreibend, bis er seinen Heimplatz bekam. Ich musste mich anschließend erst mal erholen.

Was ich mir noch wünsche vom Leben? Im Moment eigentlich, dass ich meinen inneren Frieden behalte. Ich fühle mich seit dem letzten Jahr einfach gut und zufrieden. Ich kann wieder in den Urlaub fahren. Das ging in den letzten beiden Jahren nicht, vor allem wegen meines Katers. Das war ein süßer, dicker Kater, aber so verwöhnt, dass ich ihn über Nacht nicht alleine lassen konnte. Er hätte mir die ganze Wohnung zerpflückt. Der ist nun leider gestorben. Er fehlt mir sehr, aber ich merke auch die Vorteile. Ich hoffe, dass es meinen Kinder gut geht. Daniela ist inzwischen verheiratet. Ich habe ein Enkelkind, das ist natürlich ein super Mädchen, das schönste, beste und klügste ... Das ist so ein Wunder, wie ich es bei den eigenen Kindern nicht erlebt habe. Schon die Tatsache, dass mein Kind ein Kind hat, ist irre. Und wenn ich die Kleine so betrachte, entdecke ich aus jeder Familie ein bisschen. Irgendwie siehst du die ganze Schöpfung. Ich liebe die Kleine, aber mir würde ein Enkelkind reichen. Es ist auch anstrengend. Klar sollen meine Töchter machen, was sie denken, und ich würde mich natürlich freuen, wenn sie noch Kinder bekämen. Wenn nicht, wäre ich auch zufrieden.

Ich wohne in derselben Wohnung, in die ich mit Klaus gezogen war: drei nicht zu große Zimmer, Küche, Bad. Die Mädchen wollten nie umziehen. Erst mit 15, 16 wollte jede ihr eigenes Zimmer. Ich sagte: »Nun ziehen wir nicht mehr um. In zwei, drei Jahren geht ihr aus dem Haus, und ich sitze dann in so einer großen Wohnung.« Es hat tatsächlich nicht lange gedauert, bis Daniela ihren Mann kennen lernte. Der hatte eine kleine Mansardenwohnung. Von da an war sie kaum zu Hause und ich mit Steffi meistens allein. Das war eine schöne Zeit. Am Wochenende wechselten wir uns mit kochen ab. Die andere brauchte sich um nichts zu kümmern. Mit Steffi kann ich gut zusammenleben. Wir haben die gleiche Lebensart. Wenn sie jetzt zu Besuch kommt, sitzen wir bis Mittag mit einem dicken Pott Kaffee im Schlafanzug am Frühstückstisch und reden und reden und haben rundrum nichts gemacht. Das ist immer das Schönste. Wir fassen dann beide mit zu, kochen was Schnelles. Das ist unkompliziert mit Steffi. Bei Daniela ist das anders. Bei ihr muss alles schön sein: Kaffee trinken mit Tasse und Untertasse und so. Ich mag Daniela natürlich genauso. Als Kind war sie viel pflegeleichter als Steffi. Aber Steffi und ich sind uns eben ähnlicher.

Jetzt, wo die Mädchen weg sind, kommt mir langsam der Gedanke: Irgendwas müsstest du noch machen. Ich weiß nur nicht was. Ich bin am Überlegen und Gucken. Mit 50 komme ich in meinen Beruf auf keinen Fall mehr rein. Ob mein Rücken die Arbeit im Krankenhaus aushält, weiß ich nicht. Mal sehen.

Als ich aus dem Zug steige, liegt das kleine Dorf ein wenig verschlafen vor mir, eingebettet in die ersten Hügel, die den Thüringer Wald ankündigen. Ich bin mit Sonja verabredet. Sie ist gelernte Friseuse, arbeitet jedoch seit vielen Jahren nicht mehr in ihrem Beruf, den sie sehr geliebt hat. Sonja führt mich über den Hof zum großen Zwinger, in dem ihr Hund freudig mit dem Schwanz wedelt. Er hofft auf einen Spaziergang mit Frauchen. Seine Erwartung wird leider enttäuscht. Diesmal hat Frauchen Besuch. Im Wohnzimmerbüfett stehen Bilder von ihren Kindern und dem Enkel. So lerne ich ein Stück von Sonjas Welt kennen, bevor wir uns zusammensetzen, reden, Kaffee trinken und selbst gebackenen Kuchen essen.

***

Man gewöhnt sich an alles

Manchmal frage ich mich, wie weit man sein Leben zurückverfolgen kann. Wo setzt die eigene Erinnerung ein, wo sind die Erinnerungen vom Erzählen der Eltern beeinflusst? Ein Erlebnis aus frühester Kindheit habe ich recht anschaulich vor Augen: Ich war drei Jahre alt und habe in der Kirche im Nachbardorf Blumen gestreut. Ich sehe noch den großen Altar vor mir, die Säulen und das Brautpaar. Vor allem den Schleier! Ich fand das alles wunderschön. Dann gibt es Erinnerungen an den Kindergarten. Meine Mutter war Kindergärtnerin, und ich war sehr eifersüchtig. Ich wollte in die Gruppe meiner Mutter und habe Terror gemacht. Fräulein Reich, meine Gruppentante, konnte ich nicht leiden. Ich wollte nicht begreifen, weshalb ich bei ihr bleiben musste. Einmal habe ich mit ein paar Freundinnen großen Blödsinn gemacht. Es war eine Feier im Kindergarten, und wir bekamen Luftballons. Wir haben unsere Luftballons aufgeblasen und wollten sie auf dem Elektrokocher, auf dem die Kindergärtnerinnen ihren Kaffee kochten, zerplatzen lassen. Wir legten sie auf die heiße Platte. Natürlich zerplatzten die Luftballons nicht, sondern schmorten. Es stank wie die Pest. Das gab ein Theater! Wir mussten auf die Strafbank. Ich habe oft auf der Strafbank gesessen. An meine Schuleinführung erinnere ich mich noch gut, weil ich ganz stolz war auf meine vielen Zuckertüten. Die ersten Schuljahre war ich eine sehr gute

Schülerin. Mein Lieblingsfach war Zeichnen. Das mache ich heute noch gern. Ich finde nur keine Zeit dazu. Das bedaure ich sehr. Die Zeit fehlt einem hinten und vorne. Wenn mein Enkel meine Zeichnungen von der Berufsschule anschaut, sagt er jedes Mal: »Omi, das hast du nicht gemalt.« Ich sage: »Doch, das habe ich gemalt.« Wir mussten als Friseurlehrlinge stilechte Frisuren aus unterschiedlichen Epochen zeichnen, alles mit Tusche. Ich habe sie alle aufgehoben. Mein Enkel staunt, dass ich so gut zeichnen konnte. Dafür habe ich ewig nicht schwimmen gelernt, obwohl wir im Sommer oft im Freibad waren. Als ich in die erste Klasse ging, hat mich ein junger Kerl vom Beckenrand ins tiefe Wasser geschubst, vielleicht aus Versehen. Ich weiß nicht. Ich ging jedenfalls unter und schluckte eine Unmenge Wasser. Der Bademeister zog mich an den Haaren heraus. Ich trug damals einen langen Pferdeschwanz. Seitdem habe ich Angst vor tiefem Wasser, heute noch. Ich kann zwar schwimmen, aber ich gehe nur dort ins Wasser, wo ich weiß, dass ich noch Grund unter den Füßen habe.

Mein Vater war innerhalb der Armee hauptberuflich bei der Staatssicherheit und arbeitete an der Grenze. Als kleines Kind habe ich nicht mitbekommen, was lief, erst später als Jugendliche. Ich weiß nur, dass ich nie sagen durfte, was mein Vater von Beruf war, wenn ich in der Schule gefragt wurde. Ich musste immer sagen »Behördenangestellter«. Die Berufe der Eltern wurden ins Klassenbuch eingetragen. Bei meinem Vater wurde nie die richtige Bezeichnung eingeschrieben. Was das Politische betraf, fühlte ich mich von meinem Vater sehr bedrängt. Wir mussten alles mitmachen. Deswegen war es überhaupt keine Frage, ob wir zu den Pionieren oder in die FDJ gingen. Wenn er uns mehr Spielraum gelassen hätte, wären wir vielleicht lieber hingegangen. Aber bei uns stand das Muss dahinter. Mit den Nachbarn war ich zu Weihnachten mal in der Kirche. Das hat mir gefallen. Mit meiner Cousine war ich als kleines Mädchen dort, als unsere neue Dorfkirche eingeweiht wurde. Damals waren viele Menschen in der Kirche, so dass ich gar nicht mitbekommen habe, was vorne ablief. Ich kriegte in den Menschenmassen kaum Luft. Ich bin gern in die Kirche gegangen und war mit meinen Schulkameraden manchmal in der Konfirmandenstunde. Ich wollte gern konfirmiert werden. Das durfte ich nicht. Man begehrt immer das, was man nicht kriegen kann. Bei meinen Kindern wollte ich es anders machen. Sie sollten sich frei entscheiden können. Ich habe meine Kinder taufen lassen, als sie größer waren, aber nicht in der Kirche. Der Pfarrer hat sie bei uns zu

Hause getauft. Da war mein Vater schon gestorben. Ich weiß nicht, ob ich genauso entschieden hätte, wenn er noch am Leben gewesen wäre.

Wir waren drei Geschwister und bewohnten eine Dachwohnung in einem kleinen Dreifamilienhaus, eine Zweizimmerwohnung mit Wohnküche. Ich schlief in der Küche auf dem Sofa. Die Küche war ein langer Schlauch. Von dort kam man ins Schlafzimmer meiner Eltern, wo ein Kinderbett stand, in dem meine jüngeren Brüder schliefen. Das ist heute unvorstellbar. Meine Kinder hatten gleich ihr eigenes Zimmer. Sie können gar nicht begreifen, dass wir so beengt wohnten. Am schlimmsten war, dass wir keine Toilette und kein Bad hatten. Wir mussten bis ins Erdgeschoss auf das Klo der Hauswirtin gehen. Die hat uns ständig tyrannisiert. Entweder haben wir zu viel Toilettenpapier benutzt oder die Spülung zu lange gezogen. Irgendwas fand die immer. Wir fragten deshalb die Familie, die unter uns wohnte, ob wir Kinder dort auf die Toilette gehen dürften. Sonnabends war Badetag. In der Küche wurde eine große Zinkwanne aufgestellt. Als ich in die Pubertät kam und mich nicht mehr vor meinem Vater und den Brüdern ausziehen wollte, haben wir Stühle vor die Wanne gestellt und Decken darüber gehängt. Diese Enge fand ich schlimm. Hinzu kam diese schreckliche Hauswirtin, ein Drache, wie er im Buche steht. Wir durften keinen Pieps von uns geben. Wenn ich das Treppengeländer runtergerutscht bin und sie mich erwischte, hat sie furchtbar geschimpft. Ich dachte: »Das ist doch nichts Schlimmes, ich habe doch nichts kaputtgemacht.« Einmal bekamen wir ein kleines Kätzchen geschenkt. Das war so niedlich. Wir waren ganz glücklich. Als wir nach Hause kamen, sagten unsere Eltern gleich: »Das Kätzchen könnt ihr nicht behalten.« Wir haben gebettelt und geweint. Meine Mutter sagte: »Meinetwegen könntet ihr's behalten. Aber die Hauswirtin lässt das niemals zu. Wenn die merkt, dass wir ein Kätzchen im Haus haben, ist die Hölle los.« Meine Mutter erlaubte uns, es bis zum nächsten Morgen dazubehalten. Kurz danach trafen wir die Hauswirtin. Mein jüngster Bruder erzählte freudestrahlend diesem Hausdrachen, dass wir ein Kätzchen hätten. Wir mussten es sofort wegbringen. Damals habe ich mir geschworen: »Wenn ich mal ein eigenes Zuhause habe, ein eigenes Haus, will ich Tiere um mich.« Meine Mutter kann das nicht verstehen. Ich habe einen richtigen Tiertick. 1980 sind wir hier in das Haus eingezogen, seitdem haben wir Hund und Katzen. Einmal hatten wir neun Katzen.

Meine Mutter hatte wenig Zeit für uns Kinder. Sie arbeitete halbe Tage im Kindergarten. Wenn ich aus der Schule kam, musste ich oft auf meinen jüngeren Bruder Paul aufpassen. Wenn meine Freundinnen draußen standen und mit mir spielen wollten, hatte ich meinen Bruder am Hals und konnte nicht mit. Da war ich oft sauer. Paul sagt manchmal zu mir: »Weißt du überhaupt, was du damals für ein Biest warst? Wie gemein du zu mir warst?« Das war mir als Siebenjährige gar nicht bewusst. Ich weiß nur, dass er einmal nicht auf mich hörte und ich ihn ins »Kämmerchen« sperrte. Von unserer Küche aus führte eine Klappe in die Dachschräge, wo wir Kram abgestellt hatten. Es war dort ganz eng und dunkel. Dahinein hatte ich Paul gesperrt und ihn brüllen lassen. Nach einer Weile tat er mir Leid. Ich ließ ihn wieder raus. Ich fühlte mich als Kind oft zurückgesetzt. Meine Mutter war vor mir schon einmal schwanger gewesen. Das erste Kind war eine Totgeburt. Es war ein Junge gewesen. Mein Vater wünschte sich einen Jungen, als meine Mutter wieder schwanger war. Dann kam ich und war ein Mädchen. Ich hatte das Gefühl, mein Vater hätte mich nicht richtig gern, meine Brüder wären ihm lieber. Wenn ich mit meiner Mutter darüber rede, sagt sie zwar, das stimme nicht, ich würde mir das nur einbilden. Ich denke, dass was Wahres dran ist. Mit den Jungs hat er viel mehr unternommen. Vielleicht ist das bei Männern so, dass die mit den Söhnen lieber Fahrrad fahren oder Fußball spielen. Als ich fünf oder sechs war, bekam meine Mutter noch mal ein Mädchen. Das hatte eine Gallenmissbildung und starb nach wenigen Tagen. Ich erinnere mich, dass der kleine weiße Sarg im Keller stand, als mein Vater das Baby von Erfurt aus der Klinik geholt hatte. Meine Mutter hat Tag und Nacht nur geheult. Mit der Geburt meines jüngsten Bruders Wolfgang fasste sich meine Mutter wieder. Sie hatte nicht mehr so viel Zeit nachzudenken.

Mit meinen Brüdern habe ich mich oft gestritten. Erst als ich älter war und zur Lehre ging, verstand ich mich mit ihnen besser. Wolfgang ging damals auf die Erweiterte Oberschule, Paul war bei der Armee. Wir haben uns nicht oft gesehen. Vielleicht haben wir uns deshalb besser vertragen. Wenn wir uns als Kinder stritten, sagte meine Mutter: »Ihr sucht euch noch mal.« Damit hat sie Recht behalten.

Über Politik sprach mein Vater überhaupt nicht mit uns. Selbst als die Mauer gebaut wurde, äußerte er sich nicht, jedenfalls nicht uns Kindern gegenüber. Ich erfuhr das aus dem Fernsehen. Wir besaßen schon in den 50er Jahren einen Fernseher, so einen riesigen Apparat mit einer winzigen Bildröhre. Natürlich wurde nie Westfernsehen geguckt. Für uns gab's das Sandmännchen, Meister Nadelöhr und so was. Den Mauerbau kapierte ich nicht, da war ich noch zu klein. Ich weiß nicht, wie die anderen das empfunden haben. Bei mir in der Familie hat keiner darauf reagiert. Selbst meine Großmutter mütterlicherseits nicht, obwohl sie eine politisch sehr interessierte Frau war. Sie las jeden Tag die Zeitung von der ersten bis zur letzten Seite, selbst als sie schon 80 war. Sie wusste gut über Politik Bescheid. Mit ihr konnte ich später über alles reden. Zur Mauer sagte sie kein Sterbenswörtchen, obwohl einige Jahre zuvor meine Cousine nach dem Westen gegangen war. Sie musste Angst haben, dass sie die nie wiedersieht. Vielleicht schwiegen meine Verwandten, weil unser Vater bei der Stasi war. Da hielten sich alle zurück. Ich habe auch später nie mit ihm über Politik gestritten. Darüber konnte man einfach nicht mit ihm reden. Es kommt mir heute so vor, als ob er die Schweigepflicht, die er als »Geheimnisträger« hatte, auf seine Familie übertrug. Vielleicht wollte er uns raushalten aus politischen Problemen und uns nicht belasten. Ich weiß es nicht. Mit meinen Brüdern hat er eher diskutiert. Paul musste die Offizierslaufbahn einschlagen. Das setzte mein Vater voraus: nach dem Abitur die Armee. Paul hätte lieber was anderes studiert. Wenn mich heute etwas beschäftigt, rede ich mit meinem Mann. Wir unterhalten uns oft, was so in der Gesellschaft abläuft. Wir gucken sehr viele Nachrichtensendungen im Fernsehen und diskutieren darüber. Mit meiner Mutter kann ich bis heute nicht über solche Dinge sprechen.

Ich glaube nicht, dass mein Vater erzpolitisch war. Der hat seinen Job gemacht und versucht, die Konflikte diplomatisch anzugehen. Dass er sich für die Stasi entschied, war eine Geldfrage, keine politische Überzeugung. Er wollte, dass es unserer Familie gut ging. Bei der Volksarmee und bei der Staatssicherheit gab es bessere Verdienstmöglichkeiten als in anderen Berufen. Ich kann nicht sagen, ob mein Vater sauer war, als meine Cousine 1957 in den Westen ging. Meine Mutter war mit meinem jüngsten Bruder hochschwanger, als Erika eines Tages kam und sagte: »Ich geh' nach drüben. Ich habe in Frankfurt eine Stellung als Dienstmädchen.« Oder Kindermädchen, das weiß ich nicht mehr genau. Meine Mutter weinte und sagte: »Das kannst du doch nicht machen. Wer weiß, was da drüben für ein Leben ist. Dann bist du weg, und wir können dir nicht helfen.« Erika war damals 17 oder 18. Sie musste Dreher lernen, einen Beruf, den sie überhaupt nicht mochte. Ich glaube, das war der Hauptgrund. Sie war ein schönes und zartes Mädchen und sollte hinter der Drehbank stehen. Das lag ihr nicht. Sie sagte: »Ich bleib' nicht hier.« Vielleicht bekam mein Vater wegen dieser Sache Schwierigkeiten im Dienst. Doch als Erika 1965 das erste Mal wieder zu Besuch kam, kümmerte sich mein Vater sehr. Sie kam mit ihrer einjährigen Tochter und hätte mit dem Kind im Interzonenzug bis M. durchfahren und danach in den Personenzug umsteigen müssen und wieder zurückfahren in unser Dorf. Vom Grenzbahnhof fuhr ein Personenzug direkt zu uns. Interzonenreisende durften jedoch am Grenzbahnhof nicht umsteigen. Mein Vater hat sie aus dem Interzonenzug geholt und in den Personenzug gesetzt. Er hätte das eigentlich nicht tun dürfen. Meine Cousine sagte damals: »Das rechne ich Onkel Oswald hoch an.«

Unser Familienleben verlief normal. Ich glaube nicht, dass es großen Stress zwischen meinen Eltern gab, obwohl sie grundverschieden waren. Meine Mutter ist ein ruhiger Typ. Mein Vater trank öfter mal ein Bierchen und ein Schnäpschen. Wir Kinder hatten das gern, wenn unser Vater getrunken hatte. Da war er lustig und machte seine Späßchen. Sonst war er sehr ernst. Mein Vater wäre gern mit meiner Mutter weggegangen. Sie hatte nie Lust oder keine Zeit oder nichts anzuziehen. Deshalb ging er allein in die Gaststätte. Jetzt, wo ich erwachsen bin, weiß ich, dass meine Mutter selbst schuld war, wenn mein Vater allein ausging. Ich höre ihn noch sagen: »Geh doch mit!« Sie wollte nicht. Mein Vater hat meine Mutter sehr verwöhnt. Ich merkte, als er gestorben war, dass er ihr fast alles abgenommen hatte. Meine Mutter war nach seinem Tod recht unsicher in vielen Dingen. Sie hat lernen müssen, allein Entscheidungen zu treffen. Ich denke, sie ist viel selbstständiger geworden. Seit einigen Jahren wohnt sie bei uns mit im Haus. Das ist nicht einfach. Früher lebten wir mit den Schwiegereltern zusammen. Es gab öfter Reibereien. Alt und Jung in einem Haus ist nicht so gut, würde ich sagen. Es gibt zu unterschiedliche Meinungen. Ich bin nicht der Typ, der ruhig bleibt, wenn es Konflikte gibt. Ich sage, was ich denke und was ich will. Damals habe ich gedacht, es läge an meiner Schwiegermutter, wenn Streit war. Heute, wo sie nicht mehr lebt, ist meine Mutter da. Die Reibereien sind genau die gleichen. Meine Mutter mischt sich überall ein, sogar bei ihren Enkelkindern. Sie muss alles wissen und überall ihren Senf dazugeben. Ich sage oft: »Mutti, man muss auch mal ruhig sein, man muss die Jugend machen lassen. Die entscheiden sowieso, wie sie wollen, ob du deine Meinung sagst oder nicht.« Nein, sie muss sich reinhängen. Das stört mich sehr. Thomas, mein Mann, schimpft oft mit mir: »Du bist manchmal eine richtig böse Tochter. Du musst sanfter mit deiner Mutti umgehen. Sei froh, dass du sie noch hast.« Beim nächsten Mal bleibt der Streit trotzdem nicht aus. Seit seiner Scheidung lebt Paul wieder mit im Haushalt meiner Mutter. Von uns Geschwistern denkt jeder, er käme zu kurz. Wolfgang, der ebenfalls im Dorf wohnt, möchte, dass meine Mutter ihm hin und wieder hilft. Paul hat einen langen Arbeitsweg. Wenn er nach Hause kommt, hat Mutter schon für ihn gekocht und den Tisch gedeckt. Ich bin der Meinung, dass sie mir mehr helfen könnte. Das ist sicher ungerecht. Sie kann sich nicht zerteilen. Aber sie weiß nicht einzuschätzen, wer nun die Hilfe am nötigsten braucht. Vielleicht liegt es an mir.

Ich bin hier in W. geboren und groß geworden. Mich hat es nie weggezogen. Wenn meine Eltern manchmal davon sprachen, dass sie sich woanders ein Häuschen kaufen wollten, protestierte ich. Ich liebe mein Dorf, die Natur, die Berge rundherum, den Wald. Wenn ich mit meinem Hund spazieren gehe, habe ich meine festen Runden – eine große und eine kleine. Der eine Weg schlängelt sich am Berg hoch, den gehe ich meistens. Wo die Bäume etwas lichter sind, bleibe ich jedes Mal stehen und gucke mir den Ort aus der Höhe an. Ich genieße den Blick. Mir wird das nie zu viel. Von zwei Stellen aus kann man das Dorf wunderbar überblicken. Ich finde es hier überhaupt nicht langweilig. Als wir Kinder waren, kamen jeden Sommer FDGB-Urlauber. Wir freuten uns auf die Fremden, die ein bisschen »weite Welt« in unser Nest brachten. Später war schon mal ein kleines Freundchen dabei. Urlauber kommen heute nicht mehr. Wir sind als Jugendliche zur Kirmes gegangen und zum Frühlingstanz. Anfang der sechziger Jahre wurde unser Karnevalsverein gegründet. Das war jedes Mal ein Ereignis im Ort mit Umzug und tollen Tagen. Thüringen ist für mich die schönste Gegend Deutschlands. Ich war an der Ostsee, im Raum Berlin. Ich habe mir die Seen um Erkner angeschaut und einen Urlaub dort verbracht. Vor drei oder vier Jahren war ich in Bayern, einmal in Österreich. Ich muss ehrlich sagen: Wenn ich auf der Autobahn fahre und komme wieder nach Thüringen, bin ich jedes Mal froh. So ist es eben. Das steckt tief in einem drin: Wo man geboren ist, da ist man verwurzelt. Viele meiner Verwandten wohnten im Ort, meine Oma, Cousins, Cousinen. Die andere Großmutter wohnte im Nachbardorf. Mit meinen Cousinen habe ich mich nicht übermäßig gut verstanden. Das lag am großen Altersunterschied. Und wir waren wohl auch ein bisschen neidisch aufeinander. Mit den Nachbarskindern aus der Wohnung unter uns war ich viel mehr zusammen. Wir waren wie Geschwister. 1964 ist der Junge von unten abgehauen. Das hat mich unheimlich berührt. Ich habe schrecklich geheult. Wir haben viel Gackel und Blödsinn miteinander gemacht. Das war mit die schönste Zeit für mich. Und auf einmal das Gefühl: Der Klaus ist jetzt weg, und ich sehe ihn nie wieder. Ich wusste ja, dass die Grenze zwischen uns war. Damals sagte mein Vater zu mir: »Was heulste denn da?« Ich antwortete: »Na ja, wir hingen immer zusammen, das war für mich wie ein Bruder.« Mein Vater wurde ganz barsch: »Da brauchste nicht zu heulen!« Das hat ihn wohl geärgert. Er hat nicht weiter mit mir darüber gesprochen. Ich weiß, dass er unseren Kontakt nicht sehr gern sah, weil die Nachbarn politisch anders dachten. Sie hörten Westradio, und die Kinder waren nicht bei den Pionieren. Meine Mutter war mit der Nachbarsfrau befreundet. Sie klönten oft zusammen. Aber wenn die Männer nach Hause kamen, ging jede schnell in ihre Wohnung.

Weder über politische noch über sexuelle Sachen haben meine Eltern mit mir gesprochen. Als ich mit 12 meine Periode bekam, sagte meine Mutter zu meinem Vater: »Jetzt musst du sie endlich aufklären.« Ich war stinksauer auf sie, weil sie meinem Vater das gesagt hatte. Ich wollte nicht, dass mein Vater weiß, dass ich die Periode habe. Ich war böse auf meine Mutter. Sie war, was solche Dinge betraf, ziemlich zurückhaltend oder unbeholfen. Ich habe trotzig geantwortet: »Ihr braucht mich nicht aufzuklären. Ich weiß alles!« Meine Mutter meinte: »Was heißt denn hier ›alles‹?« – »Was ich dazu wissen muss, weiß ich aus der Schule.« Damit war das Thema erledigt. So wie ich mit meiner Tochter gesprochen habe, als sie so weit war, bin ich nie aufgeklärt worden. Vielleicht war ich selbst dran schuld, weil ich sagte, ihr braucht mich nicht aufzuklären. Es ist jedenfalls nie mehr darüber gesprochen worden, über Sex schon überhaupt nicht. Da wollten sie uns weismachen, dass man vom Küssen schwanger würde, so ungefähr. Vor Sex hatte ich eine panische Angst in der Pubertät. Obwohl ich mein erstes Freundchen schon im siebenten Schuljahr hatte. Wir haben uns sehr gemocht und denken heute noch manchmal aneinander. Jetzt zum Beispiel, wo wir beide unseren 50. Geburtstag hatten. Zur Faschingsfeier im achten Schuljahr bekam ich meinen ersten Kuss. Das vergesse ich nie. Unsere Freundschaft ging in die Brüche, als ich die Schule verließ und die Lehre anfing. Er ging bis zur zehnten Klasse auf die weiterführende Schule nach M. Dort hatte er einen anderen Freundeskreis, und ich hatte einen anderen Freundeskreis. So ist die erste Liebe abgeflaut. Doch bald kam schon eine andere. Damals waren wir halt oft verliebt.

In der achten Klasse war Jugendweihe. Für mich war das Schönste daran, dass wir endlich eine neue Wohnung bekamen und dass ich mich schick anziehen konnte. Vier Wochen vor meiner Jugendweihe sind wir umgezogen. Da wurde noch renoviert und ein Aufriss gemacht, weil alles fertig sein sollte. Das waren Strapazen, innerhalb so kurzer Zeit die Renovierung zu schaffen. Wir wollten die ganze Verwandtschaft einladen. Das hätten wir bei dieser Hauswirtin nicht gedurft. Da musste jeder Besuch angemeldet werden. Wenn es klingelte, stand sie gleich hinterm Fenster und hat geguckt, wer gekommen war. In der neuen Wohnung genossen wir unsere Freiheit. Die Jugendweihe war sozusagen unser erstes großes Familientreffen. Die ganze Verwandtschaft und Bekanntschaft hatte Kuchen gebacken, weil unser Herd noch nicht angeschlossen war. Wir machten ein richtiges großes Fest, hatten endlich Schlafgelegenheiten für Besuch. Ich bekam zwar kein eigenes Zimmer, sondern teilte das Kinderzimmer mit meinen Brüdern. Weil Paul bald zur Armee ging und Wolfgang zur Erweiterten Oberschule und ins Internat, hatte ich die meiste Zeit das Zimmer für mich allein. Das habe ich genossen! Diese neue Wohnung war für mich zur Jugendweihe ganz wichtig. Und das Kleid! Ich wollte unbedingt ein ganz schönes Kleid haben und bekam tatsächlich das schönste von allen! Mir hatte nämlich meine Cousine Erika aus dem Westen ihr Hochzeitskleid geschickt. Es war ein Seidenkleid, der Stoff aufgeworfen. Das war damals große Mode. Die Taille war betont und der Rock leicht ausgestellt, dazu ein passendes kleines Bolero und weiße Schuhe. Es hat mir gepasst wie auf den Leib geschneidert. Ich bin meiner Cousine heute noch dankbar für dieses Kleid. Solche Dinge waren für mich wichtig, nicht das Politische. Bei der Feier standen wir alle in Reih' und Glied und haben unsere Sätzchen aufgesagt. Wenn ich die Fotos heute anschaue, denke ich nur: »Es war ein schönes Kleidchen.« Klar waren wir stolz, nun zu den Erwachsenen zu gehören. In diesem Zusammenhang bedeutete es mir jedoch mehr, als wir mit vierzehn unseren Ausweis bekamen. In diesem Moment fühlte ich mich wirklich erwachsen.

Eigentlich sollte ich wie die meisten meiner Klasse zehn Jahre zur Schule gehen. Meine Eltern hatten schon die Schulbücher für die neunte Klasse gekauft. In den Ferien wollte ich mir ein paar Mark verdienen. Ich ging in den Friseursalon im Nachbardorf und fragte die Chefin, ob ich bei ihr aushelfen könnte. Sie meinte: »Na, selbstverständlich.« Ich ging gleich auf eine Kundin zu, bat sie, Platz zu nehmen, und wusch ihr die Haare. Ich hatte überhaupt keine Ahnung, aber ich legte gleich los. Die Chefin meinte zu mir, so was hätte sie noch nie erlebt. Das hat ihr gefallen. Als die vierzehn Tage um waren, fragte sie mich, ob ich nicht eine Lehre bei ihr anfangen wollte. Eigentlich war mein Traumberuf Schneiderin, weil es ein schöpferischer Beruf ist. Ich dachte plötzlich: »Mensch, mit einem Schlag Geld verdienen, unabhängig sein und nicht mehr in die Schule müssen.« Ich war überglücklich, bin nach Hause gegangen und sagte zu meinen Eltern: »Ich gehe nicht mehr in die Schule. Ich fange eine Lehre an.« Meine Mutter und mein Vater waren entsetzt: »Das geht nicht. Die Schulbücher sind schon da. Du denkst wohl gar nicht an später und deine Karriere.« Das war mir damals völlig egal. Für mich war wichtig, mich von meinen Eltern unabhängig zu machen und nicht mehr um jeden Groschen betteln zu müssen. Als meine Lehrer von meinem Entschluss erfuhren, kamen sie zu meinen Eltern und redeten auf sie ein, ich sollte unbedingt die Schule weitermachen. Es gab richtig Ärger zu Hause. Ich habe mich nicht breitschlagen lassen. Heute weiß ich, dass Eltern und Lehrer Recht hatten. Die Schulbildung hat mir im späteren Leben schon gefehlt. Doch die Berufsschuljahre, muss ich sagen, haben mir allerhand gegeben. Wir hatten viel Theorie. Ich war eine sehr gute Schülerin und hatte Spaß am Lernen. Als Friseuse konnte ich schöpferisch tätig sein und meine Fantasie einsetzen. Ich schloss meine Lehre mit »sehr gut« ab. Meine damalige Chefin sagt heute noch, ich wäre ihr bester Lehrling gewesen. Als ich meinen Beruf an den Nagel hängen musste, bedauerte sie das sehr: »Meine anderen Lehrlinge haben sich alle selbstständig gemacht und betreiben heute Geschäfte. Du warst meine Beste und hast das einfach so fallen lassen.« Das war wirklich ein trauriges Ende. Die Eltern meines Mannes hatten eine Bäckerei. Als Thomas den Laden übernahm, musste ich Brot und Brötchen verkaufen. Die ersten Tage habe ich viel geheult, weil ich meinen Beruf unheimlich gern gemacht hatte. Ich frisiere heute noch die ganze Familie. Meine Tanten, meine Kinder, meine Mutter – alle müssen sich opfern. Aber damals – wo die Liebe hinfällt. Ich bin eben an meinem Bäckerchen hängen geblieben. Den ersten und zweiten Tag werde ich nie vergessen. Ich dachte: »Das machst du nicht. Du verkaufst keine Brötchen hinterm Ladentisch.« Es hat mir einfach keinen Spaß gemacht. Man gewöhnt sich an alles.

Mein Mann stammt auch aus dem Dorf. Wir kannten uns von Kindesbeinen an. Ich bewunderte ihn schon als kleines Mädchen. Er war sportlich und hat ziemlich gut Fußball spielen können. Einmal – wir waren vielleicht 14 oder 15 – stand die ganze Dorfclique an der Brücke. Dort trafen sich die Jugendlichen. Wir waren bestimmt 15 oder 16 Mädchen und Jungen. Es war Winter, und der Platz war voller Schneematsch. Auf einmal sagte Thomas zu mir: »Was kriege ich von dir, wenn ich jetzt einen Handstandüberschlag mache?« – »Das machst du sowieso nicht«, antwortete ich und zeigte ihm einen Vogel. Er ließ nicht locker, und ich sagte schließlich: »Na gut, dann darfst du dir was wünschen.« Er machte tatsächlich vor der ganzen Truppe einen Handstandüberschlag! Er sagte: »Was ich mir wünsche, da komme ich in zwei Jahren drauf zurück. Ich heirate dich sowieso.« Ich hatte damals ein anderes Freundchen und meinte: »Wieso denn das?« Und er: »Das wirst du schon sehen. Ich heirate dich.« Ja, und wir haben geheiratet. So geht das manchmal zu im Leben. Ich habe ihn kürzlich gefragt, warum er gerade mich genommen hat, denn er hatte eine reiche Auswahl. Er kann mir komischerweise keine Antwort darauf geben. Sex fing bei uns ziemlich spät an. Thomas war für mich der Erste, da war ich 17. Vor Thomas hatte ich einen älteren Freund. Er war schon 24. Er studierte und machte hier in der Nähe eine sportliche Armeeausbildung. Diese jungen Männer aus dem Armeelager kamen in unser Dorf zum Tanz. Dort lernte ich ihn kennen. Wir sahen mit 15, 16 schon aus wie 18. Er dachte anfangs, ich sei älter. Wir trafen uns einige Male. Er war leicht schockiert, als er erfuhr, dass ich erst 16 war. Er war sehr vorsichtig. Ich wollte mehr wissen und habe ihm ganz schön die Hölle heiß gemacht, stundenlang geküsst. Das hat ihn ziemlich erregt, was ich merkte. »Oh!«, dachte ich. »Jetzt musst du aufhören.« Er schrieb mir später, ich wäre ein kleines Aas gewesen. Mit 18 wäre ich nicht so glimpflich davongekommen. Also, das war ein hoch anständiger Mensch. Er hat mir nichts getan, weil er wusste, dass ich so ein junges Ding war.

Nach diesem Freund fing es mit meinem Bäcker an. Mein Vater war gar nicht begeistert, denn Thomas hatte die ganze Verwandtschaft drüben im Westen. Ich glaube, mein Vater bekam sogar Probleme deshalb auf seiner Arbeit. Was wirklich los war, habe ich nie erfahren. Ich erinnere mich nur, dass mein Vater anfangs sagte: »Das wird doch nichts. Such' dir einen anderen.« Das weiß mein Mann bis heute nicht. Der hält nämlich auf meinen Vater große Stücke. Menschlich gesehen konnte mein Vater Thomas gut leiden. Diese Ablehnung war rein politisch. Als junges Mädchen hätte ich mir sowieso nichts sagen lassen. Egal was gekommen wäre, so verliebt, wie wir waren, hätten wir sämtliche Hürden genommen. Das sah mein Vater schließlich ein. Als Thomas zur Armee musste, bekam er durch meinen Vater eine Stelle, wo nur hundertprozentig Überzeugte Dienst tun durften: in Großglienicke an der Grenze. Thomas sagte damals: »Ich hätte hundert Gelegenheiten gehabt abzuhauen.« 1968 – während des Prager Frühlings – war Thomas grade bei der Armee. Das war für mich eine schlimme Zeit. Er durfte ein Vierteljahr nicht nach Hause, weil die Truppen in Bereitschaft waren. Alle Soldaten hatten Ausgangsverbot und Urlaubssperre. Wenn man so jung verliebt ist, empfindet man das als ziemlich schlimm. Uns blieb nur das Telefon. Das bisschen Geld, das wir besaßen, vertelefonierten wir. Ich hatte panische Angst, dass es Krieg geben könnte. Thomas und mein Vater hätten diesen Krieg mitmachen müssen. Der Gedanke war schrecklich. Worum es in der Tschechoslowakei ging, wusste ich nicht genau. Ich hatte nur erfahren, dass sie dort eine andere Vorstellung von Freiheit und Sozialismus als wir hatten. Dass sie ihre Ideen um jeden Preis verwirklichen wollten, wenn es nötig wäre, sogar mit Gewalt. So hatte ich es jedenfalls aufgefasst.

1970 kam Thomas von der Armee zurück, und wir heirateten. Ich wollte gleich eine richtige Familie, also ein Kind. Im April war unsere Hochzeit. Ende Dezember wurde Maik geboren. Für die Leute im Dorf war ich schon vorher mindestens vier Mal schwanger gewesen. Thomas und ich waren vier Jahre verlobt. Wie das auf dem Dorf ist, brauchen die Leute ihre Gerüchte. Doch da war nichts dran. Wir wussten, wie man eine Schwangerschaft verhütete! Wir wollten unser erstes Kind geplant. Die Geburt unseres Sohnes war ein großes Ereignis im Ort. Da war das halbe Dorf besoffen. Mein Vater hatte etwa zehn Minuten nach der Geburt im Krankenhaus angerufen. Als ob er es geahnt hätte. Als er erfuhr, dass er Opa geworden war, ging er zuerst in die Gaststätte. Alle, die dort waren, haben den ganzen Abend getrunken, allen voran mein Cousin. Der hatte gesagt: »Wenn es ein Junge wird, werde ich Pate.« Mein Cousin wusste am nächsten Tag nicht, wie er nach Hause gekommen war. Ich hatte eine sehr schwierige Geburt. Mein Leben hing am seidenen Fädchen. Mein Mann bekam vor lauter Aufregung und Sorge Magenschmerzen. Als mein Vater erfuhr, wie schlecht es mir ging, ließ er die Männer in der Kneipe sitzen und lief nach Hause. Er machte sich wirklich Sorgen um mich. Ich hatte das Gefühl, dass seit Maiks Geburt unser Verhältnis besser wurde. Als ob ich jetzt endlich in seinen Augen jemand war. Es verging kein Tag, an dem er nicht nach der Arbeit bei uns geklingelt und gefragt hätte: »Wie geht es dem Jungen, wie geht es euch?« Wer bei der Stasi arbeitete, bekam regelmäßig Verpflegungsbeutel mit Bananen und Apfelsinen. Von nun an landeten diese Verpflegungsbeutel bei uns – für das Enkelkind. Das war mir sehr willkommen. Wir sind ja hinter jedem Stückchen Obst hergerannt. Ich muss sagen, Maik hat in seiner Kindheit nichts vermisst. Ich war drei Jahre zu Hause. Erst als er in den Kindergarten ging, fing ich wieder an, als Friseuse zu arbeiten. Leider nur zwei Jahre, weil dann der Schwiegervater meinem Mann das Geschäft übergab. Wir hatten die Bäckerei 15 Jahre, von 1974 bis 1992. Anfangs half mein Schwiegervater noch mit in der Backstube und meine Schwiegermutter im Laden. Es ging uns damals sehr gut. Wir mussten zwar schwer arbeiten, 14 bis 15 Stunden am Tag, aber wir konnten dadurch etwas auf die hohe Kante legen. In dieser Zeit haben wir uns das Häuschen zusammengespart, in dem wir heute leben. Manchmal war die Arbeit in der Bäckerei belastend. Wenn die Leute zum Beispiel Weihnachten in die Kirche gingen, hatten wir erst Feierabend. Unser Christbaum war noch nicht geschmückt und nichts vorbereitet. Wir wollten unseren Kindern doch ein schönes Weihnachten bereiten! Das war hart. Ich habe oft gesessen und geweint. Heute weiß ich, dass diese Plackerei durchaus ihr Gutes hatte.

Unser Sohn ist auch Bäcker geworden, obwohl er gar nicht wollte. Als er in die zehnte Klasse kam, mussten wir uns Gedanken machen wegen des Berufes. Maik hätte gern studiert. Er wollte Sportlehrer werden. Aber es führte kein Weg rein. Ich weiß gar nicht, wieso das damals nicht ging. Wir versuchten alles Mögliche. Weil wir das Geschäft hatten und meinten, es müsse mal fortgeführt werden, setzten wir uns mit ihm hin und überredeten ihn. »Na gut, werde ich eben Bäcker.« Nach diesem Entschluss strengte er sich in der Schule nicht mehr an. Seine Berufsausbildung hat er jedoch mit »sehr gut« abgeschlossen. Maik war ein wirklich guter Bäcker. Aber es war nicht sein Traumberuf. Er wirft uns heute noch manchmal vor, dass wir ihn damals so unter Druck gesetzt haben. Er weiß, dass wir uns wegen seines Sportstudiums echt bemüht hatten. Als Ausgleich trieb er später viel Sport. Er war im Fußballverein und ein sehr guter Spieler. Mir tut es selbst weh, dass er nicht seinen Traumberuf ergreifen konnte. Ich weiß sehr gut, wie das ist, wenn man in einem ungeliebten Beruf arbeiten muss. Nach der Wende arbeitete Maik nur noch zwei Jahre als Bäcker und schlug dann eine ganz andere Richtung ein. Er ging in die Metallbranche, hat sich dort weitergebildet, spezialisiert und gut eingefuchst. Sein Arbeitsplatz ist relativ sicher. Er sagt heute: »Ich würde nie in den Bäckerberuf zurückgehen. Was ich jetzt mache, das erfüllt mich mehr.«

Kurz vor der Wende durfte ich mit Thomas zum ersten Mal in den Westen fahren. Mein Mann war schon einmal allein gereist. Diesmal nun hatte ein Onkel 60. Geburtstag. Wir freuten uns sehr, dass wir gemeinsam fahren durften. Der Mann von Thomas' Cousine war beim Verfassungsschutz. Damals, ein Jahr vor der Wende, sagte er zu uns: »Es wird sich bald etwas ändern.« Ich kapierte gar nicht, was er meinte. Die Tante sagte: »Wenn ihr das nächste Mal kommt, braucht ihr vielleicht gar nicht mehr zu beantragen.« Ich wunderte mich: »Was wollen die nur, was meinen die?« Ich begriff nichts. Diese erste Westreise war für mich ein tolles Erlebnis. Ich wollte shoppen, das war für mich das Interessanteste. Wir sind als Erstes in Hersfeld durch die Einkaufspassage spaziert. Ich wusste gar nicht, wohin ich zuerst gucken sollte. Hier ein Geschäft und da ein Geschäft. Und die schönen Blumen! Der ganze Marktplatz voller Blumen und Obst! Ich stand da und staunte. Ich war total happy und konnte überhaupt nichts sagen. An diesem Einkaufstag war ich so still wie noch nie in meinem Leben. Abends bei unseren Verwandten wurden wir ausgefragt: »Was habt ihr denn erlebt? Was habt ihr gekauft?« Wir hatten von jedem ein paar Mark zugesteckt bekommen. Zuerst wusste ich gar nicht, was ich davon kaufen sollte, und habe nur gerechnet. Ich wollte mir Wolle kaufen und jedem eine Kleinigkeit mitbringen. Ich entdeckte hier ein Schnäppchen und da ein Schnäppchen. Wenn ich heute zurückdenke, muss ich lachen. Meinen Mann interessierten ganz andere Dinge als mich. Aber wir einigten uns schließlich. Die Verwandten staunten, wie viel wir für unser Geld bekommen hatten. Nach der Wende ist die Verbindung zu unseren Verwandten schlechter geworden. Sie ist nicht mehr so herzlich. Früher waren sie oft bei uns. Wir wohnten alle in Grenznähe. Durch den kleinen Grenzverkehr konnten sie praktisch alle vier Wochen kommen, nahmen sich Gebäck und Brot aus der Bäckerei mit. Seit der Grenzöffnung waren wir vielleicht noch ein oder zwei Mal sonntags bei ihnen. Das war ein Katzensprung, eine halbe Stunde mit dem Auto. Wir konnten zum Kaffeetrinken dort sein und zum Abendessen wieder nach Hause fahren. Wir haben uns auseinander gelebt. Die Cousinen waren sauer auf uns und meinten, wir wären schuld. Ich bin der Meinung, dass es nicht allein an uns lag. Vielleicht war mit dem Tod meines Schwiegervaters die direkte Bezugsperson nicht mehr da. Wir sind ja die zweite Generation. Mein Mann hatte das Gefühl, sie hätten ihn im Stich gelassen. Nach dem Tod seiner Eltern sagte er oft: »Jetzt bin ich ganz allein.« Wenn ich erwiderte: »Das stimmt nicht, du hast uns«, meinte er: »Von meiner Seite ist niemand mehr da.« Die Goldene Hochzeit der Tante und des Onkels war die letzte gemeinsame Familienfeier, wo es richtig schön miteinander war.

Zu Freunden meiner Mutter in Hannover haben wir viel engeren Kontakt. Diese Bekanntschaft ist eine richtige Wendegeschichte! Nach der Grenzöffnung kam ein Mann in unser Dorf, der ein Jugendbild meiner Mutter in der Hand hielt. Auf dem Dorfplatz sprach er die älteste Frau des Dorfes an, zeigte ihr das Foto und fragte, ob sie diese Frau kennen würde. »Ach, das ist Sonja! Die arbeitet dort in der Bäckerei.« Im Laden war meine Schwiegermutter. Die wusste natürlich gleich, dass ich das nicht sein konnte, sondern meine Mutter. Diesen Mann hatte meine Mutter im Krieg kennen gelernt. Er war verwundet und lag in einem Lazarett in der Nähe. Nach der deutschen Teilung hatten sie sich aus den Augen verloren. Der Mann hatte sich vorgenommen, wenn sich die Grenzen mal öffnen, suche ich diese Frau auf. Er ging mit seiner Frau, seiner Schwester und dem Schwager zu meiner Mutter, die natürlich völlig überrascht war. Zu diesen Leuten haben wir bis heute Kontakt, mehr als zu unseren eigenen Verwandten. Wir sind mit den Kindern, die in unserem Alter sind, befreundet. Paul ist ganz verschossen in die Tochter. »Schade, dass Gabi nicht ledig ist. Die würde ich sofort heiraten«, sagt er manchmal. Wenn die beiden zusammen sind, reden sie viel über Politik. Diese Gespräche sind sehr interessant, weil jeder die Sicht aus seiner persönlichen Geschichte hat. Obwohl der Bekannte meiner Mutter mittlerweile gestorben ist, hält die Beziehung. Die Gabi ruft alle vier Wochen an. Ansonsten tue ich mich mit Westdeutschen etwas schwer, muss ich ehrlich sagen. Die Cousinen empfand ich früher schon als etwas eingebildet. Ich vermisste die menschliche Wärme. Ich hatte den Eindruck, die sehen nur ihr Vergnügen und ihr schönes Leben und wollen mehr sein als ich. Ich fühlte mich ihnen gegenüber minderwertig. Das hat sich auch nach der Maueröffnung nicht gelegt. Die Hannoveraner sind anders. Sie kommen mir viel natürlicher vor, obwohl das wohlhabende Leute sind.

Nach 1989 hatten wir geschäftlich große Probleme. Die Schwiegereltern waren kurz hintereinander gestorben, so dass wir mit der Bäckerei ganz alleine dastanden. Das hat Thomas sehr mitgenommen. Ich musste nachts mit Thomas aufstehen und backen. Am Tag stand ich im Laden. Ich war gestresst, mein Mann war gestresst. Es ging nicht mehr richtig vorwärts. Wir hätten in das Geschäft investieren müssen. Der Kostenvoranschlag belief sich auf 100 000

Mark: Elektrik neu, Wasser neu und noch anderes. Aber das Gebäude gehörte uns nicht. Man muss sehr gut überlegen, ob man in ein Gebäude investiert, das einem nicht selbst gehört. Hinzu kam, dass aus den westlichen Grenzorten die Bäckerwagen kamen. Wir waren bisher der einzige Bäcker am Ort. Das hat für das kleine Dorf vollkommen ausgereicht. Auf einmal waren die Grenzen offen. Die Bäcker kamen von Hersfeld, von Herleshausen und Philippsthal. Sie verkauften alles um ein oder zwei Pfennige billiger als wir. Die Leute verwirrte das vollends. Sie waren einheitliche Preise gewöhnt. Die Währungsunion brachte große Unsicherheiten. Vor allem für die alten Leute brach eine Welt zusammen. Zu DDR-Zeiten verkauften wir das Brot für 93 Pfennige. Auf einmal kostete es drei Mark. Für die alten Leute war das schwer zu begreifen. Aber das Mehl war um das Dreifache teurer geworden, die Miete um das Dreifache gestiegen, und jeden Monat mussten wir für 3000 Mark Kohlen in den Keller bunkern. Wir backten ja noch im Kohlenofen. Wir verdienten etwa so viel wie in DDR-Zeiten, die Ausgaben waren deutlich höher. Unsere Existenz war zum Scheitern verurteilt. Eine Investition wäre vielleicht sinnvoll gewesen, wenn uns das Haus gehört hätte. Obwohl – in so einem kleinen Örtchen hättest du nicht gewusst, ob du überleben kannst. Mein Mann sagte damals: »Schluss jetzt, ehe wir noch weiter in den Keller gehen und uns in Schulden reiten.« Die Bevölkerung hat uns damals überhaupt nicht verstanden. Manche sagen heute noch: »Ihr wart ja dumm, ihr hättet das überwunden. Das waren nur die ersten Jahre, danach wäre es aufwärts gegangen.« Gerade in den ersten Jahren hätten wir so viele Schulden machen müssen, dass wir nie mehr auf einen grünen Zweig gekommen wären. Eine Frau aus dem Dorf hat später einen Backshop aufgemacht. Sie sagte neulich zu mir: »Sonja, das kann ich dir sagen, hätte ich meinen Mann nicht, der noch Geld verdient, nur vom Backshop könnten wir nicht leben.« Und die muss keine Miete bezahlen und weder Brötchen noch Kuchen backen. Sie kriegt die Ware geliefert und ist angestellt als Verkäuferin. Erst war sie selbstständig. Das hat sie bald wieder aufgegeben.

Wir haben 1992 das Geschäft geschlossen. Von dem Geld, das uns meine Schwiegermutter hinterlassen hatte, bezahlten wir die Schulden. Es waren noch etliche Rechnungen zu begleichen, und wir hatten keine Einnahmen mehr. Durch die kleine Erbschaft waren wir wenigstens schuldenfrei. Da ich als mithelfende Ehefrau bei Thomas angestellt war, konnte ich mich arbeitslos melden. Er selbst bekam kein Arbeitslosengeld als Selbstständiger. Wir konnten uns gerade so über Wasser halten. Bis 1995 war die Situation so bedrückend, dass ich mir oft wünschte, die DDR wäre geblieben. In unserer Familie kam damals einiges zusammen. Maik zog weg von zu Hause. Das machte uns sehr zu schaffen, weil er noch sehr jung war. Die vielen Sorgen versuchte mein Mann im Alkohol zu ertränken. Er litt noch unter dem Tod seiner Eltern. Das Geschäft war weg, und eine ungewisse Zukunft lag vor uns. Thomas' Trinkerei wirkte sich natürlich auf unsere Ehe aus. Ich fühlte mich wie eine Witwe mit Mann. Es lief sexuell nichts mehr zwischen uns. Ich verlor total meine Selbstachtung. Wenn ich mich um Zärtlichkeit bemühte, stieß ich auf Ablehnung. Wenn Thomas genug getrunken hatte, kam er manchmal. Mich widerte die Alkoholfahne an, ich wollte keinen Sex mit einem angetrunkenen Mann. Wenn er nüchtern war, fand ich ihn sehr anziehend. Doch dann reagierte Thomas nicht auf meine Annäherungsversuche. Ich fragte ihn: »Warum fasst du mich nicht mehr an? Bin ich für dich so abstoßend? Bin ich zu alt für dich geworden? Begehrst du mich nicht mehr?« Ich bekam keine Antwort. Trotzdem dachte ich: »Du kannst den Mann nicht im Stich lassen. Er hat jetzt mit sich selbst zu tun.« Aber es nagte unheimlich an mir. Das war eine schlimme Zeit. Er sagt heute: »Ich war in einem ganz, ganz tiefen Loch. Tiefer geht es gar nicht.« Wenn ich ihn damals verlassen hätte, ich glaube, er wäre heute nicht mehr am Leben. Er hätte sich irgendwas angetan. Ich war auch einmal so weit. Das war in solch einer schlimmen Phase. Thomas setzte sich angetrunken ins Auto und wollte wegfahren. Ich sagte: »Wenn du jetzt wegfährst, weiß ich nicht, was ich tue.« Kurze Zeit später kam Maiks Stieftochter und sagte: »Thomas hatte einen Unfall.« Da war es aus bei mir. Ich nahm ein Röhrchen Tabletten, schluckte es mit Alkohol runter. Ich war einfach am Ende. Ich weiß nicht, ob ihm das einen Ruck gegeben hat. Von da an bemühte er sich wieder und versuchte, sein Alkoholproblem in den Griff zu bekommen.

Ich hasse besoffene Männer. Wenn ich durch den Bahnhof gehe und sehe die Typen stehen mit ihren Bierbüchsen in der Hand, kriege ich Aggressionen. Wenn ich meinen gesehen habe mit einer Bierbüchse in der Hand, dachte ich an diese Leute im Bahnhof, und mir gingen die Sicherungen durch. Wenn ich ruhiger und einfühlender reagiert hätte, wäre es vielleicht anders gekommen. Ich war manchmal richtig kratzbürstig. Dadurch gab es Reibereien, was meine Mutter leider mitkriegte, die ja im Haus wohnt. Maik sagte damals: »Ein Glück, dass ich aus dem Haus bin.« Am meisten hat Julia, unsere Kleine, mitgekriegt. Das tut mir Leid.

Mir haben in dieser schwierigen Zeit meine Tiere geholfen. Wenn ich traurig war, kamen sie und haben mit mir gekuschelt. Den großen Hund wollten wir eigentlich gar nicht. Den brachte Julias Freund eines Tages zur Pflege. Er sollte ins Tierheim gebracht werden. Wir ließen ihn fotografieren und impfen. Im Tierheim sagten sie uns: »Wir können ihn nicht aufnehmen. Sie können höchstens noch zwei von unseren Hunden mitnehmen.« Wir hätten jedoch gute Chancen, den Hund loszuwerden. Damals war er ein niedlicher kleiner Zottelbär. Die Mutter ist ein Schäferhund, der Vater ein Jagdhund. Bald brauchte er mehr Platz. Wir bauten einen großen Zwinger. Wir stritten uns viel deswegen, aber ich wollte den Hund schließlich behalten. Er sah mich mit seinen treuen Augen an, da schmolz mein Herz dahin. Seitdem habe ich wieder eine Beziehung zur Natur entwickelt. Ich war vorher gar nicht mehr rausgekommen, habe nur gearbeitet. Jetzt zwingt mich der Hund zu regelmäßigen Spaziergängen. Manchmal gehe ich bis zum Rennsteig. Meine Mutter schimpft oft, hat Angst und schaut auf die Uhr, wann ich denn endlich zurückkomme. Ich habe keine Angst, wenn der Hund bei mir ist. Die Leute im Ort reden über mich. »Die Sauern ist verrückt geworden, jetzt rast sie mit einem schwarzen Hund durch den Wald.« Meine Mutter trägt mir so etwas zu. Ich bin 50, und das entspricht nicht dem gängigen Bild, das die Leute im Dorf von einer 50-Jährigen haben. Für sie ist es komisch, wenn in dem Alter eine Frau mit einem Hund Gassi geht. Die Leute können meinetwegen reden, was sie wollen. Mir macht es Spaß, mit meinem Hund auszugehen, und ich fühle mich gut. Wenn ich das Bedürfnis habe, mal schnell zu laufen, und merke, der Hund will das auch, tue ich das. Da kann es schon mal passieren, dass ich auf die Nase falle. Dann stehe ich wieder auf, und mein Hund setzt sich solange hin und wartet, bis es weitergeht. Durch die Tiere bin ich zufriedener geworden. Ich spüre nicht mehr diese Leere, die jahrelang in mir war. In unserer Ehe geht es aufwärts. Wir verstehen uns besser und nähern uns körperlich langsam an. An mir soll's nicht liegen. Wir reden wieder über vieles. Es gab eine Zeit, in der wir kaum noch miteinander sprachen.

Ich hätte meinen Mann verlassen können. Vor zwei Jahren kam ein geschiedener Mann regelmäßig ins Geschäft, manchmal drei Mal, und kaufte ein Brötchen. Der hat im Dorf Bekannte und sich wahrscheinlich nach meinen Verhältnissen erkundigt. Dass es in unserer Ehe kriselte, blieb kein Geheimnis. Dieser Mann lud mich zum Kaffee ein. Ich sagte: »Ich bin verheiratet und habe kein Interesse.« Mittlerweile sind wir gute Freunde. Na ja, wenn ich nicht so an meinem Mann gehangen hätte, sähe mein Leben vielleicht anders aus. Das war schon ein interessanter Typ, sportlich, braun gebrannt, wandert viel. Vielleicht hätte ich mich verliebt, wenn ich mit ihm ausgegangen wäre. Ich weiß nicht. Ich kann mir gar nicht vorstellen, einen anderen Mann zu küssen. Thomas hat Angst, mich zu verlieren. Neulich fragte ich ihn, als ich zur Arbeit wollte: »Sehe ich gut aus? Guck mich doch mal an!« – »Ich will dich lieber nicht angucken«, antwortete er. »Da muss ich noch mehr Angst haben, wenn du fortgehst.« So ein Blödsinn! Obwohl – es hat schon Zeiten gegeben, wo ich echt nicht weiter wusste. Ich fragte ihn einmal: »Hast du keine Angst, dass ich mir das, was du mir nicht gibst, woanders hole?« Ganz ruhig und sachlich. Keine Antwort. Wir waren wirklich an einem Scheidepunkt angelangt. Aber es geht immer weiter im Leben.

Ich bekam bald nach der Anmeldung beim Arbeitsamt Nachricht, dass ich einen Lehrgang machen sollte. Ich war ein Vierteljahr zu Hause. »Ach!«, dachte ich. »Du großer Gott! Jetzt noch mal mit Schule anfangen!« Wie lange war das her, dass ich auf der Schulbank saß! In dem Schreiben stand »Weiterbildungslehrgang für Verkäuferinnen«. Ich sagte: »Ich bin keine Verkäuferin. Ich habe Friseuse gelernt.« – »Wie lange hatten Sie die Bäckerei?« – »15 Jahre.« – »Dann können Sie das genauso gut.« Da saß ich nun in der Weiterbildung zwischen jungen Dingern, die gerade die Schule beendet hatten. Drei Frauen waren über 40, eine war 50. Wir drei älteren saßen vorn in der ersten Bank, damit wir den Lehrer besser verstehen. Wir hatten Mathematik, Fachrechnen, Verkaufspsychologie, Werbung, Betriebswirtschaftslehre, elektronische Datenverarbeitung – totales Neuland für mich. Es sollte eine Zwischenprüfung und ein Abschlusszertifikat geben. Ich dachte nur: »Das kann ja heiter werden!« Ich hatte noch nie zuvor an einem Computer gesessen und sagte sofort: »Ich muss mich zu jemandem setzen, der das kann. Ich habe keine Ahnung.« Ich schrieb mir jeden Schritt, den der Lehrer erklärte, auf. Manche hatten zu Hause einen Computer, an dem sie üben konnten. Ich nicht. Das war ein großer Nachteil. Mein Mann, der damals in einer sehr schlechten Verfassung war, schlug in dieselbe Kerbe: »Da gehst du sang- und klanglos unter.« Irgendwie hat mich das gewurmt, und ich wollte ihm das Gegenteil beweisen. Als wir unsere Prüfungsarbeiten geschrieben haben, bekam von uns Alten keine eine Drei. Sogar in Mathe hatte ich nur zwei Fehler! Und Mathe war eigentlich nie mein Fach gewesen. Die jüngeren Frauen hatten schlechtere Noten als wir Alten. Das hat mein Selbstbewusstsein unheimlich gestärkt. Ich dachte: »Du bist gar nicht so blöd.« Zur Ausbildung gehörte ein Praktikum. Thomas fragte bei dem Bäcker in M., wo er früher mal beschäftigt war, ob ich dort mein Praktikum machen könnte. Es war gerade Urlaubszeit, wo sie gern ihre Lücken mit Leuten vom Arbeitsamt schlossen. Ich konnte anfangen. Nach dem Praktikum sagte die Chefin zu mir: »Wenn der Lehrgang zu Ende ist und wir Sie brauchen, kommen wir auf Sie zu. Im Moment stellen wir keine Leute fest ein. Wenn mal jemand ausfällt, holen wir Sie gern.« So habe ich während meiner Arbeitslosigkeit ab und an mal ein paar Mark dazuverdient. Als in der Bäckerei eine Stelle frei wurde, bekam ich sie. Seitdem arbeite ich bei diesem Bäcker als Springer. Ich mache die ganzen Urlaubsvertretungen. Ich muss ständig umdenken. Die eine Verkaufsstelle macht es so, die andere so. Die Preise sind zum Glück dieselben. Ich habe in jeder Filiale andere Kundschaft. Ich kenne sie mittlerweile überall. Als ein neuer Chef die Bäckerei übernahm, schrieb meine Chefin in die Beurteilung: »Frau Sauer ist überall einsetzbar.« Das nutzt der jetzige Chef voll aus. Manchmal bin ich innerhalb einer Woche in drei verschiedenen Verkaufsstellen tätig. Ich bekam nach einer Weile eine richtige Schlüsselmacke, kontrollierte ständig, ob ich alle Schlüsselbunde bei mir habe. Wenn man schon etwas älter ist, wird man nervöser. Ich dachte nur: »Vergiss bloß keinen Schlüssel. Sonst stehst du vor der Ladentür und kannst nicht aufschließen.« Gott sei Dank ist mir das noch nicht passiert. Viel Spaß macht so ein Springerdienst nicht. Ich verdiene jedoch mein Geld und habe sogar Kunden, die fragen, in welcher Verkaufsstelle ich die folgende Woche arbeite. Sie kaufen dort, wo ich bin. Insofern bin ich eigentlich zufrieden. Mein Chef sagte mir kürzlich, dass ich vielleicht in einer Filiale fest angestellt würde. Die Jüngeren sollen erst einmal Springerdienst machen und ein bisschen Erfahrung sammeln. Ich hoffe, dass er Wort hält. Man weiß nie ...

Mein Mann hat sich wieder gefangen. Er hat es geschafft, aus eigener Kraft aus diesem Loch herauszukommen. Er trinkt noch sein Bierchen, aber kontrolliert und schüttet sich nicht mehr so voll. Vor allem isst er wieder regelmäßig, was er lange Zeit nicht gemacht hat. Auch beruflich ist er sehr ehrgeizig. Zuerst arbeitete er bei einem Sicherheitsdienst. Das gefiel ihm überhaupt nicht. Die Verdienstmöglichkeiten waren sehr schlecht. Er meldete sich bei einer Zeitfirma und wurde in einem Metallberuf eingestellt, in den er sich so gut eingearbeitet hat, dass ihm die Jungen nichts mehr vormachen. Er sagt: »Heute mit 52 muss ich meinen Mann stehen und besser sein als die Jugend, damit ich weiter beschäftigt werde.« Vergangenes Jahr wurde er übernommen und hat einen festen Arbeitsvertrag. Er verdient im Moment ganz gut. Finanziell wollen wir nicht klagen. Wir hatten schon schlimmere Zeiten. Wir müssen langsam an unser Alter denken und ein bisschen Geld auf die hohe Kante legen. Bis jetzt konnten wir noch nicht einen Pfennig sparen. Alles wurde ins Haus gesteckt. Laufend kommen neue Reparaturen. Früher, als wir Geld hatten, gab es kein Material. Jetzt, wo genug Material da ist, fehlt das Geld. Nächstes Jahr müssen wir das Dach decken. Wir sparen ganz eisern und gönnen uns nichts. Selbst zur Kirmes gehen wir nicht. Wir können keinen Urlaub machen. Mir würde schon eine kleine Reise genügen. Thomas möchte gern mal weiter wegfahren. Ich brauche im Urlaub vor allem Ruhe. Durch dieses Hin und Her zwischen den Verkaufsstellen habe ich ein großes Erholungsbedürfnis. Als ich jünger war, hatte ich eher mal Fernweh. Jetzt würde ich gern mal wieder an die Ostsee fahren, wo wir vor der Wende oft mit unserem Sohn waren: Rügen – Gören, Binz. Heute sind diese Ferienplätze unerschwinglich. Wir müssen erst einmal das Häuschen in Stand setzen. Es geht nur eins.

Manchmal habe ich das Gefühl, ich verpasse etwas. Wir werden älter. Das Leben läuft an uns vorbei. Andere fahren mit ihren Männern jedes Jahr irgendwohin. Wir waren im April 1995 das letzte Mal weg anlässlich unserer Silbernen Hochzeit. Wir sagten uns: entweder eine große Feier oder eine Reise. Da wir längere Zeit nicht im Urlaub waren, entschieden wir uns für Letzteres, nahmen unsere Kinder und Enkelkinder und fuhren nach Kärnten in eine Holzhütte, 1800 Meter hoch. Dort feierten wir unsere Silberne Hochzeit. Das war eigentlich das letzte schöne Erlebnis, das ich in Erinnerung habe. Wenn wir morgens aufgestanden sind, mussten wir noch den Schnee vom Balkon schippen. In dem Haus gab es eine Sauna und ein Solarium. Herrlich! Das war sehr entspannend. Ich würde gern mal wieder nach Dänemark fahren, wo wir vor zehn Jahren waren. Es hat mir dort sehr gefallen, und ich habe mich gut erholt. Die Überfahrt mit der Fähre war für mich ein besonderes Erlebnis. Eine Schiffsreise würde mich zum Beispiel sehr reizen.

Sonst bin ich zufrieden mit meinem Leben. Ich wollte eine Familie haben, zwei Kinder. Ich habe erreicht, wovon ich träumte, wenn es auch manchmal nicht leicht war. Ich würde nichts anderes machen wollen. Man kann nicht wissen, wie es gekommen wäre, wenn irgendwann etwas anderes eingetreten wäre. Ich habe meinen Mann, habe meine Tochter noch zu Hause, mein

Enkelkind sehe ich, wenn ich Lust habe. Ich kann anrufen und hinfahren und muss nicht erst weite Strecken zurücklegen. Alle wohnen in der Nähe. Meine Familie ist das Wichtigste. Ich habe ständig Angst, dass irgendwem was passieren könnte. Ich bin eine richtige Familienglucke. Da bin ich wohl meiner Mutter sehr ähnlich. Ich bin am glücklichsten, wenn alle um mich sind: meine Kinder, meine Hunde, meine Katzen. Seit kurzem habe ich ein Vögelchen, mit dem ich mich unterhalten kann. Wenn alles so bleibt, will ich zufrieden sein. Nur, wie gesagt, beruflich würde ich gern das Springerdasein beenden und eine Verkaufsstelle haben, wo ich bleiben kann. Manchmal wünsche ich mir für mich persönlich ein bisschen mehr Freiraum, Zeit für mich selbst, wo ich sagen kann: Jetzt relaxe ich einfach mal zwei Stunden, mache, was ich will. Ihr andern könnt mir alle mal den Buckel runterrutschen. Durch diese Früh- und Spätschichten finde ich zu wenig Zeit für mich. Wenn ich nach Hause komme, wartet der Haushalt. Alle bestürmen mich: meine Mutter, meine Tochter, mein Mann. Für mich bleibt im Grunde gar nichts übrig. Das vermisse ich. Die Zeit mit den Tieren ist deshalb ein Alibi für mich.

Was soll man sonst mit 50 noch groß vom Leben erwarten? Ich möchte mit meinem Mann das Rentenalter erreichen und noch ein paar ruhige Jahre haben.

Hella zögert lange, bevor sie sich auf das Experiment mit mir einlässt. Wir verabreden uns schließlich auf neutralem Boden in Köln. Ich sehe sie die Straße überqueren, forsch und locker. Als wir uns anschauen, ist nichts mehr Fremdes zwischen uns. Hella ist ledig und lebt in Nordrhein-Westfalen, wo sie aufgewachsen ist.

***

Allein leben ist ziemlich in Ordnung

Dass ich nicht verheiratet bin, ist für manche ein Problem. Zum Klassentreffen sagte eine meiner früheren Mitschülerinnen zu mir: »Dich hat wohl keiner haben wollen?« Das fand ich ganz schön heftig, noch dazu von einer, die ihre »zweite Karriere« – also vom ersten Mann geschieden und zum zweiten Mal verheiratet – begonnen hatte. Die immer darauf bedacht war, einen Mann zu bekommen, der ihr was bieten konnte. Ich war stinksauer und sagte bloß: »Moment mal, vielleicht habe ich nicht gewollt. Es gehören ja wohl zwei dazu.« Ich finde, es hat überhaupt nichts damit zu tun, wenn man alleine lebt, ob einen ein Mann haben will oder nicht. Es kommt auf die eigene Persönlichkeit an, was man macht, was man erreicht hat, welche Männer einen haben wollen und was man selbst für einen Mann will. Ob man da so einen Schnarchi will, der wirklich viel verdient, aber mit dem man sonst nichts machen kann. Ich kenne viele Menschen, die sind zu zweit so einsam, so einsam kann man als Einzelperson gar nicht sein. Das heißt nicht, dass ich nicht gern eine Familie gehabt hätte. Ich bin ein totaler Familienmensch und habe früher von einer großen Familie mit ganz vielen Kindern geträumt. Das hat leider nicht geklappt, weil ich den entsprechenden Mann nicht gefunden habe. Einmal war ich verheiratet. Diese Ehe wurde annulliert. Das ist eine verrückte Geschichte! Ich lernte diesen Mann auf einer Veranstaltung kennen. Er war nett, höflich, war sehr lieb zu mir und um einiges älter. Ich ging ein paar Mal mit ihm aus und fand ihn ganz toll. Er war ein Mann, der einer Frau alles bieten konnte – dachte ich. Ich war blind vor Verliebtheit! Eines Tages kam ich nach Hause und sagte: »Ich heirate.« Meine Eltern waren entsetzt. Ich kannte ihn ja noch nicht lange. Jedenfalls heiratete ich ihn.

Dieser galante Herr war ein Zocker. Das wusste ich nicht. Ich war noch viel zu jung, um das zu durchschauen. Ich war ja grade mal 20 Jahre. Er hat mich als Einsatz für ein Kartenspiel geboten und verloren. Ich sollte tatsächlich eingelöst werden! Da bin ich geflüchtet, bin aus dem Fenster gesprungen und zur Polizei gegangen. Der war schon bekannt dort. Vier Wochen war ich verheiratet. Meine Eltern sagten: »Was du machst, macht keiner!« Das stimmte allerdings. Das war eben so. Nach dieser Ehe-Geschichte war ich erst einmal bedient und fing an, mich auf mich selbst zu konzentrieren. »Du musst was für dich machen«, dachte ich. Ich wollte gern etwas erreichen, irgendwas Tolles machen, nicht so langweilige Sachen. Ich bin der Meinung: alles Mögliche, bloß nichts Langweiliges. Und das ist mir bis jetzt auch gelungen.

Ich hatte eine ganz wunderbare Kindheit und Jugend. Ich konnte vieles ausprobieren. Das war spannend. Die Menschen am Niederrhein, auch die älteren, sind der Auffassung: »Junge Leute müssen sich austoben.« Dadurch trifft man auf viel Verständnis bei den Erwachsenen. Wir hatten zwar unsere Grenzen, klar, aber viele schöne Erlebnisse. Meine Großmutter fand zwar unsere Musik scheußlich – also Beatles, Stones ... Sie hatte dennoch Verständnis und meinte: »Lasst sie nur machen.« Meine Großmutter war überhaupt eine wunderbare Frau. Ich habe sie sehr geliebt. Sie war so handfest. Sie war Österreicherin und war mit ihrer Freundin als 18-jährige junge Frau mit einem Baby auf dem Arm von Österreich bis an den Niederrhein gelaufen. Ihre Männer hatten hier als Bergleute eine Stelle gefunden. Weil die Zugfahrt zu teuer war, sind sie den weiten Weg zu Fuß gegangen. Die beiden Frauen haben unterwegs gearbeitet, um verpflegt zu sein und um die nächste Strecke bewältigen zu können. Irre!

Wir waren als Kinder sehr gern bei der Großmutter in der Küche. Sie war stets beschäftigt, hat gekocht, uns was zu essen gemacht. Man kam bei meiner Großmutter nie raus, ohne was gegessen zu haben. Wenn wir Freundinnen und Freunde mitbrachten, mussten sie auch was essen. Und dann erzählte sie uns in ihrem herrlichen österreichischen Dialekt, den sie nie abgelegt hat, von ihrem Weg aus Österreich nach Deutschland. Sie wusste zu allen Lebenssituationen eine Geschichte. Es tut mir heute noch Leid, dass ich ihre Geschichten damals nicht auf Band aufgenommen habe. Meine Großmutter hat mir viel bedeutet und viel gegeben. Sie sagte oft: »Man kann alles machen, du musst bloß wollen. Man findet immer einen Weg.« Das habe ich sehr verinnerlicht. Sie ist 88 Jahre alt geworden und hatte kein einfaches Leben. Von ihren sieben Kindern, sechs Söhnen und einer Tochter – das war meine Mutter –, hat sie vier im Krieg verloren. Das muss man sich mal vorstellen! Ihr jüngster Sohn kam später bei einem Unfall ums Leben. Und meine Mutter ist ganz fürchterlich an Krebs gestorben. Da war ich 22. Meine Großmutter ist übrig geblieben mit einem Sohn, der von Geburt an geistig behindert war. Dieser Onkel lebt heute noch. Er ist 70 Jahre und seit dem Tod meiner Großmutter im Altenheim. Ich besuche ihn alle 14 Tage. Der ist einfach lieb und kann sich noch an ganz viele Dinge erinnern, die früher waren. Er ist auf dem Stand eines Vier- oder Fünfjährigen. Aber er hat ein Wahnsinnsgedächtnis, was alte Geschichten angeht, und erzählt mir oft Sachen von damals, von denen ich weiß, dass sie stimmen. Der Onkel Hans ist für mich eine wichtige Verbindung, die ich unbedingt aufrechterhalten will. Das hatte ich meiner Großmutter versprochen. Wenn es diesen Onkel mal nicht mehr gibt, lebt aus der Familie meiner Mutter niemand mehr. Das war so eine große Familie! Und die ist dann einfach weggestorben ... Einer der Söhne galt als vermisst. Es war in meiner Kindheit immer ein Thema, dass meine Großmutter ihren Sohn suchte. Sie hat ihn nie aufgegeben. Ihre Ausdauer hat mich unheimlich geprägt. Ich stehe wie sie auf dem Standpunkt: »Es kann noch so schlimm kommen, irgendwann geht's wieder grade.« Ich wohne jetzt in dem Stadtteil, wo meine Großeltern zuallererst gewohnt hatten. Das finde ich toll, für mich hat das was zu bedeuten. Ich bin hier ein richtiges Urgestein, lebe seit meiner Geburt in M. Das nennt man »Grafschaftsbindung«. M. ist eine Stadt mit etwas über 100 000 Einwohnern, die eingemeindeten Dörfer mitgezählt. Man kennt fast alles und jeden. Früher fand ich das toll. Heute weiß ich, dass das wie ein Kokon ist, in dem man eingesponnen lebt. Wenn ich ausgehe oder ein Fest in der Stadt ist, treffe ich stets dieselben Leute. Ich sag' immer, dass ich die erste Hälfte der Einwohner im Kindergarten kennen gelernt habe, die andere in der Schulzeit. An den gleichaltrigen Frauen und Männern sehe ich, wie wir älter werden. Wobei mir aufgefallen ist, dass die Männer wesentlich älter aussehen als wir Frauen. Manche dieser Männer haben sich einfach nicht weiterentwickelt. Die haben Frau, Haus, Kind, Auto, einen Job – fertig. Langweilig, total langweilig. Aus meiner Jugendzeit habe ich noch einen Stammtisch, sieben Frauen, zwei davon verheiratet. Wir kennen uns teilweise noch aus dem Kindergarten. Wir treffen uns ganz sporadisch. Da wird ein Rundruf gestartet. Wer Zeit hat, kommt. Das ist alles klasse. So alte Freundschaften finde ich gut.

Eine schreckliche Kindheitserinnerung ist, dass ich sonntags fein angezogen wurde. Das war ein Statussymbol für die Eltern: Wenn die Mädchen weiße Strümpfchen ankriegten, schwarze Lackschühchen, Perlonkleidchen, Rüschenkleidchen und sonst was, ging es der Familie gut. Ich besaß ein Schottenröckchen, das fand ich so grässlich! Ich konnte gar nicht verstehen, warum ich sonntags anders aussehen sollte als sonst. Ich durfte mit den schönen Sachen nicht toben. Ich war ein Mädel, das gern auf Bäume kletterte und Fußball spielte. Ich habe noch zwei Brüder und hatte deshalb gar keine Wahl. Ich musste mit denen so spielen. Einmal hatte ich ein rosa-weißes gekräuseltes Kleid an, da muss ich zehn oder elf gewesen sein. Ich wollte mit meinen Brüdern über einen Zaun klettern und blieb natürlich mit dem neuen Kleid hängen. Ratsch – war ein Riesenriss im Rock. Ich brach sofort in Tränen aus. Es gab nur eine Rettung: die Großmutter. Wir drei sind sofort hinmarschiert. Meine Großmutter trennte die Naht auf, schnitt ein Stück raus, legte das Kleid unter die Nähmaschine und nähte es wieder zusammen. Wir saßen Stunden bei der Großmutter. Es gab was zu essen, und wir warteten, bis das Kleid fertig war. Meine Mutter hat das nie bemerkt! Erst zu meiner Konfirmation haben wir ihr davon erzählt. Ich lehne es heute noch ab, mich sonntags besonders anzuziehen. Ich denke, ich muss in meinem Job top aussehen, das Wochenende gehört der Schlabberhose und dem Schlabberpullover.

Ich weiß noch, dass ich nicht in den Kindergarten gehen wollte. Ich bin evangelisch erzogen. Bei uns gab es nur einen katholischen Kindergarten. Die nahmen jedoch auch evangelische Kinder auf, was damals unglaublich war. Die Konfessionen waren sehr streng getrennt. Jedenfalls wollte ich nicht in den Kindergarten. Bis ich die Nonne kennen lernte, die Schwester Ingunda. Den Namen werde ich nie vergessen. Sie hat mich unwahrscheinlich fasziniert. Es war eine kleine, zierliche Frau, die aus meiner heutigen Sicht schon emanzipiert war. Bei ihr mussten die Jungs genauso das Frühstücksgeschirr wegräumen wie die Mädels. Das fand ich toll. Mein Vater hat nie was weggeräumt. Auch in die Schule wollte ich erst nicht gehen. Unsere Schule war sehr alt. Das gefiel mir nicht. Ich sagte: »In diese Schule will ich nicht, die Tür ist zu alt.« Ich hatte natürlich keine andere Wahl.

Unser Klassenlehrer kam aus der DDR. Er war vor dem Mauerbau aus dem Osten geflüchtet. Das war ein toller Mann. Er hat uns viel von drüben erzählt. Wir haben das nicht verstanden. Das weiß ich heute. Er sprach sehr viel anders über den Osten mit uns als andere Erwachsene. Er war ein sehr offener Mensch, hat uns erzählt, dass er in der FDJ war, und erklärt, dass man im Osten einige Bücher nicht kaufen kann oder nicht ausgeliehen bekommt. In solchen Stunden war es bei uns in der Klasse mucksmäuschenstill. Es gab kein Rascheln und kein Flüstern. Wir waren alle so fasziniert, dass da jemand war, der aus der Mitte dieses Landes kam, und Sachen erzählte, die wir uns überhaupt nicht vorstellen konnten. Wir begriffen nicht, dass es dort nicht an jeder Ecke einen Kaugummiautomaten gab, dass man kein Zehn-Pfennig-Stück in der Tasche hatte und einen Kaugummi ziehen konnte. Oder dass es dort anderes Geld gab. Er besorgte uns Adressen von Kindern aus dem Osten. Mit den Brieffreundschaften hat es nie richtig geklappt. Eine Schulfreundin erhielt jedes Mal geöffnete Briefe. Das war für uns unglaublich. Das konnten wir nicht verstehen. Wir schickten Pakete rüber. Je nach der finanziellen Lage der Eltern brachten wir Sachen mit in die Schule und packten Pakete für den Osten. Dieser Lehrer war sehr bemüht, uns das Leben der Menschen in der DDR nahe zu bringen. Wenn ich ehrlich bin, gab es für uns wichtigere Dinge. Diese ganze Musikwelle, die plötzlich aus Amerika rüberschwappte. Für uns war jetzt Englisch lernen angesagt, damit wir die englischsprachige Musik verstehen konnten, obwohl die den gleichen Quatsch wie in den deutschen Liedern sangen. Der Osten war viel weiter weg für uns. Ich hatte keine Verwandten drüben. Einiges ist mir trotzdem im Gedächtnis haften geblieben. Unser Lehrer war sehr traurig, als die Mauer gebaut wurde. Leider ist er vor der Vereinigung gestorben. Sonst hätte ich wahrscheinlich versucht, ihn mal anzurufen und zu fragen, wie er sich jetzt fühlt. Meine Eltern und meine Großmutter sprachen sehr viel über diese Mauer. Sie hatten große Angst, dass der Osten russisch wird und dass die russische Armee in Westdeutschland einmarschiert. »Einmarschiert«, das war für mich ein angstbesetztes Wort. Meine Großmutter fing an, unheimlich viele Lebensmittel einzukaufen. Sie hat gebacken und konserviert. Unser Vorratskeller war eigentlich immer ganz gut gefüllt, weil sie ihre österreichische Mentalität nicht verstecken konnte. Vorräte waren wichtig. Doch diesmal war es extrem. Dieses Einkaufen und Horten von Lebensmitteln löste in mir Angst aus. Die Angst vor Krieg, den meine Eltern und meine Großmutter mit dieser Mauer verbanden, übertrug sich auf mich. Obwohl sie sich keineswegs hektisch oder hysterisch benahmen. Zur Kubakrise war es genauso. Da gab es die gleichen Gespräche, die für mich mit Angst verbunden waren, weil ich mir unter Krieg nichts vorstellen konnte. Kann ich heute noch nicht. Man sieht das zwar im

Fernsehen. Trotzdem kann ich es mir hier bei uns nicht vorstellen. Wie würde ich mich verhalten? Würde ich eine Knarre nehmen und mich verteidigen? Da wäre ich zum ersten Mal in meinem Leben wirklich ratlos. Wie willst du deine Familie sichern? Ich glaube, dass mir solche Gedanken durch den Kopf gingen. Meine Großeltern und Eltern hatten das ja schon alles hinter sich. Ihr einziger Gedanke war wohl: »Wie können wir uns alle in Sicherheit bringen?« Sie waren wahrscheinlich unzureichend informiert, was der Mauerbau überhaupt bedeutete.

Unser Lehrer hat viel über die Nazivergangenheit mit uns geredet. Andere Lehrer weniger, die haben ihr Fach durchgezogen und gut. Außer ihm hat noch unser Geschichtslehrer mit uns über Politik und das Nazireich gesprochen. Das hat unsere gesamte Klasse sehr berührt. Wir haben viel diskutiert und konnten nicht verstehen, dass Menschen vernichtet wurden, und angeblich hat das keiner gemerkt. Über diesen Punkt hat sogar mein Vater sehr offen erzählt. Er war zu dieser Zeit noch Jugendlicher und hat mitgekriegt, dass in der Nachbarschaft einfach Leute verschwanden. Er sagte, dass die Leute im Haus miteinander gesprochen hätten, was passiert sein könnte. Es gab Vermutungen. Aber aus Angst traute sich keiner nachzufragen oder öffentlich etwas zu sagen. Er erzählte von einem Geschäft, das jahrelang Goldberg hieß und von einem Tag auf den anderen einen anderen Namen hatte. Die vorherigen Eigentümer waren weg. Ich habe ihn mal gefragt, warum niemand nachgefragt hätte. Da antwortete er: »Da wärst du genauso verschwunden.« Für die Familie meiner Mutter war die Nazizeit eine sehr schlimme Zeit. Sie mussten meinen behinderten Onkel oft verstecken, tausend Verstecke finden. Bei einer Durchsuchung entdeckten zwei SA-Männer meinen Onkel. Mein Großvater, der Schuster war, bot ihnen an, Lederstiefel zu machen. Da haben sie ruhig gehalten. Ich stelle mir das schrecklich vor für eine Familie, wenn der Sohn versteckt werden muss und die Eltern Angst haben, wenn jemand an der Tür klingelt oder klopft. Meine Mutter und meine Großmutter haben oft davon erzählt.

Mit meinem Vater habe ich mich überhaupt nicht verstanden. In der Pubertät wurde unser Verhältnis ziemlich schlecht. Das hat sich bis zu seinem Tod nicht gebessert. Obwohl ich die Einzige an seinem Totenbett war. Ich habe ihn beim Sterben begleitet, das war für mich eine Pflichterfüllung. Ich dachte, ich bin die Tochter, da muss ich das tun. Mein Vater hat mich nie verstanden. Für ihn war ich so ein Revoluzzer, eine Untochter, die nicht zum

Vorzeigen war. Ich habe noch eine Schwester, zu der ich allerdings keinen Kontakt mehr habe, die war zum Vorzeigen. Ich nicht. Mein Vater verbot uns zum Beispiel aus heiterem Himmel einen Kinobesuch am Samstagnachmittag, zu dem ich mit einer Freundin verabredet war. »Du gehst heute nicht ins Kino, du kannst auf dein Zimmer gehen.« Meine Schwester hat das akzeptiert und ging in ihr Zimmer. Ich habe nach dem Grund gefragt: »Ich hab' nichts gemacht, warum darf ich jetzt nicht ins Kino? Erklär mir den Grund!« Mein Vater fand unerhört, dass seine jüngste Tochter fragte, warum er was verbietet. Ich konnte nicht verstehen, warum er mir das nicht erklären konnte oder wollte. In solchen Situationen ging es sehr heftig zu in unserer Familie. Meine Mutter, die eigentlich einsichtiger mit mir war, sagte manchmal: »Du hältst bitte deinen Mund.« Ich sollte nicht wieder irgendwelche Diskussionen lostreten. Mein Vater hätte gern gehabt, dass ich wie meine Schwester bin: Sie hat früh geheiratet, ihr Mann hat Karriere gemacht, sie haben ein Haus und zwei Kinder. Genau das erwartete er. Ich wollte nicht so sein. Ich wollte eher wie meine beiden jüngeren Brüder sein. Wir haben alles zusammen gemacht. Unsere Schwester war schon von Kindheit an ausgeschlossen, nicht durch uns drei, sondern aus eigenem Antrieb. Sie wollte Einzelkind sein. Beim Tod unseres Vaters hat sie was ganz Schlimmes gesagt: »Jetzt ist endlich das eingetreten, was ich schon immer wollte: Ich bin ein Einzelkind. Ich möchte meine Geschwister nicht mehr sehen.« Wir drei waren so perplex. Ich werde das nie vergessen! Und sie hat das wahr gemacht.

Meine Schwester ist vier Jahre älter als ich. Sie hat in der Jugendzeit diese ganzen Moden nicht mitgemacht: Rockmusik und Beatles und Hippiekleider, Hot-Pants, lange Röcke und Stiefel. So ist sie, glaube ich, heute noch. Einer meiner Brüder traf sie mal auf einer Veranstaltung und ging auf sie zu. Sie hat ihn vollkommen ignoriert. Schade drum. Er sagte hinterher zu uns: »Sie hat sich nicht geändert. Sie sieht gut aus, aber sie ist einfach irgendwo stehen geblieben.« Sie wollte Mutter sein von Kind an, wollte einen erfolgreichen Mann. Das hat sie alles bekommen, hat Haus und Garten und ist wahrscheinlich glücklich. Sie ist niemals ausgebrochen. Im Gegensatz zu mir. Es gab fürchterliche Szenen, wenn ich mich schminkte. Mein Vater verbot mir, die Fingernägel zu lackieren. Ich ließ mir das nicht gefallen und machte es trotzdem. Ich kam aus dem Bad, war geschminkt, da gab es Terror. Ich musste zurück und mich abschminken. Ich habe nicht kapiert, dass mein Vater nicht verstehen konnte, dass ich ein eigenständiger Mensch war und dass ich

Schminken oder ein kurzes Röckchen, was damals modern war, schön fand. Oder wenn ich plötzlich als Hippie aus dem Badezimmer kam. Ich trug mein Haar lang. Er verlangte, dass ich es zu Hause mit einem Gummibändchen zusammenhielt. Wehe, wenn er mich mit offenen Haaren erwischte! Ich band meine Haar deshalb schon zusammen, bevor ich ins Haus ging, weil ich irgendwann die ewigen Diskussionen leid war. Mein Vater hatte einen Ausspruch: »Eine Frau mit einem schicken Herrenschnitt sieht gut aus.« Für ihn waren rot lackierte Fingernägel und alles, was sehr weiblich war, gleich Prostitution. Warum, weiß ich nicht. Ich konnte mir unter Prostitution damals gar nichts vorstellen. Ich wusste nicht, was eine Nutte ist. Ich war vollkommen unbedarft. Ich bin zu meiner Großmutter gegangen und fragte sie, was eine Nutte ist. Sie guckte mich an und wusste erst nicht so recht, wie sie mir das erklären sollte. Schließlich sagte sie: »Das ist ein käufliches Mädchen. Und käufliche Mädchen verkaufen ihren Körper, um mit Männern zu schlafen.« Meine Mutter hätte sich nie getraut, mir das zu erklären. Meine Großmutter war anders. Dieser Ausdruck »käufliches Mädchen« blieb für mich lange in diesem Zusammenhang: »Also, wenn du dir die Fingernägel rot lackierst, auch wenn es aus reiner Protesthaltung ist, giltst du als käufliches Mädchen.« Das empfand ich als ziemlich schlimm und habe es gelassen. Ich konnte ja nicht ahnen, dass andere Leute das nicht so sehen wie mein Vater.

Als ich mich 1968 in der Studentenbewegung engagierte, war das für meine Eltern unverständlich. Es wurden damals Flugblätter auf der Straße verteilt. Als Treffpunkt war die »Blase« angegeben, ein Studententreff in M. Die war sehr verrufen bei den Erwachsenen, weil es da konspirative Treffen gab und zu Demos aufgerufen wurde. Ich mischte in der ersten Reihe mit und war mit meinen 18 Jahren eine der Jüngsten. Ich fand das toll. Ich verstand zwar oft nicht, worum es ging, doch ich fand gut, dass junge Leute auf die Straße gingen und ihre Meinung sagten, dass man revolutionär war. Ich lernte natürlich auch Leute kennen, die mich aufklärten. Einer sagte mir mal, dass es diese Bewegung in Ostberlin nicht gäbe. Ich dachte, das sei überall. Jedenfalls demonstrierte ich kräftig mit gegen den Vietnamkrieg, kam mit einem blauen Auge nach Hause und so was. Ich wollte unbedingt Revolution machen. Zum Entsetzen meiner Eltern. Meine Großmutter sagte: »Ihr müsst sie einfach lassen.« Ich finde, es ist wirklich etwas Positives aus der 68er Bewegung rübergekommen: zum Beispiel die Anerkennung der Berufstätigkeit der Frauen, wenn auch noch nicht in jeder Branche. Zumindest soll gleicher Lohn für gleiche Arbeit gezahlt werden. Dass Frauen in Chefetagen sind und Berufe ausüben, die nicht so typische Frauenberufe sind. Dass inzwischen Männer in Frauenberufen zu finden sind. Früher gab es nur Kindergärtnerinnen, Krankenschwestern und Altenpflegerinnen. Heute machen das auch Männer. Mein Neffe ist in der Ausbildung zum Krankenpfleger für schwerbehinderte Kinder. Dass das so möglich ist, finde ich, ist schon ein Verdienst der Studentenbewegung. Es wurde nicht nur angeprangert, sondern allerhand angestoßen. Wir haben uns mit der Gesellschaft auseinander gesetzt und wollten, dass nicht einfach alles so weiterläuft. Das war eine tolle Zeit. Mein Vater sah vieles anders. Er wollte seine Kinder unter Kontrolle haben.

Nach der Schule machte ich hier in M. eine Ausbildung als Kaufmann, so hieß das damals noch, steht auch in meinem Zeugnis. Mein Vater verlangte, dass ich von und zur Lehrstelle die Hauptstraße langgehen sollte. Ich ging lieber eine Abkürzung durch eine Nebenstraße. Die war abends jedoch nicht beleuchtet. Mein Vater sagte: »Diese Straße gehst du abends nicht lang.« Natürlich bin ich die Abkürzung gegangen und erzählte das beim Abendbrottisch. Ich habe meine Eltern nie beschwindelt. Meine Mutter war entsetzt. Ich sagte: »Was soll denn da passieren? Das sind höchstens 70 Meter, das ist viel kürzer. Sonst muss ich die ganze Kurve laufen.« Mein Vater antwortete: »Da darfst du nicht langgehen. Das nächste Mal werde ich mit dem Auto dort stehen und beobachten, ob du da langgehst.« Diese Drohung hat mich nicht interessiert. Ich bin wieder diesen Weg gegangen. Er stand tatsächlich mit dem Auto da, und ich kriegte Stubenarrest, Verbot, dass die Freundin kommt, und so was. Das nächste Mal ging ich wieder den kürzeren Weg. Das hat ihn fürchterlich aufgeregt. Ich sah nicht ein, weshalb ich eine Viertelstunde Umweg machen sollte, ist doch Blödsinn. Es gab wieder die unendlichen Diskussionen, wie ich mir als Kind herausnahm, meinem Vater zu sagen, was Blödsinn ist. Er war der Meinung: »Ich bin der Mann, und ihr seid die Frauen und habt zu gehorchen.« Und ich sagte bissig: »Du meinst, wir haben kleinere Füße, und wir müssen auf dich hören.« Heute denke ich manchmal: »Wenn er jetzt sähe, was ich so gemacht und beruflich erreicht habe, wäre er stolz auf mich.« Ich bin mir da ziemlich sicher. Weil er toll fand, wenn man was erreichte.

Mein Vater hat durch seine Härte sehr viel im Leben versäumt. Ich kann das heute anders beurteilen. Seine Kindheit war nicht gerade einfach. Er hatte drei Brüder, keine Schwester. Der Vater war General. Wenn sie abends vom Spielen reinkommen sollten, stellte sich mein Großvater an die Haustür, pfiff auf zwei Fingern. Die vier Jungen mussten im Gleichschritt nach Hause kommen. Ich habe diesen Großvater nie kennen gelernt. Die militärische Strenge hat meinen Vater wohl sehr geprägt. Er konnte nicht aus seiner Haut. Diskussionen waren nicht seine Sache. Man musste gehorchen, basta. Das war ziemlich nervig für mich, muss ich sagen. Er selber hatte es sicher nicht leicht mit seiner Ansicht: »Ein Mann muss hart sein.« Der Tod meiner Mutter hat ihn richtig umgehauen. Er konnte damit überhaupt nicht umgehen. Es war ganz schrecklich. Er wollte sich nicht damit beschäftigen. Es war ja abzusehen, dass meine Mutter stirbt. Sie war sehr schwer krebskrank. Damals war die Medizin auf diesem Gebiet noch nicht weit fortgeschritten. Wir bekamen sie nach Hause und pflegten sie bis zum Tode. Meinen Vater machte das total fertig. Er hat jahrelang darunter gelitten. Ich hatte manchmal sehr große Angst, dass er sich was antut. Das hat mir gezeigt, dass er gar nicht der große starke Mann in der Ehe war, sondern dass meine Mutter die Starke war. Sie hat das nicht gezeigt, damit er sein Gesicht nicht verliert. Das scheint ein Muster zu sein zwischen Mann und Frau. Ich habe bisher noch nichts anderes erlebt: Hinter erfolgreichen Männern stehen Frauen, die den Weg ebnen, ihnen den Rücken freihalten. Sie erkennen die Situation besser. Warum das so ist, weiß ich nicht. Deswegen meine ich manchmal, dass die Chemie nicht stimmt. Ich denke, die meisten Männer versuchen gar nicht, Frauen zu verstehen. Es gibt da sicher Ausnahmen, nicht viele. Die sagen einfach: »Frauen sind anders.« Klar, sind Frauen anders. Wäre ja grauenvoll, wenn Männer und Frauen gleich wären. Männer beschäftigen sich nicht so sehr damit, wie Frauen denken.

Mit 22 bin ich nach Kreta, um eine Zeit lang dort zu leben. Das war ein Ausbruch, den meine Schwester zum Beispiel nie verstanden hat. Ich wollte ein anderes Land kennen lernen. Ich war einmal im Urlaub dort und fand die Insel so toll, so dass ich ein, zwei Jahre dort leben wollte. Ich war zwei Mal über längere Zeit auf Kreta. Den ersten Aufenthalt musste ich abbrechen, weil meine Mutter krank geworden war. Ich bin mit etwa 27 noch einmal für ein Jahr hingefahren. Die Insel hat mich einfach fasziniert. Beim ersten Aufenthalt hatte ich Kontakte geknüpft, die ich über die Jahre aufrecht erhalten habe. Das Geld gaben mir meine Eltern, den Rest verdiente ich mir. Ich bewohnte ein kleines Privatzimmer, habe sehr einfach gelebt, mir die Insel angesehen, die ich inzwischen genauso gut kenne wie M. Kreta ist landschaftlich sehr kontrastreich. Da ist es mal ganz dürr und trocken, mal grün und fruchtbar. Und die Leute sind gastfreundlich und aufgeschlossen Fremden gegenüber. Einmal fuhr ich mit dem Mofa auf einen Berg. Das war während einer Trockenzeit. Ich stellte das Mofa ab, weil ich mir die kleine Kirche ansehen wollte, die ich immer schon von weitem dort oben gesehen hatte. Ich hatte mir wer weiß was darunter vorgestellt. Es war dann gar nicht so umwerfend. Was unglaublich war, als ich dort anlangte: Auf der anderen Seite des Berges war alles grün, ein ganz grünes Tal mit sehr vielen Olivenbäumen und Weinfeldern. Wunderschön! Ich ging den Weg bergab und kam in ein Dorf, in dem es überhaupt keine Touristen gab. Ich war das absolute Highlight an dem Tag. In diesem Dorf lernte ich eine alte Frau kennen, die noch niemals in ihrem Leben aus ihrem Dorf rausgekommen war. Sie war zwischen 80 und 85 Jahre alt. Sie wusste gar nicht, dass auf der anderen Seite und rund um Kreta das Meer ist. Sie war niemals in einer Stadt oder in einem anderen Dorf gewesen. Sie hat dort ihre Oliven und ihren Wein angebaut. Das war ihr Leben. Sie war sehr faltig und hatte ein schwarzes Kopftuch ins Gesicht gezogen. Sie war jedoch sehr gesprächig, erzählte mir, dass sie jede Menge Kinder hatte, 10 oder 13. Einige waren nach Deutschland gegangen, um zu arbeiten. Ein Sohn hätte ihr mal geschrieben, er wollte ihr Geld schicken und ein Flugticket, damit sie ihn in Deutschland besuchen könnte. Sie wollte nicht mehr raus. Sie hat in ihrem hohen Alter noch gehäkelt, genäht, gestickt, alles von Hand und ohne Brille. Faszinierend! Sie sagte, dass das Olivenöl so gesund erhalte. Sie hat mich unglaublich beeindruckt, weil ich noch nie jemanden kennen gelernt hatte, der sein Leben lang auf einem einzigen Fleck dieser Erde geblieben war und so zufrieden und glücklich lebte.

Ich bin sehr angetan von den Griechen, von ihrer Gastfreundschaft und Freundlichkeit. Sie begegnen Fremden sehr offen. Bei uns machen die Leute oft so lange Gesichter. Wer mit dem Zug fährt, kriegt selten mit Leuten Kontakt. Man muss meistens den ersten Schritt tun. Ich fahre jeden Tag mit dem Zug zur Arbeit. Da ich Leute anspreche, sind wir jetzt ein kleines Trüppchen, das sich morgens und abends im Zug trifft. Manchmal geben wir uns gegenseitig Rätsel auf. Jeder muss sich eine wirklich schwere Frage ausdenken. Wir geben uns eine Woche Zeit, um das Rätsel zu lösen. Das ist doch schöner, als wenn jeder seine Zeitung liest und sich die Leute nicht angucken und nicht grüßen. In jedem anderen Land, ob das Holland ist oder

Italien, Griechenland oder die Türkei, grüßen sich die Leute. Auch deshalb hat es mir dort auf Kreta so gut gefallen. Wenn ich Geld brauchte, habe ich gekellnert. Die Restaurants am Strand, wo viele deutsche Touristen hinkommen, sind froh, wenn sie jemanden haben, der Deutsch spricht. Ich verdiente richtig gut Geld, weil den Touristen das Portemonnaie sehr locker sitzt. Es passierte immer wieder, dass ich mehr Trinkgeld bekam, als überhaupt das Essen gekostet hatte. Nur weil ich Deutsch sprach. Das habe ich natürlich ausgenutzt. Die deutschen Touristen dachten oft, ich sei wegen eines Mannes dageblieben und ich müsste jetzt arbeiten, weil mein Mann ja Grieche ist und faul zu Hause rumhängt und nicht arbeitet. Ich sagte denen, dass das nicht stimme, ich sei hier ganz alleine und wolle die Insel kennen lernen. Bei manchen hatte ich den Eindruck, sie glaubten mir nicht. Wieso setzte man voraus, dass ich auf eine Insel gehe, weil ein Mann da ist? Das fand ich schon schlimm. Auch wenn ich zu Hause Leuten erzählte, ich bleibe auf Kreta, vermuteten sie, ich hätte dort einen Mann kennen gelernt. Das hatte überhaupt nichts mit einem Mann zu tun. Ich fand die Insel einfach schön. Für Mädels heute ist es normal, wenn sie für eine Zeit ins Ausland gehen. Bei uns war dies eine absolute Ausnahme. Damals war es üblich, dass sich junge Mädchen verloben, heiraten. Nach der Hochzeit haben alle auf Kinder gewartet. Eine Nachbarstochter, die genauso alt war wie ich und schon lange mit ihrem Freund ging, man »ging« ja zusammen, kriegte nach der Hochzeit keine Kinder. Bei jedem Kaffeeklatsch, auf jedem Geburtstag war es Gesprächsthema Nummer eins, dass das arme Mädchen keine Kinder bekam. Da waren die tollsten Gerüchte im Umlauf, was da passiert sein könnte, dass sie nicht schwanger wurde. Ich dachte: »Das ist doch egal.« Heute ist das zum Glück anders. Da entscheidet jede Frau, ob sie Kinder möchte oder nicht, und niemand sagt mehr: »Die sind schon drei Jahre verheiratet, und sie ist noch nicht schwanger.« Irgendwie ist das schon zum Schmunzeln. Sag' das heute mal einer 22-jährigen jungen Frau! Die lacht darüber. Das ist für die gar kein Thema. Mir war schon bei meinen früheren Klassentreffen aufgefallen, wie manche Frauen miteinander wetteiferten: »Ich habe schon Kinder. Ich habe schon eins. Ich habe schon zwei.« Ich war wahrscheinlich eine Exotin.

Dass ich meistens allein lebte, hat nichts mit diesem Zocker zu tun. Da war ich noch jung und steckte das einfach weg. Ich lernte halt immer die falschen Männer kennen, heute noch. Oft waren sie jünger als ich, was mich nicht störte. Am Anfang fanden sie mich ganz toll. Wenn die Beziehung enger wurde, hieß es auf einmal: »Guck mal, die Frau, sieht die nicht schick aus. Das könntest du auch mal machen.« Und dann sollte ich abnehmen und solche Dinge. Das verstand ich nicht so ganz. Eine meiner Beziehungen dauerte acht Jahre. Sie ging auseinander, weil er eine andere kennen gelernt hatte. Und ich merkte, dass ich mich hatte unheimlich unterbuttern lassen. Ich war so darauf fixiert gewesen, ihm zu gefallen. Ich ließ zu, dass er mir die Kleidung kaufte, die seinem Geschmack entsprach. Das war nicht mehr ich. Ich habe schon so oft darüber nachgedacht, warum ich das getan habe. Ich weiß es nicht. Danach zog ich mich zurück, habe irgendwann wieder einen Anlauf genommen. Es war das gleiche Spiel. Ich habe irgendwie ein Display im Kopf, was ich nicht selbst sehe, sondern nur die Männer bemerken: »Die ist spezialisiert auf Pflegefälle.« Ich habe keine Ahnung. Einmal hatte ich ein Verhältnis mit einem verheirateten Mann. Ich konnte ihn nicht anrufen. Ich musste warten, bis er sich meldete. Samstags gewartet, sonntags gewartet, abends auf den Anruf gewartet. Nie mehr im Leben mach' ich das! Die ganze Kraft wird einem abgezogen. Man ist fixiert auf diesen einen Punkt: »Hoffentlich klingelt das Telefon, hoffentlich kommt er, hoffentlich verabreden wir uns, hoffentlich hat er Zeit für mich.« Du richtest deinen Tag danach aus, dass Zeit da ist, wenn der Mann kann. Das muss ich nicht mehr haben!

Als ich von Kreta zurückkam, konzentrierte ich mich erst einmal auf meinen Beruf und merkte, dass ich da erfolgreich sein kann. Ich wollte unbedingt was machen, was mit Menschen zu tun hat. Ich wollte nicht in einem Büro sitzen und Akten abarbeiten und am nächsten Tag die Aktenberge wieder neu vor mir haben. Ich habe viel ausprobiert. Ich habe angefangen, Radiosendungen und Live-Veranstaltungen zu moderieren. Ich habe sehr viel Öffentlichkeitsarbeit gemacht und merkte, dass mir das liegt. Ich verlor diese ganze Geschichte, Kinder zu bekommen, einfach aus den Augen, was ich im Nachhinein bereue. Ich hätte gern ein Kind gehabt. Ich denke, das ist was von dir, da kannst du was draus machen, diesen Menschen mit formen, ihn an viele Dinge heranführen. Aber ich hatte nie Zeit dazu. Ich war stark mit mir beschäftigt, mit meinem Beruf, weil ich das viel spannender fand zu dem Zeitpunkt. Ich hatte viele Kontakte zu Agenturen, zu Medien, arbeitete bei verschiedenen Firmen und machte Pressearbeit. Ich entwickelte mich weiter, indem ich die Firmen des Öfteren wechselte. Mit 39 bin ich beim Radio gelandet und wurde als Assistentin eingestellt. Die Chefredakteurin und ich waren uns gleich sympathisch. Ich stellte mich damals vor, und die Chefredakteurin sagte einen Satz, den ich so schnell nicht vergessen werde: »Da ist endlich mal eine Frau, die genauso aussieht wie auf dem Bild, das sie uns geschickt hat.« Also nicht irgendwie ein schöneres Bild oder ein altes. Ich hatte ein ganz normales neues Bild zu meinen Bewerbungsunterlagen gelegt. Unser Gespräch war ganz witzig. Wir haben uns zwei Stunden unterhalten und nicht ein einziges Mal über die Stelle, die ich antreten sollte. Wir merkten das zum Schluss und haben noch die wichtigsten Dinge besprochen. Sie sagte: »Ich würde Sie gerne nehmen, der Vorstand muss bloß noch zustimmen. Ich rufe jetzt an. Sie können heute noch hingehen.« Der Vorstand wusste also schon Bescheid, als ich kam. Das Gespräch mit dem zuständigen Menschen verlief gut. Anschließend setzt er mir eine elektrische Schreibmaschine vor und sagte: »Frau Banner, schreiben Sie mal Ihren Vertrag!« Sag' ich: »Ich schreibe doch meinen Vertrag nicht selber. Sie sind mein zukünftiger Chef. Ich bin noch nicht Ihre Angestellte.« Das hat diesen Mann dermaßen beeindruckt, dass er mich sofort eingestellt hat. Ich wollte ihm lediglich klar machen, dass ich mich nicht als Schreibhilfe bewerbe. Ich arbeitete dort fast sechs Jahre. Einmal fiel ein Moderator aus. Da sagte die Chefredakteurin: »Frau Banner, probieren Sie das einfach mal. Sie haben eine schöne Stimme. Sie wissen, worum es geht.« Von da an war ich voll im Geschäft. Das hat mir unheimlich Spaß gemacht. Als ich dort aufhörte, habe ich etwa eineinhalb Jahre Werbespots gesprochen, habe sozusagen meine Stimme verkauft. Das war ein ganz lukratives Geschäft. Doch irgendwann hatte ich den ganzen Niederrhein abgegrast. Immer wieder dieselbe Stimme für verschiedene Spots, das wollen die Leute nicht ewig hören. Eines Tages rief mich ein ehemaliger Kollege an und sagte, dass bei einem größeren Sender eine Stelle frei sei. Ich rief dort an und sollte gleich am folgenden Tag kommen. Es war wohl ziemlich dringend. Ich legte meine Termine um und fuhr hin. Das Vorstellungsgespräch dauerte knapp zehn Minuten. Der Chef sagte: »Ja, ich nehme Sie.« – »Wollen Sie nicht in meine Unterlagen gucken?« – »Nein«, sagte er. »Was ich sehe, das reicht. Wir brauchen nur noch eine Bewerbung.« Durch die knappe Zeit hatte ich noch keine schriftliche Bewerbung abgegeben. Ich fragte die Sekretärin: »Haben Sie einen Computer, dann schreib' ich die eben gleich.« Das war eine ältere Dame, die ganz beeindruckt war, dass ich mich an den Computer setzte und die Bewerbung runtergeschrieben habe. Meine Berufstätigkeit hat mich sehr ausgefüllt, weil ich mir gesucht habe, was Spaß macht.

Ich bin viel gereist. Ich liebe zum Beispiel Italien, vor allem die Toskana und das Essen und Trinken dort. Ich habe mich gerade für einen Italienischkurs angemeldet, damit ich mich mit den Menschen unterhalten kann und mich nicht nur mit Händen und Füßen verständigen muss. Den Osten Deutschlands kenne ich jedoch so gut wie gar nicht. Vor der Wende bin ich nicht dort gewesen. Ich wollte auch nie nach Westberlin, um mir die Mauer anzugucken. Das war für mich nicht sehenswert. 1999 hat mich ein Bekannter nach Brandenburg eingeladen. Das war bisher mein einziger Ostbesuch. Ich fand es dort sehr schön und hatte auch nicht erwartet, dass die Häuser verfallen sind und die Menschen in Sack und Asche gehen. Ich unterhielt mich mit den Leuten über viele Dinge, vor allem über das Verhältnis der Ost- und Westdeutschen. Wir fanden es befremdend, dass es nach zehn Jahren noch heißt: »Die sind aus dem Osten, die sind aus dem Westen.« Die Leute dort habe ich als sehr aufgeschlossen erlebt. Ich hatte nicht das Gefühl, dass es so Ost und West gab. Für mich war das eine ganz normale Wochenendreise. Trotzdem finde ich, dass unsere Denkweise anders ist. Wir haben schließlich eine ganz andere Erziehung genossen. Bei uns war sozusagen das »Wirtschaftswunder« – obwohl das für mich kein Wunder ist. Dass wir nach so kurzer Zeit wieder alles Mögliche kaufen konnten – Früchte, Kaffee, Zigaretten – oder verreisen konnten, ist kein Wunder. Ein Wunder ist, wenn eine Fee kommt und sagt: »Hella, du hast drei Wünsche frei.« Für den wirtschaftlichen Aufschwung im Westen haben unsere Eltern hart gearbeitet. Für mich war es deshalb in der Jugend selbstverständlich, dass es an jeder Ecke einen Kaugummiautomaten gab. Das war für die Kinder im Osten nicht so. Die Leute mussten – so erzählten sie uns – auf jeden Sack Zement vier Wochen warten. Dieser Mangel hat sicher geprägt. Trotzdem haben wir als junge Leute gedacht: »Das Materielle kann nicht alles gewesen sein. Wir müssen uns doch weiterentwickeln.« Deshalb hat mich die Studentenbewegung so fasziniert. Es hat mich auch sehr berührt, als ich die Bilder vom Mauerfall im Fernsehen sah, als die Leute im Osten sich versammelten und riefen: »Wir sind das Volk.« Das berührt mich, ehrlich gesagt, heute noch. Ich denke: »Mein Gott, was die gemacht haben, ist eine Unmöglichkeit. Die hätten ja erschossen werden können.« Ich saß damals vor dem Fernseher und habe erst gedacht, es sei ein Spielfilm, und schaltete das Radio an. Ich hatte also Radio und Fernseher an, um mich zu vergewissern, dass ich nicht träume. Mir sind die Tränen runtergelaufen, weil ich das überhaupt nicht fassen konnte. Ich fand das unglaublich und faszinierend.

Heute macht mich dieser Bruch in Deutschland sehr nachdenklich. Damals standen auf der einen Seite Ostberliner. Die Westberliner auf der anderen haben applaudiert und sich gefreut, dass die Leute rüberkommen. Jetzt scheinen viele damit nicht mehr einverstanden zu sein. Es ist, denke ich, nicht unbedingt der Fehler der westdeutschen Menschen, auch nicht der ostdeutschen, sondern der Politik. Man kann nicht in fünf oder zehn Jahren nachholen, was in 40 Jahren hier aufgebaut wurde. Das muss man langsam beginnen. Die Menschen müssen darauf vorbereitet sein. Das ist genauso, als wenn ein Antialkoholiker in ein Loch voller Wein fällt. Vermutlich wollten diese Politiker ins Geschichtsbuch eingetragen werden. Anders kann ich mir das nicht erklären. Manchmal denke ich, dass es schade ist, dass unsere Brieffreundschaften mit den ostdeutschen Kindern damals nicht in Gang kamen. Wenn ich mir vorstelle, wir hätten uns beim Mauerfall noch geschrieben und vielleicht getroffen, das wäre toll gewesen. Ich habe eigentlich gar keine Ostkontakte. Eine meiner Kolleginnen kommt aus Sachsen-Anhalt. Die sind nach dem Mauerfall übergesiedelt, weil der Mann hier eine Stelle annahm. Sie leben mittlerweile getrennt, weil der Mann unbedingt wieder zurück wollte. Sie wollte hier bleiben. Und dann eben die Leute, die ich in Brandenburg kennen lernte. Aber im Grunde ist das alles weit weg, auch wenn mich das Ereignis der Wiedervereinigung sehr berührt hat. Ich bin vor allem in meinem Beruf und bei meiner Familie zu Hause. Ich bin sehr glücklich, dass ich so guten Kontakt zu meinen Brüdern und zu meinen beiden Neffen habe. Ich sehe sie als meine Familie an, weil ich selbst keine Kinder habe. Ich wünsche mir, dass ich nicht irgendwann mal die alte Tante werde, die ihnen auf den Nerv geht. Ich möchte mit meinen Brüdern alt werden. Das sind Sachen, die mir wichtig sind.

Beruflich bin ich an einem Punkt, wo ich sage: Du bist jetzt 50, da muss noch was passieren, ich will noch was bewegen. Das kann nicht alles gewesen sein. Ich will nicht bis 60 beim Radio die Assistentin des Studioleiters sein. Das ist zwar verantwortungsvoll, aber da ist eigentlich nicht viel los. Mir fehlt ein bisschen Action, so ein bisschen Pfeffer. Das Leben ist zu kurz, um so langweilig seinen Job zu verbringen. Ich will noch mal was in der Öffentlichkeitsarbeit machen. Das mache ich unheimlich gerne. Ich habe in langer gedanklicher Arbeit und mit viel persönlichem Einsatz in meiner Freizeit ein Stadtmarketingkonzept für M. entwickelt. Das habe ich der Stadt in Auszügen zugeschickt mit der Bitte, das durchzusehen und eventuell mit mir in Verbindung zu treten. Sie haben zurückgeschrieben, dass sie sehr an meiner Mitarbeit interessiert sind. Als Nächstes habe ich mich auf eine Stelle in der Öffentlichkeitsarbeit der Stadt beworben. Die suchen eine Frau bis 40. Das teste ich jetzt mal aus. Als ob man mit 50 schon scheintot wäre! Die sollen mich doch erst mal angucken! Wenn das mit dieser Stelle nicht klappt, habe ich schon meine Fühler ausgestreckt. Ich kenne ein paar Leute, die mich unterstützen, wo ich mich mit Stadtmarketing selbstständig machen kann. Dann biete ich das allen Städten an. Das ist mein Ziel. Beim Radio ist irgendwie die Spannung weg. Ich will morgens aufwachen und mir Gedanken machen: »Was musst du jetzt tun?« Ich will mir nicht Gedanken machen: »Was musst du jetzt abheften?«

Und was Männer anbetrifft, brauche ich erst einmal Abstand. Ich finde das Alleinleben ziemlich in Ordnung. Vielleicht begegnet mir noch mal einer, ich weiß es nicht. Meine Großmutter sagte immer: »Auf jeden Topf passt ein Deckel, und wenn er noch so alt ist und Beulen hat.« Kann ja sein. Der letzte Mann, mit dem ich zusammen war, hat mich dermaßen tief verletzt, dass ich im Moment keine Beziehung eingehen möchte.

Hanna begegnete ich zum ersten Mal, als ich 1992 ein Praktikum an einer niedersächsischen Schule absolvierte. Wir pflegten jedoch über die Jahre hinweg keine Verbindung. Als die Lehrerin, die Politik, Religion und Deutsch am Gymnasium unterrichtet, mit ihrem Leistungskurs im Frühjahr 2000 Weimar besuchte, nahm sie Kontakt mit mir auf. An einem wunderschönen Abend saßen wir bei einem Glas Rotwein zusammen, redeten über gesellschaftliche und persönliche Dinge und entdeckten, dass wir beide Jahrgang '50 sind. Im Sommer darauf besuchte ich Hanna in ihrer Familie.

***

Ich bin eine unglaublich ängstliche Mutter

In einem kleinen Tal am regnerischen Teutoburger Wald liegt Bethel. Es ist auf den ersten Blick ein beschauliches Stückchen Erde. Wer Bethel besucht, hat das Gefühl, in eine andere Welt zu kommen. Bethel – das sind die Bodelschwinghschen Anstalten bei Bielefeld, die größte Krankenanstalt in Deutschland mit etwa 10 000 Kranken, Behinderten und sozial Benachteiligten und einigen Gesunden, die meistens im pflegerischen Bereich tätig sind. Dort, in diesem abgeschotteten Raum, bin ich aufgewachsen. Eine ungewöhnliche Herkunft, die wenig gemein hatte mit der Welt draußen. Bethel war wirklich eine Welt »drinnen« mit eigenen Strukturen und eigenem Geld. Mit diesem »Bethelgeld« konnten die Kranken in den Läden einkaufen, die für jeden Normalen, Gesunden, sag' ich mal – wobei die Grenzen fließend sind, was eigentlich als gesund gelten kann –, zugänglich waren und sind. Es war der Sinn von Bethel, dass die Kranken nicht das Gefühl haben sollten wie in Krankenhäusern, sie seien ausgesperrt aus dem täglichen Leben. Was natürlich faktisch trotzdem war. Aber sie konnten kaufen, was sie selbst für richtig empfanden. Es gab Einschränkungen: Zigaretten, Alkohol und Dinge, die zum Beispiel für Epilepsie schädlich waren, wurden auf so genannte Reichsmark verkauft. Wir hatten noch so ein paar alte Vokabeln von früher. Weil die Kranken sich im Ort frei bewegten, durften Autos nur 30 km/h fahren. Solche Geschwindigkeitsbeschränkungen wurden später für normale Wohngebiete mühselig, in ewigen Diskussionen erkämpft. Für mich war das damals völlig normal. Es gab Pferdekarren und ein gut funktionierendes Recycling-System, lange bevor in der bundesrepublikanischen Öffentlichkeit über so etwas gesprochen wurde. Die Kranken sollten ja beschäftigt werden. Pferde und Eselskarren fuhren durch den Ort und holten den »Grünen-Punkt-Müll« ab oder die Kartoffelschalen. Auf eigenen Kompostanlagen wurde der Biomüll für die öffentlichen Anlagen aufbereitet. Die Leute, die in Bethel arbeiteten, wohnten in der Regel am Ort: die Krankenschwestern, Ärzte, das Verwaltungspersonal. Für uns Kinder war es selbstverständlich, Kranken auf der Straße zu begegnen. Wir waren daran gewöhnt, wenn einer laut schrie. Und wir wussten genau Bescheid, wie man mit epileptischen Anfällen umging, und kriegten Anweisungen, was wir tun sollten. Die Epileptiker trugen so merkwürdige, gepolsterte Lederriemen um den Kopf, damit sie sich nicht verletzten, wenn sie umfielen. Die sahen ähnlich aus wie heute die Fahrradhelme. Die Kranken, das waren die Einzigen, auf die wir achten mussten auf der Straße. Zum Kindergarten lief ich von einem Ende Bethels bis ans andere, etwa 20 Minuten. Solche Wege gingen wir ganz allein. Das war kein Problem. Aufregende Ereignisse hingen stets mit den Kranken zusammen. Wir hatten viele Verschüttete aus dem Krieg, die darüber geistig oder psychisch krank geworden waren. In Abständen bekamen die ihre Anfälle und das sehr lautstark. Sie lebten in diesen Momenten ihre Bombensituation wieder durch. Für mich als Kind war das sehr beeindruckend. Oder Pyromanen. Ich habe bis heute große Angst vor Pyromanen. Es gab einen Kranken, der in Abständen etwas in Brand steckte. Nach längerer Zeit fand man heraus, dass es jedes Mal in Vollmondnächten geschah. Da man den Betreffenden nicht ausmachen konnte, wurde extra für seine pyromanischen Zwecke eine Scheune aufgebaut, damit nichts anderes in Flammen aufging.

Mit 18 hatte ich ein ganz wesentliches Erlebnis mit Kranken. Ich machte von der Schule aus ein Praktikum in einem Krankenhaus. Abends befreite ich eigenmächtig ein Kind aus seiner Zwangsjacke. Wir brachten die Kinder ins Bett, und ich wollte gehen. Ein Mädchen sagte, sie bräuchte das Ding jetzt nicht. Es schien mir ganz glaubhaft in seinen Bemühungen, sich vernünftig zu benehmen. Ich zog ihr die Zwangsjacke aus, schrieb das jedoch nicht auf den Zettel für die Übergabe. Zwei Stunden später bekam ich vom Anstaltsleiter einen Anruf, ich sollte kommen und gucken, was ich angerichtet hätte.

Also, das war hart. Das war ein massiver Einschnitt in meine naive Gutgläubigkeit und Hilfsbereitschaft. Das betreffende Geschöpf hatte die anderen befreit, und sie haben Halligalli gemacht auf der Station, alles unter Wasser gesetzt und randaliert. Ich war lange damit beschäftigt, wieder halbwegs Ruhe reinzukriegen, nicht alleine natürlich. Ich räumte auf, was ich da verbrochen hatte. Am nächsten Tag hatte ich ein intensives Gespräch mit dem Arzt, der mir klar sagte, worauf es ankomme im Leben, und mir die Grenzen solch eines »Helfersyndroms« aufwies. Das war für mich ein ganz wichtiges Gespräch, das ich nie vergessen habe. Die Schilderung von Bethel könnte noch einen unendlichen Raum einnehmen, weil das für mein Leben unheimlich wichtig war. Mein Vater war dort in der Verwaltung tätig, mein Großvater in der Diakonie. Meine Mutter stammt aus dem Kohlenpott und war katholisch erzogen. Sie ist erst bei meiner Taufe konvertiert, nachdem sie drei Jahre Religionsunterricht genommen hatte. Für die protestantische Hochburg Bethel war das wichtig und für sie auch. Damit sie nichts tut, was ihr nicht wirklich nahe gekommen ist. Das ist eigentlich ganz klassisch für meine Mutter. Sie ist sehr bewusst und sehr genau mit ihrem Leben umgegangen. Als Kind konnte ich das oft nicht nachvollziehen.

Die Geschichte meiner Eltern ist ein Familienmythos, den meine Mutter gesponnen hat. Meine Mutter lernte meinen Vater im Krieg kennen. Sie war ausgebombt worden im Pott, wurde evakuiert und kam aufs Land. Dort traf sie meinen Vater. Er musste in den Krieg, wurde zwei Mal durch einen Kopfschuss schwer verwundet, einmal in Frankreich, einmal in Russland. Auf dem Weg zurück von Russland ins Lazarett – ich glaube nach Köln, ich weiß das nicht ganz genau, das ist ja eine Zeit, über die nicht viel gesprochen wurde – kam es zu einer »mysteriösen Begegnung«. Meine Mutter war mit dem Fahrrad in Richtung Russland unterwegs. Sie wollte meinen Vater an der Front besuchen. Sie trafen sich ganz zufällig. Mein Vater saß im Zug. Da sagte ein Kumpel, der ihn begleitete: »Guck mal, da unten auf dem Fahrrad fährt eine Frau, die sieht aus wie die, die du auf dem Foto hast.« Sie haben die Notbremse gezogen. Es war in der Tat meine Mutter. Das war für meine Mutter Prädestination, und ihr war nun klar: »Der ist es!« Eben katholisch aufgewachsen und nun dieser Zufall, das musste ja Vorherbestimmung sein. Im Juni 1945, gleich nach Kriegsende, wurde geheiratet. Sehr viel später sagte sie: »Ich weiß nicht, ob ich ihn geheiratet hätte, wenn ich eure Freiheiten gehabt hätte – zusammenleben, ausprobieren oder eben nicht heiraten müssen und wirtschaftlich unabhängiger sein.« Sie war berufstätig gewesen. Sie war Fürsorgerin, Sozialarbeiterin würde man heute sagen. Sie hat den Sprung zurück in ihren Beruf nie mehr geschafft. Erst sehr spät, als ich in der zehnten Klasse war und meine kleine Schwester groß genug, haben wir ihr zugeredet: »Jetzt reicht's. Jetzt machst du was. Dein Kopf ist zu breit für das, was du hier erlebst. Du regst uns auf mit deinen ewigen Diskussionsgelüsten.« Sie hat wirklich mit 54 noch eine richtige Ausbildung begonnen. Sie musste einen Spezialantrag stellen, weil sie bei der Beendigung der Ausbildung über 55 war. Sie hat das geschafft und mit den alten Diakonissen in Bethel gearbeitet, bis sie selbst knapp 66 war. Sie ist unheimlich resolut und würde, wenn das ginge, noch heute eine Ausbildung machen. Mit uns Kindern war sie konsequent und streng, ja, auch liebevoll.

Mein Vater ist für mich eher mit Distanz verbunden. Er war kriegsversehrt, was er allerdings nie akzeptiert hat. Das ist ein ganz dumpfes Kapitel, das er überhaupt nicht wahrhaben wollte. Meine Mutter war stets in großer Sorge, da sie diese Verletzungen miterlebt und ihn begleitet hatte. Sie sagte: »Der Vater muss mit Vorsicht behandelt werden.« – »Sei nicht so laut, reiß dich zusammen, mach keinen Ärger!« Immer diese große Rücksichtnahme auf meinen Vater. Bis hin zu solchen Dingen – unsere Kindheit war ja finanziell nicht gerade gesegnet –, dass mein Vater ein Frühstücksei kriegte, wir Kinder nicht, höchstens mal am Sonntag. Er bekam alles extra. Er musste gut gehalten werden, weil er das Geld verdiente. Mein Vater hat sich in dieser behüteten Rolle wohl gefühlt, weil sie relativ bequem war. Er hat seine Arbeit nicht unbedingt geliebt. Ursprünglich wollte er Landwirt werden und hatte angefangen, Landwirtschaft zu studieren. Da kam der Krieg dazwischen. Er musste in seinem Beruf mit Leuten umgehen und war eigentlich ein ganz schweigsamer Mensch, der sich am liebsten mit einem Lyrikband vors Klavier setzte. Der konkrete Lebensbezug war, glaube ich, für meinen Vater ziemlich anstrengend. Wenn er nach Hause kam und wir vier Kinder strömten auf ihn zu, war es ihm ausgesprochen recht, wenn die Mutter sagte: »Gemach, gemach!« Dann verzog er sich.

Später habe ich gemerkt, dass das für mich ganz gut war. Denn mein Vater trat oft als Sanktionierungsinstrument auf. Wenn er mal einschritt, war er ziemlich scharf in seinen Vorstellungen. Je weniger Berührung es gab, umso besser. Es war so einfacher für alle Beteiligten. Kämpfe hatte ich mit meiner Mutter. Sie war für mich der richtige Widerpart, obwohl ich sie oft gut verstehen konnte. Ich denke, ich bin meiner Mutter sehr ähnlich, auch äußerlich. Meine Geschwister sind alle blond, und ich bin dunkel. Ich weiß noch, dass ich in der frühen Pubertät, wenn ich so elegisch am Fenster saß und überlegte, woher und wohin im Leben, manchmal dachte: »Vielleicht bin ich nicht das Kind meiner Eltern.« Beziehungsweise meines Vaters. Ich stellte mir vor: »Ob's der Milchmann war oder der Postbote?« Ich schaute die Leute an, ob sie mir ähnlich wären. Doch es war keine Ähnlichkeit auszumachen. Nun, die Tatsache, dass mein Vater meinen Vornamen ausgesucht und sich durchgesetzt hat, das ist ja ein Bekenntnis zu diesem Kind. Das Gefühl, rein äußerlich anders zu sein, hinterlässt schon Spuren. Ich galt in unserer Familie als die Kritikerin, die Verbalziege. Die anderen waren emotional. Mir wurde die Rolle der Komplizierten zugedacht, was nicht einfach war.

Wir wurden zu Hause sehr zur Ordnung erzogen. Einmal, weil wir so beengt wohnten. Zum anderen war das sicher auch der finanziellen Situation geschuldet: Du bist nicht reich, das musst du irgendwie ausgleichen und besonders ordentlich sein. Trotzdem hatten wir selbst bei der Zwangsverordnung ein wahnsinniges Chaos, was meine Mutter schier verzweifeln ließ. Wir vier Mädchen hatten zusammen ein Zimmer. Es gab ewige Diskussionen. Und je mehr Diskussionen, desto unordentlicher wurden wir. Das war nicht einfach bloß aus Protest, sondern weil es uns immer gleichgültiger wurde. Es gab viele Szenen, an die ich mich lebhaft erinnere: Wir bekamen Stubenarrest, bis alles aufgeräumt war. Wenn es ganz schlimm war, nahm meine Mutter manchmal die Schubladen aus dem Schrank, machte das Fenster auf und kippte alles raus. Es ging richtig heiß her zwischen uns. Wir haben massiv gefochten. Diese Kämpfe fingen meistens mit irgendeiner Unordnung an. Ich kann das heute insofern nachvollziehen, als ich mir nicht vorstellen kann, wie ich mit vier Kindern auf so engem Raum leben sollte. Dazu noch mit einem Vater, der wirklich auf diesen 90 m^2 seine Ruhe brauchte. Ich weiß nicht, wie ich das geschafft hätte. Ich glaube, ich hätte an ihrer Stelle alles drum gegeben, um die Räumlichkeiten zu verändern, also auszuziehen und lieber Nachteile zu haben, aber mehr Raumgefühl. Diese Situation stelle ich mir schlimm vor. Jedenfalls war Ordnung für uns als Kinder ein Schimpfwort. Auf politischer Ebene wurde dieser Begriff später für mich zum Unwort. Während der Studentenrevolten wurde Ordnung zu einem speziellen Kriterium, um die Bewegung des Sozialistischen Deutschen Studentenbundes (SDS) zu desavouieren. Von bürgerlicher und Staatsseite wurde deutlich gesagt: »Ihr seid unordentlich, alleine schon vom

Outfit her.« Die Leute, mit denen man damals zusammen war, legten nicht viel Wert auf Äußerlichkeiten. Die Männer waren langhaarig. Ich trug meine Jeans und meinen schwarzen Pullover. Irgendwann kam auch der netteste und verständnisvollste Lehrer und sagte: »Sollen wir mal sammeln für was anderes?« Dieser körperliche Begriff von Ordnung ging wirklich ans Eingemachte, inklusive der Vorwurf, dass wir politisch das Chaos predigen würden.

Zu Hause gab es damals heiße Diskussionen. Vor allem mit meinem Vater, dessen Grundhaltung eher konservativ ist. Meine drei Jahre ältere Schwester und ich gingen auf dieselbe Schule. Und Inge hatte schon sehr früh durch ihre Freunde Kontakt zum SDS. Ich bin mit reingerutscht. Auch mein späterer Mann war im SDS, was mich natürlich noch mehr involvierte. Wir haben viele Diskussionen geführt und Demonstrationen mit unterstützt: gegen Oetker und vor allem gegen die Springerpresse nach den Schüssen auf Rudi Dutschke. Für uns war diese Presse mitverantwortlich für die Schüsse. Mein Vater konnte unsere Haltung – vor allem gegen die Springerpresse – nicht verstehen. Er bezog »Die Welt«, das war ja Springer, und für uns das größte Kotzblatt, der »Klassenfeind« schlechthin. Ich weiß noch, wie meine Schwester und ich klammheimlich mit einer Gruppe nach Essen gefahren sind. Es waren Busse organisiert. Dort haben wir die Auslieferung der Springerpresse verhindert. Am nächsten Tag beim Frühstück hatte mein Vater seine geliebte »Welt« nicht. Er wunderte sich. Wir saßen am Tisch und grinsten. Das war 'ne schöne Zeit. Die konservative Haltung meines Vaters hatte den Vorteil, dass sie viele Diskussionen provozierte. An die Kriegsgeschichten sind wir jedoch in unserer Familie nie recht rangekommen. Auch hier Teilhabe am Schweigen der Vätergeneration über ihre Erlebnisse, die häufig Auslöser für Fragen des SDS waren. Denn dieses Schweigen war der Ausgangspunkt für restaurative Kräfte in der Bundesrepublik. Je älter mein Vater wird, umso weicher wird er. Und jetzt kann man manchmal reden. Als er 80 wurde, hat er sich von Kempowski »Das Echolot« gewünscht. Also ein rückwärts gewandtes Reflektieren solcher Erfahrungen. Das hat mich gewundert. Was er jetzt manchmal von dieser Zeit erzählt, scheint mir jedoch sehr weit von sich selbst entfernt. Oder es sind eher Kriegsanekdoten als wirkliche Eindrücke. Es ist heute noch schwierig, an dieses Kapitel ranzukommen. Ich habe in meinem späteren Leben einen einzigen Mann kennen gelernt, der wirklich von sich behauptet, er sei im Krieg ein Mörder gewesen. Er zieht sich nicht auf einen Befehlsnotstand zurück und ist bemüht, mit dieser Tat zu leben.

In Bethel gab es ein eigenes Oberstufenkolleg, ein eigenes Gymnasium – Mädchen und Jungen damals natürlich getrennt –, viele Schulen unterschiedlicher Art. Ich bin dort zur Schule gegangen, erst Grundschule, anschließend aufs Gymnasium, das in kirchlicher Trägerschaft war. Wenn ich heute Schulen betrachte, finde ich im Nachhinein meine Schule gut. Damals haben wir natürlich vieles aus politischen Gründen furchtbar gefunden und abgelehnt. Heute sehe ich, dass unsere Lehrer mit unserem überschießenden Früh-68er-Widerstandsgeist gut umgegangen sind. Sie gaben uns wirklich die Möglichkeit, diesen Widerstandsgeist auszuformulieren. Sie setzten Widerstand entgegen, keinen autoritären, sondern einen sachlichen. Da mussten wir uns schon die Zähne ausbeißen und lernten Streitkultur.

Jungs spielten in unserer Pubertät keine große Rolle. Das lag nicht daran, dass wir nicht nach ihnen geguckt hätten. Das schon. Ich ging in eine Mädchenschule. Die Jungenschule, ein Aufbaugymnasium, war weit weg und außerhalb unserer Reichweite. Die Jungen von Bielefelder Gymnasien wurden manchmal zu Tanztees eingeladen. So etwas gab es! Doch wir kamen für die nicht in Frage. Schulen haben einen bestimmten Ruf, der sich über Jahrzehnte hartnäckig hält. Die Mädels der Betheler Schule waren die »Diakonissen«, also die Unberührbaren. Für diese Jungs waren wir sozial, nicht erotisch. Wir sahen irgendwie nicht gut aus, waren gar nicht zurechtgemacht. Wir waren »jenseits«, kein Objekt der Begierde. Wir haben uns dabei nicht gerade gut gefühlt und fanden das ungerecht. In Bielefeld gab es zwei andere Gymnasien. Die Mädchen dort waren für uns die CeCi-Ziegen und die Bavink-Kühe. Die hatten Stöckelschuhe an und Petticoats, und manche trugen sogar Seidenstrümpfe. Lippenstift, Nagellack, passend zur Farbe des Kleides oder zur Autotür des neuen Freundes. Na, wir pflegten alle unsere Vorurteile. Jungenkontakte kamen durch die Tanzstunde oder bei mir später durch die Pfadfinderarbeit. Die war übrigens zu der Zeit sehr politisch, also im Sinne der Studentenbewegung. Sie war wirklich von diesem alten Feld-Wald-Wiesen- und Frisch-fromm-fröhlich-frei-Dunst befreit. Ich war damals schon älter, also nicht mehr Pfadfindermitglied, und fuhr zu vielen Diskussionsveranstaltungen, machte Jugendarbeit mit den 11-, 12- und 13-Jährigen. Das hat Spaß gemacht. Ich lernte meine ersten Freunde in diesen politischen Gruppen kennen. Dann gab es in Bethel viele junge Männer: Theologiestudenten, Wehrdienstverweigerer. Es ist komisch: Wenn ich das heute so Revue passieren lasse, stelle ich fest, dass ich nur Vertreter bestimmter Berufsgruppen kennen lernte. Ich kannte nie einen Jungen näher, der Volkswirtschaft, Betriebswirtschaft oder Jura studiert hätte. Immer Theologen, Mediziner, Sozialarbeiter, also eher die ganze Helfermafia.

Unser Gymnasium hatte einen sozialwissenschaftlichen Spezialzweig, den es leider nicht lange gegeben hat. Dort hatten wir ganz viel Berührung mit Politik und einen guten Politikunterricht. Deshalb waren die Berührungsängste, die normale Schüler zur Politik mitbringen, bei mir überhaupt nicht vorhanden. Politik erscheint den meisten als etwas, das mit dem eigenen Leben nicht viel zu tun hat. Man setzt sich abends hin und guckt fern. So erleben es die Schüler in der Regel: Politik ist das ganz Andere. Wir leben so, wie wir leben, und fertig. Woher alles kommt, wo es hingeht, sind keine Fragen. Das klären andere für uns. Solange das läuft, ist man zufrieden. Politik erlebte ich viel näher dran am Leben, und von daher war der Weg zum Politikstudium geebnet.

In jungen Jahren träumte ich von der weiten Welt und großen Reisen. Mit 13, 14 wollte ich mal die Albert-Schweitzer-Nachfolge in Lambarene antreten und diese Mischung aus Medizin und Kirche in irgendeiner Form fortsetzen. In Bethel wohnten in einem schönen, großen Haus, dem Missionshaus, viele schwarze Familien. Die gingen nach einer Ausbildung nach Tansania – Tanganjika hieß das damals –, um zu missionieren. Diese Familien waren für mich der Inbegriff meiner Vorstellungen von Afrika: große Frauen, breit und stämmig, viele Kinder und humorvoll, praktisch, weltoffen, gastfreundlich – einfach toll. Nicht so eng und abgezirkelt und korrekt. Das gefiel mir. Und so wollte ich werden – zunächst. Als ich 17, 18 war, wollte ich in der Nord-Süd-Kommission arbeiten. Also Einsatz für den internationalen fairen Handel, ausgeglichene »terms of trade« und so weiter. Ich wollte mich für Gerechtigkeit einsetzen. Solche Weltläufigkeit war mein absoluter Traum. Meine »Nord-Süd-Kommission« war dann im Studium die Internationalismusarbeit, die Arbeitsgemeinschaft Dritte Welt und das Afrika-Komitee, wo ich mich engagierte. Ich studierte Politik und als zweites Studienfach Deutsch, was ich nie bereut habe. Medizin und Psychiatrie jedoch waren zwei Bereiche, die mich interessiert hätten. Als ich mein erstes Examen in der Tasche hatte, stand ich vor der Frage, noch Medizin zu studieren. Ich hatte mich um einen Medizinstudienplatz bemüht und ihn erhalten. Aus Angst, dass das noch so lange Zeit sein würde bis zur Beendigung des Studiums und bis zum Facharzt, habe ich anders entschieden. Das war mit Familie, die ich mir sehr wünschte, schlecht zu kombinieren. Hinzu kam, dass die beiden sehr umfangreichen Studien nicht aufeinander aufbauten, sondern völlig andere Bereiche umfassten. Da wird man heimatlos. Ich bereue diese Entscheidung nicht, wenn ich an meine Familie denke. Wenn ich mir allerdings nur meine berufliche Situation anschaue, bereue ich das schon. Ich würde jetzt lieber in diesem Bereich tätig sein als in der Schule. Nicht weil ich nicht gerne Lehrerin bin, sondern weil die Vorstellungen von diesem Beruf, die ich habe, nicht erfüllbar sind. Der Graben wird größer zwischen dem, wie ich mich als Lehrerin verstehe, und dem, was möglich ist. Die Anstrengungen, authentisch zu bleiben, werden immens. Da merke ich, dass ich 50 bin.

Meine Vorstellungen sind sehr geprägt von einigen Grundvorstellungen der 68er Bewegung. Ich spreche dabei bewusst von den Wünschen der Bewegung, nicht vom täglichen Zynismus vieler damaliger Parolen und von der Teilhabe an Gewalt gegen Sachen. Das habe ich nie nachvollziehen können. Mir wurde damals vorgeworfen, dass ich noch Reste kleinbürgerlichen Bewusstseins hätte. Die habe ich dann eben. Und die sind bis heute geblieben. Weil ich nicht daran glaube, dass man etwas verändert, indem man – sehr einfach formuliert – nur das Gegenteil davon macht. Ich denke, es muss sich wirklich dialektisch etwas verändern. In der politischen Praxis ist damals einiges so schlicht geraten. Nicht bei denen, die wirklich reflektiert haben. Davon gab es, Gott sei Dank, auch eine Menge. Unsere Vorstellungen waren grundsätzlich pazifistisch, also Absage an jegliche Art von Krieg und Gewalt. Wir erkannten, dass es einen Neuanfang hätte geben können. Wir spürten, dass diese ganze Restaurationsgeschichte der BRD die Möglichkeit kaputtgemacht hatte, die Geschichte aufzuarbeiten. Für mich war und ist Pazifismus eine absolute Grundhaltung. Ein zweiter Kritikpunkt an den Epigonen mancher 68er ist ein gezieltes Karrieredenken. In meinem Verständnis der Studentenbewegung verpönten die Aktiven die Karriere. Im Nachhinein betrachtet, habe ich die Ethik dieser Aktiven wohl massiv idealisiert. Es gibt eine Reihe Leute aus der Studentenbewegung, die eine ziemliche Kehrtwendung gemacht haben und gerne die bürgerliche Karriereleiter hinaufgestiegen sind. So als wäre das eine Episode gewesen, die man so spätpubertär-politisch mitmacht und sich irgendwann eines Besseren besinnt. Oder man verliert die Ziele durch Pragmatismus, schleichende Anpassung, durch Erfolg. Nicht alle haben sich so entwickelt, aber doch einige. Ich habe nichts gegen Erfolg, wenn man ihn denn hat und was damit bewirkt.

Aber nicht Erfolg um des Erfolgs willen, um als Charaktermaske sein Dasein zu fristen. Ich finde unsere Arbeit für gerechtere Zustände heute noch gut und unser Ziel, dass sich der Graben zwischen Arm und Reich verringert, wichtiger denn je. Heute ist die Kluft zwischen der neuen Armut auf der einen und einem massiven Wohlstand auf der anderen Seite kaum auszuhalten. Genauso wie zwischen Arbeit und Nichtarbeit. Das sind Brüche in der Gesellschaft, die ich damals wie heute ohne Unterschied verurteile. Zu einer gerechten Gesellschaft gehört einfach ein anderer Ausgleich. Mehr Teilen, mehr Rücksichtnahme, mehr Solidarität.

Als ich draußen war – »draußen« heißt, aus Bethel raus –, habe ich erfahren müssen, dass unsere Vorstellung von Leben idealisiert war. Für mich deckten sich die Ansprüche von Christentum und SDS. Als ich von Bethel zum Studium kam und zum ersten Mal in der Mensa stand und die vielen Studenten sah, hatte ich ein ganz tolles Gefühl und dachte: »Ist das schön, unter so viel gleich Gesinnten zu studieren.« Ganz naiv dachte ich, dass mit dem Wunsch auf geistige Ausbildung, mit Jugend und der politischen Aufbruchstimmung im Rücken dieselben Ideale und Lebensentwürfe verbunden seien. »Die müssen so sein wie wir.« Schon eine Woche später merkte ich, dass ein BWLer zum Beispiel ganz anders denkt, dass ihn vieles überhaupt nicht berührt. Und selbst Leute vom linken Spektrum rieben sich im politischen Hickhack, in Kleinkriegen, perfiden Streitereien auf. Manchmal konnte ich das gar nicht aushalten. Ich war sehr enttäuscht, da meine Erwartung so groß war. Ich war sicher unglaublich naiv. Die Träume, die ich mit der 68er Bewegung verbinde, sind so ein Gemenge aus Christentum, SDS und gelebter Diakonie. Das ist für mich nach wie vor eine Vision. Deswegen komme ich schwer zurecht mit diesen gegenläufigen Veränderungen in Schule und Gesellschaft.

Martin, meinen ersten Mann, habe ich schon in Bethel kennen gelernt. Er studierte dort Theologie. Ich kam auf meinem Schulweg an seinem Zimmer vorbei. Ich hatte, als ich so 17, 18 war, häufiger Freunde unter den Theologen. Ich weiß noch, dass ich mit einem abends gemütlich beim Teetrinken auf dem Bett saß. Plötzlich ging die Tür auf, und ohne anzuklopfen stand ein völlig verschwitzter und verdreckter Fußballprinz im Zimmer. »Das müsst ihr erlebt haben!«, platzte er heraus. Ich war ob dieses vulkanartigen Einbruchs etwas irritiert. Als ich mich gefangen hatte, sagte ich: »Guten Tag erst mal. Willste 'n Tee?« Oder so ähnlich. »Willste 'n Tee?«, das war so wie später in den 70ern der

Ausdruck: »Kannste noch selber atmen?« Eine ganz komische Situation, irgendwie witzig. Tee, nein, er trinke nur proletarisches Bier. Diesen ziselierten Teekram könnte ich mir schenken. Und verschwand. Matthias, mein Freund, erzählte mir ganz begeistert, dass dieser Martin ein toller Typ sei und ich ihn unbedingt mal kennen lernen sollte. »Na ja«, habe ich gedacht, »bei dem Einstand.« Irgendwann begegnete ich ihm auf dem Schulweg. Er stürmte aus dem Haus und hielt mich an. Vor Verlegenheit trat er mit einem Bein die Gosse rauf und runter. Das fand ich ausgesprochen lieb. »Ich hab' Geburtstag und wollte dich gern einladen«, sagte er. Ich hatte eigentlich überhaupt keine Lust auf den Geburtstag. Meine Schwester redete mir zu: »Also, wenn du hingehst, leihe ich dir meinen neuen Rock.« Wir Geschwister haben uns gegenseitig alles verliehen. Das fand ich gut. Da hat keine der anderen das Wasser abgegraben, im Gegenteil. Jedenfalls sagte meine Schwester noch: »Jetzt geh mal, du hast doch im Moment keinen Freund. Es gibt überhaupt kein Problem.« Ich zog also mit dem neuen Rock meiner Schwester los. Als ich ankam, sah ich in der Ecke meinen alten Freund Matthias sitzen, mit dem es ein schwieriges Ende genommen hatte. Ich dachte: »Nein, ich hau sofort wieder ab.« Zum Glück saßen sehr viele andere zwischen uns, so dass ich kaum mit ihm in Kontakt kam. Als ich später nach Hause gehen wollte, das heißt eigentlich »musste«, denn Pünktlichkeit galt neben Ordnung als unsere zweite Tugend, stand Matthias auf und sagte: »Ich bring' dich nach Hause.« Ich kriegte richtig Muffensausen. Martin musste gemerkt haben, dass ich in Schwierigkeiten kam, und sagte ganz bravourös: »Meine Gäste bringe ich selber nach Hause.« Dieser Satz ist es gewesen, der mir gezeigt hat, dass er die Situation sensibel wahrgenommen hatte. Dafür war ich sehr empfänglich.

Nach meinem Abi, anderthalb Jahre später, suchten wir eine Universität, an der wir beide studieren konnten, wo er sein theologisches Examen machen und ich Politik und Deutsch belegen konnte. Nach dem Examen war Martin noch eine Zeit an der Uni und ging dann ins Vikariat. Ich musste nach dem Studium zwei Jahre auf mein Referendariat warten, damals wurde es schon eng mit den Stellen. Ich fing in der Zwischenzeit an, Theologie zu studieren, und gab Deutsch für Ausländer und andere Gelegenheitssachen. Wir heirateten schon während des Studiums mit 23. Kein Mensch verstand damals, warum wir heirateten. An der Uni hielt man uns eher für Geschwister, nicht zuletzt weil wir beide dunkle Typen sind. Außerdem konnte man sich das in dieser Zeit gar nicht vorstellen, wo es hieß: »Wer zwei Mal mit derselben pennt, gehört schon zum Establishment.« Es war für alle unfassbar, dass zwei politisch engagierte Studenten, Martin ja noch viel mehr als ich, heirateten, und dann so früh. Eigentlich wollte ich nicht heiraten. Unsere Mütter haben das regelrecht erzwungen, weil wir nicht in »wilder Ehe« leben sollten – heute unvorstellbar. Martin war der Älteste. Seine Mutter war sehr verliebt in ihren klugen Kopf. Und auch noch ein Theologe! Martins Familie kam aus einem pietistischen Umfeld. Mit seiner politischen Haltung war er der Saulus, für den man auf Erlösung hoffte zum Paulus. Ich habe schließlich der Hochzeit zugestimmt, weil ich kein Gegenargument fand. Ich liebte ihn und dachte: »Ich kann's machen. Ich kann's lassen.« Nur aus Prinzip nicht heiraten, fand ich blöd. Aber es war in unseren Kreisen ungewöhnlich. Wir waren mit Abstand die allerersten aus dem politischen Kontext.

Bald nach der Hochzeit wurde ich schwanger. Das Kind starb kurz nach der Geburt. Da fingen die Probleme an. Bei der Verarbeitung des Kindesverlustes wurde zunehmend deutlich, dass wir sehr verschieden sind. Als sich in dieser ersten Schwangerschaft Nierenschmerzen einstellten, war mein Mann einfach hilflos. Nicht unfair, das kann ich nicht sagen. Ich weiß noch, dass ich nachts die Schmerzen kaum ertragen konnte. Und da fühlte er sich schon manchmal durch meine Unruhe gestört und sagte: »Mensch, ich kann nicht schlafen.« Ich ging raus, doch eigentlich hätte ich mir gewünscht, er riefe mal von sich aus den Arzt an. Oder dass er gesagt hätte. »Das guck' ich mir jetzt nicht mehr an. Jetzt nehme ich das in die Hand.« Dieses Gefühl, dass ich mich nicht fallen lassen konnte, dass der andere mich auffängt und umsorgt – das war ... das war traurig. Ich sage das jetzt nicht vorwurfsvoll, weil ich inzwischen weiß, dass es ihm nicht möglich war. Martin ist jemand, der massiv über den Kopf verarbeitet. Bei mir ist das sehr viel anders. Obwohl mich meine Familie eher als kopflastig ansieht. Anfangs schien das wirklich so. Doch wurde schnell deutlich, dass wir nicht über einen Kamm zu scheren waren. Ich denke, dass unsere Probleme wirklich über die Nichtverarbeitung der Todeserfahrung kamen. Es hat uns niemand geholfen. Das muss ich wirklich sagen. Es war keiner da, der sagte: »Mensch, so geht das nicht.« Oder: »Man muss darüber sprechen.« Unsere Freunde haben nicht erfassen können, was ein Kindesverlust für eine Frau bedeutet. Ich habe mich unglaublich allein gefühlt. Zur Entlassung aus der Klinik holte mich Martin mit seinem Freund ab. Er hatte, das war sehr lieb von ihm, das zurechtgemachte Kinderzimmer weggeräumt. Als wir nach

Hause kamen sagte er: »So, jetzt ruhst du dich am besten mal aus.« Ich weiß noch wie heute – das war für mich wohl eines der einschneidendsten Erlebnisse in unserer Ehe –, dass er sich mit seinem Freund ins Nebenzimmer verzog und die beiden lauthals über Karl Barth diskutierten. Seit dieser Zeit hatte ich Schwierigkeiten mit Karl Barth. Mit meinem Mann auch und mit diesem Freund erst recht.

Es ist ja in einer Studentenehe durchaus in Ordnung, wenn man den Tag beim Zähneputzen mit Heideggers »Holzwegen« beginnt, symbolisch, und beim zweiten Frühstück noch etwas nachschiebt und abends, wenn man ins Bett geht, noch sagt, was einem im Laufe des Tages über Heidegger eingefallen ist. In einer Studentenehe kann man das machen. Wir beschäftigten uns ja nicht nur mit Theologie, sondern auch viel mit Philosophie, Marxismus. Das waren schöne Phasen. Sie hatten jedoch mit dem eigenen Leben nicht unbedingt was zu tun, außer dass wir reflektierten und versuchten, uns über bestimmte Bücher zu verständigen. In dem Moment, wo ein Kind da ist, kann man nicht mehr in der Karl-Barth-Phase mit Barth oder in der Hegel-Phase mit Hegel oder eben mit Heidegger ins Bett gehen. In einer Beziehung muss es auch direkt hin und her gehen. Unsere gemeinsame Sprache war nicht direkt, sondern vermittelt über ein Drittes. Über dieses Dritte meinten wir uns selbst.

Martin war bald wieder in seinem theologischen Kontext inhaltlich gefangen. Ich habe schnell mein Examen gemacht, ohne zunächst zu spüren, dass das eine Vergewaltigung der Psyche war. Mir ist erst viele Jahre später deutlich geworden, als zum zweiten Mal ein Kind von mir starb und ich andere Möglichkeiten der Verarbeitung hatte, was ich mir da angetan habe und wie hilflos wir waren. Ich habe mich sehr an unseren Wunsch nach einer zweiten Schwangerschaft geklammert. Wenn ich mir das heute vor Augen halte, war das unglaublich kindlich und unreif von allen Seiten. Ich bekam ein Jahr meine Regel nicht, eine rein psychische Sache, was ich damals gar nicht verstand. Der Frauenarzt erklärte mir, dass sich bei nichtbewältigter Trauer der Körper sein Trauerjahr holt. Denn in solch einem unverarbeiteten Zustand wieder schwanger zu werden, kann nicht gut gehen. Während meiner Referendariatszeit wurde ich mit Antonia, meinem zweiten Kind, schwanger. In dieser Schwangerschaft hat sich leider Gottes bewahrheitet, dass es ohne Verarbeitung und Trauerarbeit nicht geht. Ich entwickelte unheimliche Ängste, dass wieder etwas passieren könnte. Ich kam dagegen nicht an. Die Anfangszeit ging noch, mit fortschreitender Schwangerschaft wurde es schlimmer. Ich witterte überall Gefahren: ob das Geschirr, von dem ich während der Schwangerschaft aß, richtig sauber war; dass ich das Richtige esse. Tausend Mal schaute ich nach, welche Nahrungsmittel ich zu mir nahm, woher sie kamen und so weiter. Ich hatte richtige Verfolgungsängste. Es war ganz schlimm. In dieser Zeit begann Martin ein Verhältnis mit einer anderen Frau, wovon ich während der Schwangerschaft nichts bemerkte. Ich erfuhr erst kurz nach der Entbindung davon. Das war eigentlich das klare Signal dafür, dass es nicht mehr ging. Lange hielt diese Geschichte nicht, und er kehrte irgendwann zurück. Nicht reumütig, was ja nicht unbedingt der Fall sein muss. Aber er kehrte auch nicht frei zurück. Er sagte nicht: »Ich bin entschieden für dich!« Sondern eher: »Ich bin wieder da.« Dass er eine Freundin hatte, konnte ich nachvollziehen auf Grund meiner Schwierigkeiten. Nicht, dass er so kommentarlos zurückkam. Es war kein Sprung qualitativer Art da, der hätte da sein müssen in so einem Fall. Das war der Anfang vom Ende. Martin bekam dann eine Stelle in K., in einem anderen Bundesland. Ich wollte meine Arbeit nicht aufgeben, denn ich hatte direkt im Anschluss an mein Referendariat eine volle Stelle bekommen. In K. würde ich keine kriegen, das war klar. Da hätte ich als Pfarrfrau auf dem Dorf gesessen mit Kind und einem Mann, der permanent unterwegs war und mit unseren vielen ungelösten Fragen. Das Opfer war mir zu groß.

Ich blieb mit dem Kind in S. Es war schwierig, Beruf und Kind unter einen Hut zu bringen. Wenn mich eins müde gemacht hat, ist es das Organisieren von Kinderbetreuung und Berufstätigkeit in Westdeutschland! Berufsanfängerin mit Kleinkind, Mann unterwegs. Es war ein ewiger Eiertanz. Ich brauchte eine volle Stelle, weil es anders finanziell nicht gegangen wäre. Und für die Kinderfrau verbrauchte ich ein Großteil meines Gehaltes wieder. Zudem musste jemand gefunden werden, der fürs Kind gut war. Dass dabei für den Haushalt nichts raussprang, war mir klar. Das war auch nicht so wichtig. Im dritten Anlauf bekam ich eine Frau, die nett war und mit dem Kind gut umgehen konnte. Doch sie war so ein bisschen locker und flockig und kam nicht immer pünktlich. Ich wartete um halb acht, hatte hier Antonia, da meine Tasche und stand wie auf Kohlen. Ich musste zur Schule. Und die Kinderfrau machte ihren Schwatz mit der Nachbarin. Das kann man sich gar nicht vorstellen! Ein weiteres Problem war, dass wir am Wochenende Pfarrfamilie spielen mussten. Ich war die Woche über in S., voll berufstätig und allein erziehend. Am Wochenende fuhr ich mit dem Kind zu Martin und war Pfarrfrau. Das ging etwa zweieinhalb Jahre. Ich war ständig am Rennen.

Richtig zu Ende war unsere Beziehung, die nicht mehr lebte, aber noch nicht ganz gestorben war, so ein amorphes Mittelding, als ich Hannes kennen lernte. Auch Martin lebte inzwischen in einer anderen Beziehung. Trotzdem blieb die Situation insgesamt unheimlich schwierig. Hannes hatte eine Familie mit Kindern. Wir nahmen uns sehr viel Zeit, die Dinge zu klären, zu revidieren, andere Lebensentscheidungen zu treffen. Wir wollten mit allem zurechtkommen und für die Kinder eine vernünftige Lösung finden. Wir drehten uns nicht einfach um und ließen alles hinter uns, sondern wir führten viele Gespräche, auch mit Martin und mit Hannes' Frau und mit Therapeuten. Wir haben uns alle bemüht, vernünftig mit der Situation umzugehen. Deswegen war es später überhaupt nicht mehr spektakulär und nicht mit vielen Verletzungen verbunden. Es ist schwierig, so etwas gut zu regeln, wenn man aus zwei vollen Familien kommt. Hannes und ich haben von Anfang an mit Belastungen gelebt. Eine Woche vor der Geburt unseres ersten Kindes sind wir zusammengezogen. Diese Zeit war ziemlich hart. Es gab rechtliche Probleme, weil wir nicht verheiratet waren. Laut Gesetz war Martin der offizielle Vater des Kindes. Wir mussten einen Vaterschaftsaberkennungsprozess und einen Vaterschaftsanerkennungsprozess durchstehen. Dann kam das Jugendamt. Es gab Fürsorgeprobleme für Antonia. Für Felix sollte ein Rechtspfleger oder Fürsorger eingesetzt werden, weil Hannes und ich nicht verheiratet waren. Es war ein solcher Wahnsinn und machte unser Leben zusätzlich kompliziert. Als ich das zweite Mal von Hannes schwanger wurde, sagten wir: »Wir kapitulieren. Wir heiraten. Dann ist alles leichter.« Am Heiligabend wurde Max geboren. Er starb bald an den Folgen einer schweren Operation. Mein Mann und ich haben uns bemüht, die schwere Zeit ohnmächtig auszuhalten und die Verzweiflung nicht zu unterdrücken. Gleichzeitig mussten wir für unsere beiden Kinder einen Rückhalt bilden. Das gelang uns nicht immer so, wie sie es gebraucht hätten. Wir haben uns in dieser Zeit – das war die Wendezeit in der DDR – sehr zurückgezogen. Mit der Außenwelt war es nicht leicht, weil sie sich zum Teil schwer mit unserer Situation tat. Gänzlich unverstanden von den meisten waren wir allerdings, als wir uns ganz bewusst noch mal für ein Kind entschieden. Genau das war jedoch für unsere Kinder und für uns ein hoffnungsvoller Weg. Wir wollten der Schwermut und Depression nicht das Feld überlassen und freuten uns auf ein neues Leben: Zwei Jahre später, am Geburtstag meines ersten verlorenen Kindes, wurde unsere jüngste Tochter geboren. Wir haben diesen Schritt nie bereut – trotz aller Vermittlungsprobleme nach außen – und leben in echter Dankbarkeit füreinander.

Die Traumata des ersten Kindesverlustes habe ich nie ganz überwunden. Mir ist inzwischen sehr deutlich, dass die Dinge, die nicht bearbeitet werden, weitergären. Ich habe mit der Psychologie viele Schwierigkeiten, aber das ist einer der Lehrsätze, der wirklich zutrifft. Ich bin eine unglaublich ängstliche Mutter, für die das Leben sehr fragil ist. Damit tut man seinen Kindern keinen Gefallen. Ich kann nie so frei sein als Mutter, wie ich das gern sein würde. Das führt vor allem zu Konflikten mit Antonia. Inzwischen haben wir einen guten Weg gefunden. Ich sage ihr, dass ich bis dahin kann und mich bemühe. Wenn ihr was nicht passt, darf sie motzen. Ich kann ihr das überhaupt nicht übel nehmen, weil sie Recht hat. Aber sie muss mir meine Fehler zugestehen. Hannes ist der erste Mensch, der die Ängste versteht und damit umgehen kann. Er zwingt mich nicht, mich ständig dagegen zu wehren, eher, ihnen standzuhalten. Hannes ist für mich Rückhalt, Verlässlichkeit, Vertrauen, auch Anlehnung. Ich muss nicht stark sein, wenn ich es nicht bin. Und ich kann mich fallen lassen. Dafür bin ich sehr dankbar.

Personen, die mir außerhalb der Familie viel bedeuten? Es gibt natürlich noch viele Menschen, die wichtig waren und sind in meinem Leben. In meiner Jugend hat mich unser Gemeindepfarrer in Bethel stark beeindruckt. Obwohl ich schon damals Kirche sehr kritisch beobachtet habe, war dieser Gemeindepfarrer für uns Jugendliche ein ganz tolles Vorbild. Wenn ich an die Freiheit eines Christenmenschen denke, richtig an die Freiheit, denke ich an diesen Pfarrer. Für mich war er der Inbegriff von Authentizität und wirklicher Ungebundenheit im Kopf, ein durch und durch unideologischer, aufrichtiger Mensch mit revolutionärem Freigeist. Solche Menschen waren für uns unheimlich wichtig in dieser hoch politischen Zeit. Politik hat für mich immer eine große Rolle gespielt. Und zum Glück wurde in meiner Familie diskutiert und wurden Fragen in dieser Richtung besprochen. Als die Mauer gebaut wurde, war ich gerade bei meiner Großmutter zu Besuch, so richtig im dicksten Ruhrpott, von Zechen und Arbeitersiedlungen umgeben. Wir saßen am Tisch und hörten die Meldung im Radio. Ich konnte gar nicht recht ausmachen, was das bedeutete. Ich war ja noch ein Kind. Meine Großmutter war sehr erschüttert und weinte und konnte sich gar nicht mehr beruhigen. Ich hatte sie so noch nie erlebt und spürte: Da ist was Ungeheuerliches passiert. Meine Mutter hat es mir hinterher in Ruhe erklärt. Unsere Familie war allerdings in keiner Weise selbst betroffen, weil es keine Verwandtschaft drüben gab. Kontakte zur DDR kamen erst später. Für unsere Leistungskurse Politik organisierten wir regelmäßig Studienfahrten in die DDR. Das war ein absolutes Muss für diese Schüler, weil bereits die Organisation einer solchen Fahrt ein Politikum darstellte. Die Schüler haben dadurch sehr viel live erlebt. Wir mussten uns jedes Mal langfristig über eine Organisation anmelden. Wir stellten einen Antrag auf eine Gruppenreise in die DDR. Uns wurden daraufhin Unterkünfte zugewiesen und die Routen festgelegt. Es gab Vorschriften, was die Schüler mitnehmen durften. Bücher und andere Unterlagen waren verboten. Uns wurden linientreue Busfahrer und Reiseführer zugeteilt. Der Reiseführer verließ uns nie. Wenn es eine Frau war, musste ich mit ihr das Zimmer teilen, wenn ich überhaupt mit der Reiseleiterin ein extra Zimmer kriegte. Ich weiß noch, dass wir in der Ernst-Thälmann-Jugendherberge in Weimar mit 17 Schülerinnen gemeinsam einen Schlafraum hatten. Es gab eine einzige Dusche im Keller. Durch die dunklen Kellergänge führten die ganzen Heizungsrohre. Es war gespenstisch. Unsere Schülerinnen und Schüler, die sonst wie die Wahnsinnigen am Duschen waren, hatten überhaupt keine Lust, sich zu waschen, weil sie sich fürchteten. Wir waren eine Woche in der DDR unterwegs: Gotha, Weimar, Erfurt, Halle, Leipzig und Dresden – das war die Südroute. Ich war drei Mal mit Schülern in der DDR. Meine letzte Fahrt begleitete eine Reiseleiterin, die ich ausgesprochen mochte. Sie tat sich schwer mit ihrem offiziellen Auftrag und war richtig gespalten. Sie war liiert mit einem Lateinamerikaner, sprach fließend Spanisch und übersetzte revolutionäre lateinamerikanische Lyrik. Ich habe noch ein Buch von ihr. Diese Frau wollte ich später, als ich in Westberlin Kinder von Freunden hütete, in Ostberlin besuchen. Das war eine schwierige Geschichte. Wir durften mit den Kindern nicht rüber, weil sie nicht in unserem Pass standen, und wurden zurückgeschickt. Wir fuhren zurück, lieferten die Kinder ab und machten uns noch einmal auf den Weg. Es war das letzte Mal vor der Wende, dass ich in Ostberlin war, überhaupt in der DDR. Diese Ostberliner Viertel waren sehr trostlos. Das Zusammensein der beiden fand ich genauso trostlos, weil es sehr wenig Zukunftsperspektiven hatte. Die Reiseleiterin war darüber psychisch krank geworden. Mir ist dieser Ostberlin-Besuch in ganz trauriger Erinnerung.

Als junges Mädchen war ich mit den Pfadfindern und der Evangelischen Studentengemeinde, die in Weißensee eine Partnergemeinde hatte, öfter drüben. Wir schmuggelten Geld, das wir der Gemeinde mitbringen wollten, und fühlten uns wie die Spione. Das war wirklich spannend, wie wir überlegten, wo wir das verstecken sollten. Für uns war das ein Politspielchen, verbunden mit ganz viel Herzklopfen und Angst. Die Grenzübergänge habe ich in schrecklicher Erinnerung: dieses Abfertigen und die ständige Angst, etwas Falsches zu sagen oder zu tun. Auch jemandem nicht gut zu tun mit dem, was man sagt oder macht. Wenn wir die Transitstrecke Richtung Berlin fuhren, also quer durch die DDR, fühlte ich mich eingeengt. Wir durften die Autobahn nicht verlassen, keine Pausen machen oder Abstecher, mussten in diesem Korridor bleiben. Das ist ein merkwürdiges Gefühl, sich vorzustellen: »Wer ist das eigentlich, der uns sagt, dass wir nur hier fahren dürfen?« Das ist für jemanden, der einigermaßen frei im Kopf ist, kaum auszuhalten. Dabei gehörten wir zu denen, die am ehesten Verständnis aufbrachten, weil wir den Kalten Krieg grotesk fanden und nun weiß Gott nicht prowestlich oder proimperialistisch eingestellte Speerspitzen waren. Im Westen brachte uns das auf anderer Ebene Probleme. Wenn wir etwas an unserer Gesellschaft kritisierten, kam der gängige Satz: »Dann geh doch rüber, wenn es dir drüben besser gefällt.« Wenn ich zum Beispiel sagte, mir passt im Westen nicht, wie die Leute sinnlos drei, vier Mal im Jahr in Urlaub fahren, als hätten sie wirklich klaustrophobische Tendenzen, hieß es sofort: »Geh doch in die DDR!« Wir waren ständig in einem Rechtfertigungszwang, wenn wir gesellschaftskritisch diskutierten. Und irgendwie fühlten wir uns in der Verpflichtung, ein Stück der Errungenschaften in der DDR zu verteidigen und nicht generell die DDR mit Honecker und Stoph gleichzusetzen, natürlich die Realität sehend. Dieser Spagat war schwierig, auch in der Vermittlung unseren Schülern gegenüber.

Es gab sehr interessante Erfahrungen mit Menschen der DDR. Ich erinnere mich an eine dieser Fahrten, wo uns in Dresden Leute von der Kunsthochschule einluden. Die hätten das nicht tun dürfen. Und es gab im Vorfeld eine Menge Vorsichtsmaßnahmen. Mein Kollege und ich suchten drei, vier unserer pfiffigsten Schüler aus, die am wenigsten quatschten. Wir wurden mit DDR-Niethosen eingekleidet, damit wir nicht auffielen. Wir durften kaum reden, damit uns unsere Sprache nicht verriet. Es war ständig jemand an unserer Seite und signalisierte: »Da dürft ihr reden, da nicht.« Die Schüler haben hinterher gesagt: »Die Leute aus der Undercoverszene, die waren versiert.« Sie waren stark beeindruckt, was diese Menschen wussten, worüber sie nachdachten und wie sie sich einzurichten wussten. So viel politisches Bewusstsein habe ich im Westen nicht kennen gelernt, wirklich nicht. Deswegen hatten wir die ganz große Hoffnung nach der Wende, dass es einen dritten Weg gibt und nicht die Bananenrepublik, die wir ihnen aufgezwungen haben. Da war keine Ruhe, über Zukunft nachzudenken. Das eine brach zusammen, und das Nächste stand schon auf der Matte. Man hätte erst mal sagen sollen: »Wir halten das Chaos jetzt mal ein bisschen aus.« Ich weiß natürlich, dass die Leute, die wir da in Dresden getroffen hatten, nicht repräsentativ für die Bevölkerung waren. Leider gibt es angepasste Wendehälse hier wie da. Und ob die sich dort für eine Banane oder hier für ein TUI-Reiseangebot kaufen lassen – das ist bloß ein gradueller Unterschied, kein qualitativer. Das ist schon traurig. Ich hatte wirklich in der Wendezeit große Hoffnung auf tief greifende Veränderung. Denn man hatte die Chancen ja schon einmal nach dem Zweiten Weltkrieg vertan. Wir verfolgten die Bürgerrechtsbewegung in der DDR und hofften, dass sie sich durchsetzte. Wir hofften auf diesen dritten Weg, der nicht diese ideologischen Eiertänze nach beiden Seiten macht, sondern der wirklich frei ist für das, was der Mensch braucht, und nicht das aufnimmt, was er brauchen soll. Bei uns entscheidet die Wirtschaft. Die Politik ist ein nachträgliches Akklamationsinstrument. Deshalb ist es egal, welche Partei regiert. Es gibt kaum einen Unterschied. An den Strukturen der Banken werden sich auch die Grünen die Zähne ausbeißen.

Als damals im November die Mauer fiel, sind wir mit den Kindern zur Grenze gefahren und haben die Trabis in Massen rüberkommen sehen. Ich fand das wichtig für unsere Kinder, dass sie das sahen. Es war beeindruckend, wie jeder Trabi einzeln begrüßt wurde. Es herrschte eine ausgesprochen schöne Grundstimmung. Wir konnten das gut beobachten, weil wir in Grenznähe wohnen. Der großen ersten Freude und Euphorie folgte bald die Ernüchterung. Wenn die Leute hier davon redeten, wie die Ossis schon wieder in die Geschäfte stürmten und sie leer kauften, fand ich das beschämend. Wir erfuhren von einem Mann aus dem Bekanntenkreis, der einiges Vermögen besaß. Als die Grenze geöffnet wurde, fuhr er sofort nach Berlin. Nach kurzer Zeit hatte er seine Firmengründung in der Tasche. Da begann der Ausverkauf. Wir waren so erbost, wie man so Stand-by sitzen kann auf dem Sofa und gucken und ein Händchen haben für die Gunst der Stunde.

Denn das kam ja ohne Vorankündigung, völlig überraschend. Und dieser Bekannte war leider nicht der Einzige.

In der Politik ist die Zeit für Visionen vorbei. Das gilt genauso für die Schulpolitik. Alles, was gemacht wird, ist Stückwerk und kurzfristig gedacht. Im Grunde herrschen zunehmend die Gesetze der Ökonomie. Viele sagen: »Das muss so sein. Wie soll denn Schule anders gehen? Da muss ein modernes Management her.« Ich denke zutiefst, dass bestimmte Bereiche von Ökonomie und Pädagogik einfach nicht zusammengehen. Da bleibt die Pädagogik auf der Strecke. Und schon gar nicht mit meinen Fächern, weil sie den Widerspruch wach halten, den kein Mensch mehr hören will. Kräfte für die Arbeit holt man sich aus der Familie und dem außerberuflichen Engagement. Gerade wegen der eigenen Kinder wird die Arbeit schwerer, weil man um die große Verantwortung weiß. Der Beruf ist schwerer, weil Kinder – noch – immer einen »Karriereknick« bedeuten. Man hat als berufstätige Mutter ständig das Gefühl, eigentlich keiner Seite ganz gerecht zu werden.

Ich hätte schon manchmal Lust und Kraft, was Neues zu machen. Ich habe Theologie studiert und könnte mir vorstellen, in einer Gemeinde zu arbeiten. Ich könnte mir viele neue und andere Berufe vorstellen, die mich unabhängig machen von einem Apparat wie der Kultusbürokratie. Wir können in unserem Alter nicht einfach sagen: Wir machen gemeinsam etwas Neues, weil wir mit unseren »frühen« und »späten« Kindern zwischen den Generationen sind. Auf der einen Seite haben wir einen hohen Anspruch an unseren Beruf, auf der anderen sind uns Kinder und Familie sehr wichtig. Überall spüren wir den biografischen Bruch. Andererseits ist er Antrieb für Offenheit und Lebendigkeit.

Es regnet, als ich mit dem Fahrrad vom Bahnhof zu Gisela radle. Vor ihrem Haus suche ich einen Platz, wo ich mein Rad anschließen kann. Kurz darauf hält ein Auto wenige Meter neben mir. Es ist Gisela. Das ist optimale Zeitplanung. Die Thüringer Unternehmerin hat ihre Termine im Griff. Nur wenige Stunden stehen uns zur Verfügung. Als ich wieder im Zug nach Hause sitze, sind meine Tonbandkassetten gefüllt. Ich schaue in die dunkle Landschaft und lasse die Eindrücke Revue passieren. Giselas Lebensweg scheint für DDR-Verhältnisse ungewöhnlich. Mir wird gerade an ihrem Beispiel sehr deutlich, dass viele Menschen im Osten nicht so geradlinig gegangen sind, wie der Staat es gern gehabt hätte. Sie haben sich ihre Erfüllung auf Umwegen gesucht.

***

Am wichtigsten ist meine Familie

Wir leben in einer ganz traditionellen Großfamilie: unsere Kinder, Enkel und wir. Dass das funktioniert, kann sich heute gar niemand mehr vorstellen, aber es geht sehr gut. Vielleicht, weil ich es so gewohnt bin. Schon meine Eltern haben mit meinen Großeltern in diesem Haus gelebt. Ich kannte gar nichts anderes. Als meine Kinder hier einzogen und wir beschlossen, dass wir zusammen wohnen, habe ich mit ihnen ganz offen darüber gesprochen. Ich sagte: »Ich kann aus Erfahrung reden. Zusammenleben heißt: Du hast sehr viele Vorteile. Wenn Kinder geboren werden, kannst du als junge Familie trotzdem etwas unternehmen, weil immer jemand da ist. Es gibt auch ein paar Nachteile. Man muss sich miteinander arrangieren. Wenn einer sehr stur seinen Weg geht, funktioniert das nicht. Man muss mal einstecken und mit den Eigenheiten des anderen leben können.« Wir sind vier Leute, arbeiten in einem Betrieb, wohnen in einem Haus, sitzen am Wochenende hier am Tisch: mein Mann und ich, meine Tochter und mein Schwiegersohn. Wir kochen und essen an den Wochenenden gemeinsam. Im Haus und im Betrieb gibt es eine strikte Arbeitsteilung. Jeder hat sein Gebiet, wofür er verantwortlich ist. Die Entscheidungen des anderen müssen akzeptiert werden. Und wir sagen uns ganz offen die Meinung. Alles kommt auf den Tisch, was auf den Tisch muss. Das sind oft harte Diskussionen. Ein Außenstehender könnte meinen, bei uns sei Streit. Das ist kein Streit. Das war wohl genauso, als ich Kind war. Ich konnte mit meinen Eltern über alles reden. Und da meine Großeltern hier mit wohnten, war ein Sich-Arrangieren äußerste Pflicht. Ich bin der Überzeugung, dass man das lernen kann.

Meine Eltern waren beide berufstätig. Meine Mutter war Verkäuferin mit sehr langer Arbeitszeit. Ich bin von meinen beiden Omas versorgt worden. Sie haben mich ziemlich verwöhnt. Ich brauchte keinen Handschlag zu Hause zu machen. Sie haben für mich gekocht, abgewaschen und gebügelt. Als ich später meinen eigenen Haushalt führte, fiel mir das auf die Füße. Ich bekam ganz schön Probleme, alles in die Reihe zu kriegen. Ich war Einzelkind, doch niemals allein. Ich hatte viele Freundinnen. Es gab genug Nachbarskinder, mit denen ich auf der Straße spielte. Meine Eltern haben an den Wochenenden viel mit mir unternommen. Ich meine heute noch, dass ich die besten Eltern der Welt hatte. Das hat sicher damit zu tun, dass sie berufstätig waren und meine Großeltern viel Ärger abgefangen haben. Es gab bestimmte Probleme nicht, wie nicht gemachter Abwasch und andere unerledigte Hausarbeit. In der Schule war ich gut, da ist mir alles zugeflogen. Und dann muss ich sagen: Mein Vater ist der toleranteste Mensch, den ich in meinem Leben kennen gelernt habe. Bei uns zu Hause wurde Westfernsehen geguckt. Wenn ich mit dem Wunsch kam, »Aktuelle Kamera« oder was anderes im Ostprogramm zu sehen, hat mich mein Vater gelassen. »Wenn du das willst, gut. Du musst selbst deine Erfahrungen machen.« Das war sein Satz. Als ich in der Pubertät meine ersten Bekannten hatte, sagte er: »Pass auf! Du bist ein Mädchen, du musst vorsichtig sein. Ich sage dir eins: Gebrauche deinen Verstand. Du musst selbst deine Erfahrungen machen.« Es gab keine Verbote. Er hat bestimmt versucht, mich zu lenken, hat mir auch ein paar Ratschläge gegeben: »Geh nicht so schnell mit.« Doch mein Vater vertraute mir im Grunde und meinte, ich müsse selbst meinen Weg finden. Wenn ich bei einer Freundin war und spät nach Hause kam, gab es schon ein paar Diskussionen, dass es nicht gut sei, wenn ich so lange draußen wäre. Er appellierte meistens an meine Vernunft. Ich hatte überhaupt keinen Grund, irgendwie aufsässig zu sein. Ich habe das bei meinen Kindern ähnlich gehalten. Die tolerante Erziehung meines Vaters ist sicher ein Grund, dass unsere Großfamilie heute noch so gut funktioniert.

Die ersten größeren Probleme traten auf, als ich in die Erweiterte Oberschule kam. Die Entscheidung, dass ich Abitur machen sollte, kam von meiner Klassenlehrerin. Meine Eltern hatten nicht den Ehrgeiz, mich auf die EOS zu schicken. Wir ließen uns mehr oder weniger von den Lehrern überreden. Die Penne ist mir im ersten Jahr sehr schwer gefallen. In meiner Klasse waren ungefähr ein Drittel Lehrerkinder mit einer sehr guten Ausdrucksweise. Ich kam aus einem Stadtviertel, das seinen eigenen Dialekt hatte. Ich konnte kein Hochdeutsch. Mir kamen die anderen eingebildet vor, weil sie anders sprachen. Ich entwickelte zum ersten Mal Ehrgeiz: »Jetzt lernst du Hochdeutsch. Keiner mosert mehr, wie du sprichst.« Mit den Lehrern an dieser Schule und deren Forderungen kam ich anfangs überhaupt nicht klar. Vor allem in Deutsch gab es Schwierigkeiten. Die ersten Aufsätze waren eine Katastrophe, weil ich gar nicht wusste, was der Deutschlehrer wollte. Ich kapierte die Fragen nicht. Das alles nagte sehr an meinem Selbstbewusstsein. An meiner alten Schule war ich Bestschülerin gewesen, ohne mich groß anzustrengen. Plötzlich gab es andere, die viel besser waren. Damit musste ich erst mal klarkommen. Es fiel mir schwer, mich am Riemen zu reißen. Ein Schlüsselerlebnis in diesem Zusammenhang war der Besuch einer Klassenkameradin bei mir zu Hause. Unser Haus war damals nur halb so groß, das Wohnzimmer maß etwa 18 Quadratmeter. Die Susi stellte sich in dieses Zimmer und sagte: »So ein kleines Zimmer! Mein Vater würde hier Platzangst kriegen.« Die hatten eine riesige Villenwohnung. Ich musste ziemlich schlucken und lernen: Mit einer Susi kann ich nicht mithalten. Ich hielt lange an den Freundschaften aus meiner alten Schule fest, weil ich zu den Mädchen in der neuen Klasse keinen Draht fand. Ich ging noch Monate mit meiner alten Klasse ins Theater. Für Schulen gab es ein Theateranrecht, so dass die älteren Klassen einmal im Monat eine Vorstellung besuchten. Ich merkte bald, dass die alten Klassenkameraden inzwischen andere Probleme hatten als ich. Bei den einen wurde ich fremd. Bei den anderen wurde ich nicht heimisch. Ich fühlte mich zwischen den Fronten.

Ich freundete mich schließlich mit meiner Banknachbarin Bärbel an. Unsere Beziehung wurde nie so eng, wie ich es von meinen alten Freundschaften gewohnt war. Bärbel, die vom Dorf kam, habe ich oft besucht. Unter der Dorfjugend fühlte ich mich wohl. Ich ging lieber zu den Tanzveranstaltungen aufs Dorf – Fasching, Kirmes – als in die Diskos der Stadt. Dort hatte ich auch meine ersten Bekanntschaften. Wenn ich mir einen ausgeguckt und mit ihm einen Abend getanzt hatte, nahm ich das gleich sehr ernst. Es blieb aber immer eine Eintagsfliege. In meiner ganzen Schulzeit hatte ich nie über längere Zeit einen festen Freund wie andere aus meiner Klasse. Ich dachte, ich kriege nie einen ab!

Die Erweiterte Oberschule hat meine politische Meinung stark geprägt. Ich war sehr überzeugt vom Sozialismus. Wenn es in der Schule hieß, wir sollten kein Westfernsehen gucken, kam ich nach Hause und verlangte das von meinen Eltern. Was sie natürlich nicht taten. Ich kann mich erinnern, dass es deswegen sogar einmal Streit gab. Meine Eltern haben mich zu keiner politischen Meinung angehalten. Mein Vater war ein typischer Mitläufer und passte sich an. Meine Eltern waren zwar keine Parteimitglieder, aber sie wären nie auf die Straße gegangen oder hätten etwas gegen das Regime gesagt. Mein Opa war anders. Er war militanter Antikommunist, wenn nicht sogar Hitlerfanatiker. Wenn ich was Positives über die DDR sagte, diskutierte er mit mir. Er schimpfte auf den Kommunismus. Wenn er von der DDR sprach und »Zone« sagte, ging ich auf die Barrikaden. Für ihn war es unter Hitler gut. Er war 1933 arbeitslos gewesen und hatte durch Hitler Arbeit bekommen. Ich widersprach und meinte: »Hitler hat den Krieg angezettelt.« Mein Opa erwiderte: »Der Krieg musste angefangen werden.« Er war total überzeugt, dass alles richtig war, was Hitler gemacht hatte, und dass er nur Pech gehabt hätte.

Wenn unsere Westverwandten zu Besuch waren, stritt ich heftig mit ihnen. Ich interessierte mich sehr für Sport und verfolgte die Sportsendungen im Fernsehen. Dass die DDR auf diesem Gebiet so eine führende Rolle spielte, fand ich ganz toll und stellte das als etwas Besonderes hin. Im Nachhinein ist mir das peinlich, und ich denke: »Wie hast du nur mit deinen Verwandten diskutiert! Mensch, warst du blöd.«

Ich genoss durchaus einige Vorteile des Westens. Meine Oma pflegte Gräber, wo die Angehörigen drüben wohnten. Dafür bekam sie Westgeld. Jedes Jahr, wenn wir aus dem Urlaub kamen, holten meine Eltern dieses Geld in Westberlin ab und kauften dort ein. Den Urlaub verbrachten wir entweder in Mecklenburg oder an der Ostsee. Meine Eltern bekamen regelmäßig über die HO Ferienplätze. In Ostberlin hatten wir Bekannte, die wir auf dem Rückweg besuchten, und wir fuhren von dort nach Westberlin. Wir kauften Südfrüchte, Kaffee und alles, was für uns etwas Besonderes war. Meine Eltern waren jedes Mal ziemlich ängstlich. Wenn wir mit der S-Bahn über die Grenze fuhren, schärften sie mir ein: »Du bist jetzt ganz ruhig. Lass nichts davon hören, dass wir mal im Westen sind und mal im Osten.« Ich muss wohl als Kind, wenn die anderen S-Bahnhöfe kamen, mal gesagt haben: »Oh, jetzt sind wir wieder im Westen.«

Im August 1961 wollten wir nach dem Ostseeurlaub wie all die Jahre nach Berlin. Meine Eltern hatten bereits Gerüchte gehört, es gäbe für Berlin Besuchssperre. Die Ostberliner Bekannten hatten geschrieben, dass es Schwierigkeiten geben könnte, doch wir sollten ruhig kommen. Wir versuchten uns zu erkundigen. Kein Mensch wusste Bescheid. Wir fuhren am 13. August 1961 Richtung Berlin. Wir hatten noch kein Radio im Auto und wussten überhaupt nicht, was eigentlich los war. In Oranienburg waren die ersten Polizeisperren. Man sagte uns, wir könnten nicht nach Berlin. Wir hatten den Brief von unseren Bekannten mit und zeigten ihn vor. Sie ließen uns tatsächlich nach Berlin weiterfahren. Als wir abends spazieren gingen, war überall Polizei. Das empfand ich als sehr bedrückend, fast unheimlich. Mein Vater sagte gleich: »Wir fahren so schnell wie möglich nach Hause. Wir wohnen so nah an der Grenze. Der Amerikaner lässt sich das nicht bieten. Wer weiß, was zu Hause passiert.« Meine Mutter wollte bleiben. Sie hoffte, wir könnten das Geld noch holen. Meine Familie diskutierte viel über diese Mauer, vor allem wegen dieser Geldgeschichte. Trotzdem war es für meine Eltern nie ein Thema, nach dem Westen zu gehen. 1956 hätten sie Gelegenheit gehabt, nach Amerika auszuwandern, zu einem Bruder meiner Oma. Mein Vater, der in der Automobilbranche tätig war, hätte dort gute Chancen gehabt. Sie wollten nicht weggehen. Sie hatten ihr Haus, das schon der Urgroßvater gebaut hatte. Sie waren der Meinung: »Wir überleben alle politischen Ereignisse. Wir haben Hitler überlebt, dann schaffen wir auch die Kommunisten. Wer weiß, was dann kommt.« Sie hatten eine richtig fatalistische Einstellung. Sie haben sich arrangiert, nichts dafür, nichts dagegen getan und sind klargekommen. Als Kind machte ich mir keine Gedanken darüber. Lange Zeit hat mich diese Einstellung geprägt. Ich ging zu den Pionieren, zur FDJ. Ich hätte nie FDJ-Sekretär werden wollen oder eine andere Funktion übernommen. Mich hätte bestimmt niemand vorgeschlagen. Ich war keine, die vor anderen sprechen wollte. Ich hatte viel zu große Hemmungen. Ich ging brav zur Schule, habe nie geschwänzt. In der ersten Reihe zu stehen war nicht meine Sache. Ich hatte am Sozialismus nichts auszusetzen. Vielleicht ein bisschen wirtschaftliche Dinge, weil es manches nicht zu kaufen gab: Luxusartikel, Obst. Trotzdem war ich wie viele der Überzeugung: »Das wird besser!«

1968 habe ich Abitur gemacht. Mit meiner Schulfreundin Bärbel fuhr ich im Sommer nach dem Abitur zum ersten Mal nach Bulgarien. Ich hatte mir in Obsor am Schwarzen Meer eine bulgarische Brieffreundin gesucht. Von ihr bekam ich die notwendige Einladung. Bärbel und ich sind mit dieser Einladung zur Polizei marschiert: »Wir wollen auf Einladung nach Bulgarien fahren.« Der Polizist sagte: »Ja, Mädchen! Ich glaub', das geht. Aber wie das geht, weiß ich nicht. Kommt mal nächste Woche wieder. Bis dahin habe ich mich erkundigt.« Das erzähle ich heute noch meinen Kindern, und wir lachen uns kaputt. Eine Woche später sind wir wieder zu diesem Polizisten. Er sagte freudestrahlend: »Ich weiß jetzt, wie das geht.« Wir mussten die Einladung vorzeigen und konnten unser Visum beantragen. Als wir das Visum hatten, fingen die eigentlichen Schwierigkeiten an: Wir brauchten ein Durchreisevisum für Rumänien. Um das zu bekommen, mussten wir nach Berlin zur rumänischen Botschaft fahren. Dort saßen wir zwei bis drei Stunden im Wartezimmer. Endlich nahm jemand unser DDR-Visum, verschwand und brachte es abgestempelt wieder. Dafür sind wir extra von Thüringen nach Berlin gefahren! Das nächste Hindernis war das Geld. Wir durften von DDR-Seite offiziell nur 200 Mark umtauschen. Gleichzeitig verlangten die Bulgaren einen Pflichtumtausch von, glaube ich, 16 Mark pro Person und Tag. Wir hätten also maximal 10 bis 12 Tage dort bleiben können. Wir wollten drei Wochen fahren. Da war guter Rat teuer. Wir waren jung, risikobereit und meinten: »Wir setzen uns erst einmal in den Zug und lassen alles auf uns zukommen.« Im Zug trafen wir viele Studenten, die in derselben Lage waren und genauso hofften, dass sich das schon regeln ließe. Tatsächlich krähte in Bulgarien kein Hahn mehr danach. Mehr Geld zum Umtausch hätten wir sowieso nicht gehabt. Da wir dort in der Familie gelebt haben, kamen wir gut hin. Wir wurden verköstigt und wohnten kostenlos. Natürlich gab es eine Gegeneinladung zu uns nach Deutschland. Die bulgarische Familie vermietete offiziell Zimmer. Wir galten als Familienangehörige. Die Mutter fühlte sich regelrecht verpflichtet, auf uns aufzupassen. Wir mussten um zehn abends zu Hause sein. Wir verlebten dort einen wunderschönen Urlaub und machten viele Erfahrungen. Wir waren die ersten Deutschen in diesem kleinen Ort und wurden ziemlich angestarrt. Wir unternahmen Ausflüge nach Varna und Nessebar. Da wir kein Geld hatten, sind wir getrampt. Wir haben in Bulgarien endlich gelernt, Russisch zu sprechen. Als wir ankamen, konnten wir mit unseren acht Jahren Russisch und Abitur kaum nach dem Bus nach Obsor fragen. Als wir heimfuhren, konnten wir perfekt Russisch sprechen. Russisch und Bulgarisch sind sich sehr ähnlich. Wir konnten uns also mit Russisch gut verständigen und lernten dadurch auch junge Leute kennen. Ich weiß gar nicht, wie viele Vokabeln ich in dieser Zeit gelernt habe. Als ich danach zum Studium kam, sollten wir uns im Russischunterricht vorstellen. Ich war die Erste, die aufgerufen wurde, und konnte frei reden. Die Kommilitonen rissen den Mund auf und dachten: »Was ist denn das für eine, die perfekt Russisch spricht!«

Ende August, einen Tag vor dem Einmarsch der sowjetischen Truppen in Prag, fuhren wir von Bulgarien zurück. Ich musste für mein Studium ein Vorpraktikum absolvieren. Deshalb konnten wir nicht länger bleiben. Wir bemerkten unterwegs viele Soldatenzüge und machten noch unsere Witzchen: »Hier ist wohl irgendwo ein Nest.« In Prag mussten wir umsteigen. Es war noch zeitig am Morgen, als wir ankamen. Die Bahnsteige waren leer, und der Bahnhof war abgesperrt. Da wir nicht viel Zeit hatten, grasten wir nicht weiter nach. Außerdem hatten wir schrecklichen Hunger. Der Zug, mit dem wir aus Bulgarien gekommen waren, war ein internationaler Zug, in dem wir für unser Geld nichts kaufen konnten. Wir hatten zwei Tage gehungert und suchten den Mitropawagen in unserem Zug nach Dresden. Auf den gedeckten Tischen lagen Hörnchen. Wir haben alle weggegessen. Als wir zu Hause ankamen, sagte mein Vater: »Ein Glück, dass du da bist! Eben kam durchs Radio, dass die Russen in Prag einmarschiert sind. Wer weiß, was dort passiert ist.« Wir hatten in Bulgarien andere Leute aus der DDR kennen gelernt und erfuhren später, dass sie vier Wochen festgesessen hatten. Ich glaube, die wurden dann über Russland rausgeschafft. Wir hatten bei der Durchreise nichts mitgekriegt. Im Nachhinein dachten wir: »Ja, das war komisch dort.« Obwohl ich politisch nicht engagiert war, machte mich das ziemlich betroffen. Der Prager Frühling war für uns die Hoffnung auf einen besseren Sozialismus und auf mehr Freiheit gewesen. Auf der Hinfahrt nach Bulgarien hatten wir am Prager Bahnhof nach Westzeitungen geschaut. Wir fanden schön, dass sich mal was verändert hatte. Dass das nun wieder weg sein sollte, enttäuschte mich sehr. Ich spürte zum ersten Mal so etwas wie Unfreiheit.

Im September begann mein Studium. Mit meiner Freundin aus der Grundschulzeit, die Berufsausbildung mit Abitur gemacht hatte, wollte ich in Senftenberg Chemie studieren. Ich musste noch dieses Vorpraktikum machen – in

Schwarzheide. Schon am zweiten Tag sagte ich: »Um Gottes willen! Nie im Leben willst du in so einen Betrieb.« Ich erfuhr, dass unser Studium in Senftenberg gar kein richtiges Chemiestudium war, sondern Erdölverarbeitung. Wir hatten uns nicht mal richtig erkundigt! Meine Freundin schmiss das Studium an dem Tag, als wir nach Senftenberg abfahren sollten. Da stand ich nun ganz allein in einem Ort, wo ich eigentlich nicht hinwollte, mit einem Studium, das ich nicht machen wollte. Ich habe die ersten drei Tage nur geheult und das erste Mal in meinem Leben geraucht vor lauter Frust. Ich war todunglücklich. Als ich das erste Wochenende nach Hause fuhr, flehte ich meinen Vater an: »Ich will nicht wieder hin.« In diesem Punkt gab es bei ihm kein Pardon: »Du hast das angefangen, nun ziehst du das durch.« Zum Glück lernte ich bald zwei nette Freundinnen kennen. Wir waren im Zimmer zusammen und gleich eine prima Clique. Und nach vier Wochen lernte ich meinen Mann kennen. Und damit war Senftenberg plötzlich der Ort, wo es mir gut gefiel. Das Studium selbst ist mir nicht schwer gefallen. Wir hatten ein sehr gutes Abitur, so dass ich mich an dieser Fachschule auf meinen Kenntnissen ausruhen konnte. In zwei, drei Fächern musste ich lernen, nicht mehr. Ich habe allerdings während des Unterrichts gut aufgepasst, weil ich wusste, wenn ich gut aufpasse, muss ich zu Hause nichts machen. Im Unterricht musste ich sowieso rumsitzen. Ich hatte dadurch viel Freizeit. Wir haben Karten gespielt, sind ausgegangen. Mein Mann spielte aktiv Handball. Ich war zu jedem Handballspiel mit.

Ein großes Problem gab es allerdings. Als ich Willi kennen lernte, war er verheiratet. Zehn Tage vorher hatte er geheiratet! Ich war 18 und er 21, also noch sehr jung. Es war, wie man so sagt, Liebe auf den ersten Blick. Wir wussten, dass wir zueinander wollten, aber es ging nicht so einfach. Wir versuchten ein halbes Jahr lang uns zu trennen. Alle zwei Tage sagten wir: »Jetzt gehen wir uns aus dem Weg.« Es hat nicht funktioniert. Wir begegneten uns immer wieder. Er hat sich schließlich für mich entschieden, und nach zwei Jahren war die Scheidung durch. Wir heirateten gleich danach.

Nach dem Studium gingen wir in meine Heimatstadt. Ich fing in einem Betrieb für Fahrzeugelektrik an. Ich kam in eine Abteilung Technologie und sollte erfinden oder nachbauen, wie man elektrolytisch entgraten kann. Meine Vorgesetzten legten mir vier Wochen lang Zeitungen von der Kunststoffmesse Düsseldorf vor. Die sollte ich durcharbeiten, um was »abzugucken«. Ich wälzte die Zeitungen. Die Zeit wollte nicht vergehen. Es war stinklangweilig. Ich war die Erste auf diesem Posten. Keiner konnte mir sagen, was ich eigentlich tun sollte. Ich hatte überhaupt keine richtige Aufgabe. Ich ging für die Kollegen Brötchen holen, nur damit ich beschäftigt war. Ich war froh, als ich schwanger wurde und einen Grund hatte auszuscheiden. Als meine Tochter ein Jahr alt war, wollte ich wieder sechs Stunden arbeiten. Mit verkürzter Arbeitszeit wurde man als Ingenieur nicht eingestellt. Durch die Beziehungen meiner Mutter bekam ich schließlich eine Stelle bei der HO. Ich hatte neben dem Abitur noch Industriekaufmann gelernt. Ich fing in einem HO-Hotel als Küchenökonom an. Dort war ein neuer Küchenchef eingestellt worden. Normalerweise muss jeder Küchenchef seine Belege selbst abrechnen. Das war ein Starkoch, der sich mit solchem Kleinkram nicht abgeben wollte. Die HO versprach, dass sie ihm einen Ökonomen zur Seite stellte, der seine Belege verwaltet. Diese Stelle bekam ich. Als ich anfing, fand ich einen riesengroßen Schreibtisch vor, der von oben bis unten voller Belege war. Vier Wochen hatte ich zu tun, um diesen Wust zu bearbeiten. Als der Berg abgearbeitet war, brauchte ich jeden Tag nur noch eine Stunde dafür. Ich ging mit in die Küche und habe dort geholfen. Das hat mir richtig Spaß gemacht. In dem Hotel entwickelte ich mich zum Mädchen für alles: Ich vertrat den Küchenleiter und die Hotelökonomin und merkte: »Diese ganze Abrechnung, Ökonomie, das macht mir Spaß, am liebsten mit Praxis verbunden.« Nebenher kellnerten mein Mann und ich, weil wir Geld verdienen mussten. Willi brachte als Ingenieur 500 Mark heim. Ich bekam zwischen 300 und 400 Mark. Nach der Geburt unserer Tochter habe ich Nachhilfeunterricht gegeben. Kellnern war jedoch lukrativer. Manchmal verdienten wir an einem Abend ein Drittel unseres ganzen Monatslohnes. Endlich wussten wir, wie man richtig Geld verdienen konnte.

Auf einen höheren Posten für meinen Mann mit besserem Verdienst konnten wir nicht hoffen. Man hatte ihm in seinem Betrieb klipp und klar gesagt, wenn er Karriere machen wolle, müsse er seine Verbindungen zur Westverwandtschaft abbrechen. Da sein Vater im Westen wohnte, kam das überhaupt nicht in Frage. Lieber wollten wir was anderes machen. In dieser Zeit lernten wir ein Ehepaar kennen, das politisch mit dem Staat nicht konform ging und sehr konsequent war. Der Mann, ein sehr intelligenter und fähiger Mensch, sagte: »Ich komme hier nicht klar. Ich gehe einen anderen Weg.« Wir wollten gemeinsam eine Kneipe übernehmen. So weit ist es nicht gekommen, weil dieses Ehepaar einen Ausreiseantrag stellte. Der Mann wurde sogar verhaftet und saß zweieinhalb Jahre in Brandenburg. Dann wurden sie abgeschoben. Wir haben den anderen Weg gewählt und eine Kneipe aufgemacht. Dazu mussten wir in der Erwachsenenqualifizierung noch mal eine Kellnerlehre absolvieren. Heute glaubt mir keiner meine Laufbahn: Industriekaufmann, Ingenieur und danach Kellner. Das wäre normalerweise gar nicht möglich gewesen, weil man in der DDR mit Abitur und abgeschlossenem Studium keine Lehre machen durfte. Aber in der HO, im Bereich Gaststättenleiter, fehlten Leute. Der damalige HO-Chef hat sich eingesetzt, wenn er jemanden wollte. Was hinter den Kulissen gelaufen ist, weiß ich nicht. Wir machten uns damals gar keine Gedanken darüber. Vielleicht hat man an bestimmten Stellen gewusst, dass wir aussteigen wollten. Es war sowieso komisch, dass wir nicht vorgeladen wurden, als das befreundete Ehepaar Schwierigkeiten mit dem Staat bekam und der Mann verhaftet wurde. Es wurden alle verhört, die mit ihnen zu tun hatten, nur wir nicht. Heute denke ich manchmal, die haben uns unser Ding machen lassen und waren froh, dass wir nicht auch rüber wollten.

Wir übernahmen als Erstes ein kleineres HO-Hotel. Wir wurden damals praktisch mitten aus der Prüfung geholt, weil der Chef dieses Hotels mit Herzinfarkt zusammengebrochen war. In dem Moment war es nicht mehr wichtig, dass wir die Ausbildung noch nicht abgeschlossen hatten. Die Prüfungen holten wir später nach. Einiges wurde uns zuerkannt, da wir Abitur hatten. Manche Fächer mussten wir gar nicht belegen, weil wir mitunter mehr wussten als die Lehrer. Einmal definierte ein Lehrer Kalorien. Ich hatte Wärmelehre als Fach im Studium. Seine Definition war nicht korrekt. Ich ging nach der Stunde zu diesem Lehrer und klärte ihn über seinen Irrtum auf. Ich wollte ihn ja vor den anderen nicht blamieren. Seitdem mussten wir nur noch die fachspezifischen Fächer mitmachen. Im Hotel hatten wir nur Spätschicht. HO-Gaststätten, wo es nur Tagschichten gab, waren die »guten Gaststätten«. Die bekamst du erst, wenn du schon ein paar Jahre dabei warst und dich hochgearbeitet hattest. Wenn jemand krank wurde oder sich was zu Schulden kommen ließ, konnte von einem Tag auf den anderen eine Gaststätte frei werden. Nach zwei Jahren wurde uns ein Eiscafé angeboten. Damit hatten wir es geschafft. Wir verdienten gut, hatten nur Tagschicht und inzwischen wichtige Beziehungen in der HO aufgebaut. Es ging uns wirtschaftlich sehr gut, und politisch ließen sie uns in Ruhe. Mein Mann wollte sich jedoch unbedingt richtig selbstständig machen, was fast unmöglich schien. Willi kommt aus einer Unternehmerfamilie. Sein Vater war in den Westen gegangen, weil sie ihn hier enteignet hatten. Deshalb blieb sein Traum die eigene Firma. Ein Bekannter von uns besaß noch eine private Brausefirma. Es gab seit der letzten Enteignungswelle 1972 eine Art Bestandsschutz. Bestehende Privatbetriebe durften bleiben, sie durften nicht mehr als zehn Beschäftigte haben und einen bestimmten Umsatz nicht überschreiten. Unser Bekannter war schon älter und hatte keine Kinder, die seine Nachfolge hätten antreten können. Willi hatte zu ihm gesagt: »Wenn du mal aufhörst, will ich deinen Betrieb haben.« Anfang 1985 kam er zu uns, weil er schwer krank war, und sagte: »Es ist so weit. Ich will meinen Betrieb aufgeben.« Wir kämpften ein halbes Jahr, damit mein Mann die Gewerbeerlaubnis kriegte. Wir bekamen sie schließlich, weil wir uns mit der HO arrangierten. Sie konnten nicht auf die Produktion verzichten, weil die Lieferungen der staatlichen Brauerei nicht ausreichten, um Gaststätten und Bevölkerung zu versorgen. Dieser kleine Betrieb musste also erhalten werden. Und Willi bekam ihn, weil die HO die Gewerbeerlaubnis befürwortete. Ich sagte zu, weiter bei der HO zu arbeiten. Ich blieb noch eineinhalb Jahre im Eiscafé und führte meinen Nachfolger ein.

Mit unserem Privatbetrieb begann eine schwere Zeit. Auch für unsere Ehe. Ich war noch im Eiscafé, mein Mann schon in der eigenen Firma. Wir hatten damals eine richtige Familienkrise, weil wir auf zwei Hochzeiten tanzten. Wir führten sonst eine sehr gute Ehe. Ich denke, weil wir am Anfang die Probleme zu bewältigen hatte, gingen wir bewusster miteinander um. Ein einziges Mal stand unsere Ehe wirklich auf der Kippe. Das war nach der Geburt unserer zweiten Tochter. Damals kam eine neue Kollegin ins Eiscafé, mit der mein Mann ein Verhältnis begann. Ich war wegen des Kindes eine Zeit lang zu Hause. In solcher Situation ist die Ehefrau im Nachteil, weil sie Theater macht. Und die Freundin ist im Vorteil, weil sie gute Laune macht. Ich war sehr im Zwiespalt, weil ich die andere Seite ja kennen gelernt hatte. Uns kam der Zufall zu Hilfe. Mein Mann wurde zum Reservistendienst eingezogen. Viele sagten mir: »Pass auf, da kommt er zur Besinnung.« Ich war ganz rigoros: »Jetzt bist du einmal aus dem Haus, dann bleib aus dem Haus. Keine Verbindung zu mir, keine zu den Kindern. Und dann entscheide dich.« Nach drei Wochen hatte er sich entschieden. Und diese Entscheidung war dann 100 Prozent. Vorher waren seine Versprechen nur halbherzig gewesen. Seitdem ist unsere Partnerschaft beispielhaft. Wir haben unsere Auseinandersetzungen, haben manchmal richtig Zoff und brüllen uns an. Aber es verbindet uns eine starke Zweisamkeit. Mein Mann geht am liebsten mit mir allein weg und fährt nur mit mir in Urlaub. Nicht, dass wir keine Freunde hätten. Doch wir gehen wahnsinnig gern alleine weg, möchten zu zweit an einem Tisch sitzen und nicht in einer großen Runde. Nur mit der Familie, das ist eine Ausnahme. Wenn wir da in großer Runde sitzen, das stört ihn nicht.

Wir arbeiten schon sehr lange zusammen, fast unsere gesamte Ehezeit. Deshalb war es so schwierig, als ich noch im Eiscafé arbeitete und Willi schon den Privatbetrieb hatte. Auch finanziell ging es uns wesentlich schlechter. Als ich schließlich in unserer Firma anfing, durfte ich nur 2000 Mark im Jahr verdienen. Das konnte mein Mann steuerfrei absetzen. Der Staat hat uns wirklich nicht viel gelassen. Und freies Wirtschaften war in der DDR nicht möglich. Wir lachen heute darüber, wie das damals abgelaufen ist: Heute beschenkst du zu Weihnachten deine Kunden. Früher beschenkten wir unsere Lieferanten. Wir mussten Beziehungen aufbauen, damit wir die Grundstoffe für unsere Produktion bekamen. Wir fuhren alle vier Wochen nach Leipzig ins chemische Werk Miltitz, haben 20-Mark-Scheine und Kaffee verteilt. Du bekamst deine Befriedigung im Geschäftsleben, wenn du was ranschafftest, was andere nicht hatten. Privatbetriebe wurden sehr benachteiligt. Wir bekamen die Maschinen, die volkseigene Betriebe ausrangiert hatten. Wir konnten erst Grundstoffe kaufen, wenn der VEB genug hatte – Bilanzanteile hieß das. Im Klartext: Wir bekamen, was übrig blieb. Irgendwann merkten wir, dass es auch anders lief. Und dann warst du happy, wenn du an etwas Besonderes rankamst. So hast du dir deinen Reiz geschaffen, wie du heute im Geschäftsleben deinen Reiz hast, wenn du viel verkaufst. Absatz war überhaupt kein Problem. In der DDR hatten wir das Problem, alles für die Produktion zusammenzubekommen. Wenn das klappte, warst du stolz.

Im ersten Jahr hatten wir Schwierigkeiten, in das neue Geschäft reinzukommen. Das alte Personal ließ uns nicht in die betriebsinternen Dinge reingucken. Wir brauchten ein halbes Jahr, um einen Überblick zu kriegen. Um Kontakte zu knüpfen, traten wir in die LDPD ein, eine Blockpartei, in der die ganzen Handwerker und Gewerbetreibenden organisiert waren. Das war wichtig für uns. Wir nahmen an der offiziellen Parteiversammlung teil, die einer nach sozialistischem Schema abhielt. Wenn der gegangen war, saßen wir noch zusammen und diskutierten in kleiner Runde. Da wurde der Unmut gegen unsere Wirtschaft sehr deutlich. Wir hatten alle dieselben Probleme mit den staatlichen Auflagen und dem Mangel. Ich spürte bald, dass es das System bei dieser wirtschaftlichen Lage nicht mehr lange machen konnte. Unsere Tochter kam 1988 auf die Erweiterte Oberschule. Viele Bekannte rieten mir ab: »Wieso lässt du denn deine Tochter Abitur machen? Du selbst hast so eine Laufbahn gemacht und hättest dafür gar kein Abitur gebraucht.« Ich sagte zu meiner Tochter: »Du machst Abitur. Das System hält sich nicht ewig. Und das Einzige, was dann zählt, ist Bildung. Du nimmst alles mit, was du kriegen kannst. Du machst dein Abi, studierst, und wenn du hinterher ein Klo aufmachen willst, machst du meinetwegen ein Klo auf.« Ich war felsenfest davon überzeugt, dass der Staat nicht mehr lange hält. Mehr als fünf Jahre gab ich ihm nicht. Die Ökonomie war mein Gebiet, und ich merkte: »Ökonomisch geht das nicht mehr lange.« Ich sage heute manchmal im Betrieb: »Wenn der nicht bald mal in Insolvenz geht.« Meine Prognose stimmt immer. Es gibt so viele Anzeichen. Mit der Zeit entwickelst du ein Gespür dafür. Für mich war es einmal die ökonomische Situation der DDR, dann die Wahlfälschung im Frühjahr 1989. Und auch die Tatsache, dass du Gründe, Anlässe für Westreisen brauchtest, war für mich ein Indiz. Ich fand das ziemlich frech. Wieso entscheidet ein anderer für mich, wann ich wohin fahren darf? Wir hatten sehr gute Bekannte im Westen, die mir näher standen als manche Verwandte. Zu denen durfte ich nicht fahren. Das empörte mich maßlos. Es häufte sich, was sich dieser Staat herausnahm. Ich hatte wirklich das Gefühl, das kann nicht mehr lange funktionieren.

Im Sommer des Wendejahres fuhren wir mit unserem Wolga nach Bulgarien. An unserem Auto gingen die Bremsen kaputt. Kein Mensch wollte in Bulgarien unser Auto reparieren, weil wir nicht das richtige Geld hatten. Wir hatten genug Lewa. Dafür kriegten wir jedoch keine Ersatzteile. Die wollten Westgeld. Mit den kaputten Bremsen fuhren wir nach Hause wie mit einem Todesgeschoss. Das waren Sachen, die dich demütigten und frustrierten. In Ungarn gingen wir noch einmal zu einer Werkstatt. Dort war es nicht anders. Da ist mein Mann einfach auf eine Bühne gefahren, hat den Bremsschlauch selbst durchgeknipst und angeklammert, damit wir mit der Notlösung weiterfahren konnten. Das waren sehr frustrierende Erfahrungen. Ähnlich ohnmächtig fühlte ich mich bei meiner ersten Westreise.

Ich hatte mich wahnsinnig gefreut, das muss ich sagen. Doch letztendlich war ich enttäuscht, weil das Erlebnis nicht meinen Erwartungen entsprach. Das hatte mehrere Gründe. Erstens musste ich allein reisen. Ich bin so stark in die Zweisamkeit eingebunden, dass ich schöne Dinge allein gar nicht richtig genießen kann. Das Einzige war das Materielle, dass du einkaufen konntest, dass du dir was ansehen konntest. Das war schon überwältigend. Ich war bei Verwandten, weil man ja anders nicht rüber kam. Abends willst du was erzählen, dich austauschen. Ich konnte mich mit den westdeutschen Verwandten nicht so austauschen, wie ich es gebraucht hätte. Ich wäre am liebsten sofort wieder zurückgefahren. Noch einmal wäre ich wahrscheinlich nicht alleine gefahren. Das Zweite war dieses Gefühl, dass du als Bettler ankommst und darauf angewiesen bist, dass dir die Verwandten was geben. Ich habe mein Leben lang für das, was ich brauchte, gearbeitet. Und ich habe gut gearbeitet und hatte mein Auskommen. Dass ich nun praktisch betteln gehen musste, damit hatte ich große Probleme. Du arbeitest und musst warten, bis dir andere was schenken. Es hat mich sehr beschäftigt, dass ich mit meinem eigenen Geld im Westen nichts anfangen konnte. Als Drittes empörte mich ein Erlebnis auf der Rückfahrt. Ich war kurz vor Weihnachten drüben gewesen und fuhr in einem überfüllten Zug zurück. Ich hatte eine Fahrkarte erster Klasse – die hatte ich vor Reiseantritt im Osten gekauft – und somit einen Sitzplatz. Weil in der zweiten Klasse kein freier Platz mehr war, kam eine ältere Dame, eine westdeutsche, in das Abteil erster Klasse. Sie besaß nur eine Fahrkarte der zweiten Klasse. Im Grenzort kamen unsere Leute rein, Zoll, Bahn, und haben diese Frau, weil sie nun keine entsprechende Fahrkarte besaß, dermaßen abgekanzelt, dass ich mich geschämt habe. Mich haben die Westdeutschen beschenkt, und bei uns muss sich diese Frau wahnsinnig rechtfertigen, warum sie im Abteil erster Klasse sitzt. Sie nahm ihr Portemonnaie und zahlte nach. Ich habe mich nur geschämt. Nach dieser Reise wuchs mein politischer Frust.

Es gab immer öfter Situationen, wo ich sehr wütend wurde. 1988 starb mein Schwiegervater. Wir bekamen im Urlaub ein Telegramm und fuhren über Nacht nach Hause. Am nächsten Morgen gingen wir zur Polizei, um gemeinsam unseren Antrag auf besuchsweise Ausreise zu stellen. Man sagte uns auf der Passstelle, wenn wir gemeinsam beantragten, würden wir die Papiere auf keinen Fall bis zum Beerdigungstermin bekommen. Weil mein Mann natürlich zur Beerdigung dort sein wollte, mussten wir unsere Anträge separat stellen. Mein Mann bekam am Tag vor der Abreise abends fünf Minuten vor sechs seine Papiere, damit er nicht mehr auf die Bank kam, um sich die 15 Mark zu holen, die wir 1:1 tauschen durften. Er fuhr alleine zur Beerdigung.

Mir sagte man, dass mein Antrag in vier Tagen bearbeitet würde. Ich bekam schon drei Tage später das Ablehnungsschreiben, und zwar mit demselben Datum wie auf den Papieren meines Mannes. Das war der Gipfel, dass sie dich belogen und du das schlucken musstest. Ich wollte zum Polizeikreisamt, obwohl ich wusste, dass das gar nichts nützt. Mein Frust musste einfach raus. Ich ging zur offiziellen Sprechstunde. An der Pforte musste ich meinen Ausweis abgeben. Ich sagte: »Ich will zur Sprechstunde.« Der Pförtner fragte: »Worum geht es?« – »Na, ich will zur Sprechstunde.« – »Sie müssen mir sagen, warum.« – »Nein, das sage ich drin.« – »Sie müssen mir sagen, was Sie wollen, sonst kann ich Sie nicht durchlassen. Es geht bestimmt um einen Ausreiseantrag.« Ich bejahte und durfte nun warten. Als ich endlich drin war, ließ ich Dampf ab: »Ich habe kein Verständnis, dass man mich belogen hat. Sie hätten schon Montag sagen können, dass mein Antrag abgelehnt ist, denn am Dienstag haben Sie mir bereits geschrieben.« Der Polizist hat sich gewunden und nur dummes Zeug geschwatzt. Ich musste es halt hinnehmen. Trotzdem hatte ich ein wenig Genugtuung.

Als die Wendezeit kam, waren wir sehr euphorisch. Was unser Geschäft betraf, konnten wir nicht absehen, was auf uns zukommen würde. Es überstürzte sich alles. Uns kam der Zufall zu Hilfe. Mein Mann hat einen Cousin, der in einer Import-Export-Firma arbeitet. Den besuchten wir gleich das zweite oder dritte Wochenende nach Grenzöffnung. Der sagte uns: »Also, mit eurer Produktion habt ihr bestimmt keine Chance.« Er schwor auf den Handel, weil man den Marktgegebenheiten besser Rechnung tragen könne. Zwei oder drei Wochen später rief er uns an und vereinbarte mit uns einen Termin mit seinem Chef. Wir trafen uns in Berlin. Dieser Chef sagte, er suche jemanden wie uns mit einer Gewerbegenehmigung im Osten und machte uns das Angebot, uns als Niederlassung zu benutzen. Er hatte schon Zollpapiere und Zollhäuschen und alles parat, damit wir seine Produkte handeln konnten. Er wollte auf diese Weise den Handel seiner Firma ausweiten. Wir hatten überhaupt keine Ahnung und waren glücklich, dass uns jemand ein bisschen den Weg wies. Wir bekamen schon im Dezember 1989 oder Januar 1990 die ersten Produkte von ihm. Wir handelten mit allem Möglichen: Joghurt, Spirituosen, Dosenbier. Wir waren in M. die ersten mit Westjoghurt. Bald gab es das erste Geldproblem. Dieser Unternehmer hatte uns 100 000 Mark Kredit gegeben. Die waren in zwei Wochen aufgebraucht. Sowie der LKW kam und abgeladen hatte, war schon alles verkauft. Wir wussten nicht, wie wir das

Geld verrechnen sollten. Es gab keine Preisrichtlinien, keine Kalkulation, nichts. Wir nahmen nur Ostgeld ein. Das zahlten wir auf ein offizielles Konto. Anfangs rechneten wir 1:5 um, dann gingen wir runter auf 1:3. In den letzten beiden Wochen vor der Währungsunion sogar nur noch 1:2. Von Umsatzsteuer, die es in der Form bei uns nicht gab, hatten wir keine Ahnung. Ich staune, wie wir das überhaupt geschafft haben! Als wir merkten, dass wir mit den Produkten dieser Firma nicht klarkamen, entschieden wir, hauptsächlich mit Bier zu handeln. Wir fuhren über die Grenze. Das ist ja alles nicht weit. Mein Mann sprach einen Postbeamten an und fragte, was denn für Bier getrunken würde. Wir kannten die Biersorten nur aus der Werbung im Fernsehen. Aber was wird wirklich getrunken? Dieser Postbeamte nannte uns sofort vier Marken. Wir schrieben die entsprechenden Firmen an. Drei meldeten sich umgehend. Das sind bis heute unsere wichtigsten Lieferanten. Das ist diesem Postbeamten zu verdanken.

Bis zum 7. Juli 1990, eine Woche nach der Währungsunion, lief unsere eigene Produktion. Bis zum 30. Juni machten wir einen Spitzenumsatz, den besten Umsatz, den wir je hatten. Ab dem 1. Juni verkauften wir nicht mehr eine Flasche. Wir produzierten noch und bildeten uns ein, wir könnten die Produktion langsam auslaufen lassen und alle Grundstoffe verbrauchen. Wir hofften auf Schadensbegrenzung. Wir mussten nach der Währungsunion alles wegschütten. Einige Kunden kauften zwar noch bei uns ein. Sie mussten jedoch alles wieder aus den Verkaufsstellen nehmen. Die Zeit, bis die Rückbesinnung auf unsere Produkte kam, war zu lang. Ein, zwei Jahre konnte keiner überstehen. Wer hatte denn Kapital im Hintergrund? Wir waren damals froh, dass wir uns schon vorher auf den Handel umorientiert hatten. Mit ein bisschen Glück natürlich. Als wir den Handel aufbauten, hofften wir, mit den ehemaligen Kollegen von der HO zusammenarbeiten zu können. Schließlich waren wir ja selbst 15 Jahre HO-Angehörige gewesen. Die sagten ganz großspurig: »Wir sind jetzt REWE. Wir brauchen euch nicht. Das wird zentral reguliert.« Schließlich stellte sich heraus, dass sie die ganze Organisation doch nicht in den Griff bekamen. Drei Tage vor der Währungsunion standen sie vor unserer Tür und sagten: »Bestückt bitte unsere Kaufhallen mit Westprodukten.« Glücklicherweise hatten wir vier Wochen zuvor die erste Lagerhalle bekommen. Wir belieferten die Kaufhallen. Ich schrieb Rechnungen in DDR-Mark und in D-Mark, Umsatzsteuer – und fast keine Ahnung. Eigentlich wundere ich mich heute, dass das gut ging. Am Wochenende nach der Währungsunion nahmen wir 64 000 DDR-Mark in Hartgeld ein. Die Leute durften in der ersten Woche noch ihr Hartgeld umsetzen. Die Leute kamen mit ihren Sparstrümpfen, die Schausteller mit Hartgeld in Rollen. Vielleicht war sogar Schwarzgeld dabei. Alles wurde bei uns umgesetzt, weil du Getränke 1:2 einkaufen konntest, sogar ohne Umsatzsteuer. Ich ging am nächsten Tag mit riesigen Beuteln zur Bank. Bei 64 000 Mark war selbst DDR-Geld schwer.

Die Euphorie der Wende verflüchtigte sich spätestens mit der Währungsunion. Die Probleme kamen vor allem, weil du kein Eigenkapital hattest. Nach heutigem Kenntnisstand würde ich sagen: Nach den ökonomischen Gesetzen, die eigentlich in der Marktwirtschaft herrschen, hätte nicht funktionieren können, was wir gemacht haben. Wir können froh sein, dass wir in dieser Umbruchsstimmung waren, in der Sachen möglich waren, die unter normalen Verhältnissen nicht möglich sind.

Obwohl ich nicht unzufrieden bin und unsere Firma ganz gut läuft, bin ich über manche Entwicklung enttäuscht. Wir haben keine reelle Chance im Wettbewerb. Du kannst diese 20 Jahre im Geschäft nicht aufholen. Es ist eigentlich erstaunlich, dass es uns in der Größe überhaupt gibt. Wir haben eine Umsatzgröße, die in unserer Branche recht gut ist, und das ohne Westbeteiligung. Das ist sehr selten, weil keiner im Osten die Kapitaldecke hatte, die dazu notwendig wäre. Du hast ja kein Kapital bilden können in der DDR. Das spüren wir noch nach zehn Jahren. Bei den Banken bist du kein Kunde, du bist nur Bittsteller. Und ich muss mich am Tisch festhalten, wenn dich dieselben Leute, die dir damals dein Geld abgeknöpft haben, heute fragen, wo denn dein Eigenkapital sei. Dadurch hast du einen ganz verzerrten Wettbewerb. Grade weil wir in Grenznähe wohnen. Anfangs wurden wir auch preislich ziemlich über den Tisch gezogen. Da kamen Brauereien und legten uns eine Preisliste vor, worauf stand: »Preisliste für Thüringen, Sachsen, Sachsen-Anhalt«. Wir hatten 300 Meter von der Grenze zu Hessen ein Betriebsgelände. Ich sagte zu dem Vertreter: »Passen Sie mal auf, jetzt laufen wir hier 300 Meter, und dann geben Sie mir bitte die Liste von Hessen.« Dort verkaufte er das Bier nämlich 2 Mark billiger. Er meinte, sie hätten im Osten andere Preisgefüge. Die Fehler mit Niedrigpreisen, die sie im Westen gemacht hätten, wollten sie bei uns nicht machen.

Unsere Ostmentalität steht uns im Geschäftsleben oft im Weg. Wir haben nicht gelernt zu fordern. Ich schäme mich heute noch, wenn ich fordere. Wir hätten bestimmt 500 000 Mark locker verdienen können. Es ist bei uns üblich, Einlistung zu verlangen, das heißt, ein Produkt, was wir führen sollen, hat erst einmal der Lieferant zu bezahlen. Wir haben schön »Danke« gesagt, anstatt zu sagen: »20 000 Mark und wir führen Ihr Produkt.« Das ist uns gar nicht in den Sinn gekommen. Heute machen wir es, doch es fällt uns schwer.

Ich bin der festen Überzeugung, dass durch die jetzige Wirtschaftspolitik der deutsche Mittelstand zu Grunde geht. Die neue und die alte Politik fördern die Großbetriebe. Von den Großbetrieben kann der Staat kaum Geld erwarten. Nur von einem guten Mittelstand kommt Geld für verschiedene Projekte, weil jeder dort andere Interessen hat. Die sozialen Probleme werden nur mit einer gut funktionierenden Wirtschaft gelöst. Es beißt sich eine Menge in unserer Gesellschaft, zum Beispiel, dass Deutschland ausländische Experten reinholen muss. Gleichzeitig haben wir viele junge Leute ohne ordentliche Ausbildung und Job. Das ist ein Unding! Und was mir ganz krass missfällt, ist die Justiz. Früher dachte ich, die Rechtsprechung in der Bundesrepublik sei großartig und vorbildlich. Doch was ich in den Jahren nach der Wende erlebt habe, lässt einem die Haare zu Berge stehen. Wir haben einen Prozess hinter uns mit einer Bauträgerfirma. Der ging über vier Jahre. Wir haben den Prozess gewonnen, doch der Mensch, der uns Geld schuldet, ist inzwischen auf und davon. Ich kann mein Büro tapezieren mit Titeln, für die noch Geld aussteht. Weil alles so lange dauert, sind die Leute fort. Mir ist ein Rätsel, wie sich solche Verfahren über Monate oder Jahre hinziehen können. Da ist die Verhandlung, und der Richter sagt mir am Ende: »Der nächste Termin ist in vier Monaten.« Da muss er sich nach der langen Zeit wieder einarbeiten. Warum ist denn er nächste Termin nicht übermorgen, wenn er den Fall noch parat hat? Das ist für mich unlogisch.

Mit den Steuergesetzen bin ich auch unzufrieden. Ich weiß inzwischen: Wer gute Berater hat, kann sich um sämtliche Steuern drücken. Der kriegt alle Zuschüsse. So gute Berater hast du nur, wenn du Geld hast. Also sind die Großbetriebe immer im Vorteil. Die werden in Deutschland nie ordentlich Steuern bezahlen. Die werden bloß ganz viele Zuschüsse abfassen. Wenn du Zuschüsse abfassen willst, musst du Formulare ausfüllen, die du kaum verstehst. Du musst eine Fachkraft einstellen, weil das so kompliziert ist. Denn wenn du Formfehler machst, wird der Zuschuss nicht bewilligt. Uns sind zwei Jahre lang die Zuschüsse für Lehrlinge durch die Lappen gegangen, weil wir nicht genug informiert waren. Großbetriebe haben dafür ihre Abteilungen.

Die wissen sofort, was beantragt werden kann. Zum Beispiel die Subventionierung von Holzmann. Hätte die Regierung das Geld, was dieser Konzern gekriegt hat, in den Mittelstand gesteckt, ich garantiere, Deutschland würde wieder anfangen zu blühen. Die Großbetriebe sind irgendwann nicht mehr in Deutschland. Die gehen ins Ausland, wo nur ein Drittel Lohnkosten anfallen. Wir Kleinen bleiben hier auf unserer Scholle und werden treu und brav unsere Steuern bezahlen. Anstatt uns zu unterstützen, werden uns Hindernisse in den Weg gelegt. Das geht bei den Zinsen los. Ich bin mir sicher, dass jeder deutsche Großbetrieb drei bis vier Prozentpunkte weniger für den gleichen Kontokorrent bezahlt als wir. Ich kann das nicht 100 Prozent belegen, aber ich bin mir sehr sicher, dass es so ist. Die Gewinne, die daraus geschöpft werden, gehen in andere Kanäle, die bleiben nicht in Deutschland.

Trotzdem habe ich nicht direkt Frust im Geschäft. Ich bin enttäuscht, dass nicht alles so gelaufen ist, wie wir uns das gewünscht haben, klar. Aber wenn unsere Leute zur Arbeit kommen und jammern, dann diskutiere ich heftig. Ich weiß, was sie früher verdient haben und was sie sich damals leisten konnten, und was sie sich heute leisten. So eine jammernde Ostmentalität finde ich furchtbar. Ich denke, wir könnten es mit jedem aufnehmen – mit Willen und mit Intelligenz. Wir sind wesentlich belastbarer als die oft verweichlichten Westdeutschen. Wenn wir uns besinnen würden, wir könnten so stark sein! Einzelne Angestellte von damals arbeiten heute noch bei uns. Wir kriegten ja nur die, die im volkseigenen Betrieb keinen Job bekamen oder die aus Enthusiasmus bei uns arbeiteten. Unsere Arbeiter wurden in DDR-Zeiten schlechter bezahlt. In Privatbetrieben durften wir keine Jahresendprämie zahlen. Wer bei uns arbeitete, stand wirtschaftlich schlechter da. Nach der Wende vermittelte uns das Arbeitsamt vor allem Leute von der Staatssicherheit und Grenzleute. Wir hatten eine Bürokraft, die war Sekretärin bei der SED-Kreisleitung gewesen. So eine überzeugte Kommunistin hatte ich in meinem Leben noch nicht kennen gelernt. Sie erzählte mir, dass sie bitterlich geweint habe, als sie sah, dass die Leute nach dem Westen gingen. Sie konnte das überhaupt nicht verstehen und war nach der Wende total orientierungslos. Sie war eine richtig treue, naive Seele. Ich habe bis heute zu dieser Frau ein gutes Verhältnis. Menschlich ist die völlig in Ordnung.

Unter den Geschäftsleuten haben wir sehr gute Bekannte, Ost- und Westdeutsche, mit denen wir gute Beziehungen pflegen. Es gibt jedoch welche, mit denen kannst du keine vier Worte reden. Viele westdeutsche Geschäftsleute lügen. Wir waren jetzt zwei oder drei Jahre nicht mehr zu unserer Verbandstagung, weil mein Mann sagt: »Ich kann's nicht mehr hören, wie sie dir die Tasche vollhauen.« Unsere Branche müsste den fünffachen Umsatz machen, wenn du zusammenzählen würdest, was dort gesagt wird. Das Lügen scheint in unseren Kreisen hoffähig zu sein. Mir hat gleich zu Anfang jemand gesagt: »Frau Berger, hören Sie auf, so verdammt ehrlich zu reden.« Wenn mich einer nach dem Preis gefragt hat, habe ich den reellen genannt. Für die meisten ist alles ein Pokerspiel, vor allem bei den Westdeutschen. Wenn uns ein Industriepartner besucht, fragst du meist, ob er Ossi oder Wessi ist. Weil du dann anders sprichst. Wir haben Ehrlichkeit eingebüßt, das ist ein Negativeffekt dieser Wirtschaft. Diese Gesellschaft ist unehrlicher. Das war im Osten anders. Trotz der ganzen Stasigeschichten finde ich, wir waren untereinander absolut ehrlich. Es gehört zum Alltag der westdeutschen Geschäftsleute, sich die Taschen vollzulügen. Sie prahlen rum, wo sie im Urlaub waren, was gar nicht stimmt. Das ist total idiotisch. Du kannst nur die Hälfte von dem glauben, was einer erzählt. Das macht keinen Spaß.

Auch das Verhältnis zu Willis Halbbrüdern und deren Mutter hat sich negativ entwickelt. Wir haben Erbstreitigkeiten. Ich hätte nie geglaubt, dass ich mich mal um so etwas streite. Doch die Art und Weise, wie sie uns abspeisen wollten, ist unglaublich. Mein Schwiegervater hatte meinem Mann regelmäßig 100 Mark auf ein Sparkonto gezahlt. Wenn meine Mutter rübergefahren ist, hat sie für uns eingekauft. Das sollte so bleiben, damit wir wenigstens ein bisschen über das Geld verfügen konnten. Mein Schwiegervater legte großen Wert drauf, dass Willi nicht zu kurz kommt. Wir gingen ja von der deutschen Teilung aus. Als es 1988 um sein Erbe ging, lag mein Mann schwer krank im Krankenhaus. Meine Schwiegermutter kam und legte ihm eine Verzichtserklärung vor. Darüber habe ich mich sehr geärgert. Wir versuchten noch mal mit ihnen zu reden. Sie sollten einen gewissen Betrag ausbezahlen. 10 000 Mark wären vor der Wende für uns viel Geld gewesen. Bei dem Erbe wären 30 000 oder 40 000 rausgekommen. Sie waren dazu nicht bereit. Die Stiefmutter ließ nach der Wende von ihrem Anwalt ein Schreiben aufsetzen, in dem stand, dass mein Mann schon vorher genug erhalten hätte, so genannte Vorempfänge. Da war sogar das Jugendweihegeschenk von unserer Tochter aufgeführt. Mein Schwiegervater war so großzügig, und nun das. Sie hatten uns ja in der DDR oft besucht. Ich hatte damals alles gekauft für sie, was irgendwie annehmbar war. Uns ging es finanziell gut. So haben wir unser Arrangement getroffen. Wenn mein Schwiegervater zu Besuch kam, kaufte ich für seine Familie Unterwäsche im Exquisit, Wurst und alles, was für sie einen gewissen Wert hatte. Und er hat uns unterstützt, wenn wir was brauchten. Ich bilde mir ein, ich sei nicht kleinlich. Wenn ich aber das Gefühl habe, dass mich jemand übers Ohr hauen will, werde ich ziemlich böse. Ich habe schon mehrfach von anderen solche unschönen Geschichten gehört. Geschenke, ja, das schien in Ordnung. Dass wir ein Recht haben, das gefällt manchen nicht.

Was mir wichtig ist in meinem Leben? Am wichtigsten ist mir meine Ehe, meine Familie. Mir geht es körperlich richtig schlecht, wenn was nicht in Ordnung ist oder wenn Streit war. Ich selbst möchte mehr Selbstbewusstsein entwickeln. Da habe ich in den letzten Jahren schon allerhand geschafft. Früher wäre ich verschiedenen Auseinandersetzungen aus dem Weg gegangen. Da war ich eher Mitläufer. Heute kann ich mich mit jedem auseinander setzen. Aber ich bin noch nicht dort, wo ich hinwill. Wir sind in einem Umfeld, wo du stark sein musst. Ich merke, dass ich dann auch mehr gewinne.

Dass ich jetzt 50 bin, macht mir schon ein Problem. Weil ich gerne jung war. Ich würde gerne noch in die Diskothek gehen und Aktivitäten wahrnehmen, die junge Leute machen. Ich habe Glück, dass wir durch unsere Branche sehr oft weggehen und viel unterwegs sind. Wir bedienen ja Gastronomen. Und ich habe noch viele Wünsche offen! Ich kriege das gar nicht alles unter ein Dach, was ich alles will. Geschäftlich möchte ich einiges schaffen. Da bin ich sehr ehrgeizig. Ich möchte finanziell unabhängiger sein, auf der sicheren Seite stehen. Wir haben noch zu viele Schwankungen. Du hast manchmal den Kopf nicht frei, um in deinem Betrieb ordentlich zu arbeiten, weil du zu viele finanzielle Probleme hast. Im Moment sind wir von den Großkunden ziemlich abhängig. Ich möchte die gleiche Umsatzgröße als eigenen Umsatz, im eigenen Bereich haben, den dir keiner wegnehmen kann. Das ist so die nächste Zielvorstellung. Wenn ich das mal geschafft hätte, wäre ich ganz stolz.

Familiär habe ich das, was ich mir wünsche. Wir pflegen ein sehr gutes Zusammenleben, auf das ich wahnsinnig stolz bin. Eine meiner beiden Töchter lebt im Haus, meine beiden Enkelkinder sind da. In der Rolle als Großmutter fühle mich wohl. Ich kann mir die Kinder holen, wenn ich Lust habe, mit ihnen spielen und habe keine Verantwortung. Ich bin froh, dass ich nicht in einer späten Mutterrolle bin, wie ich es jetzt manchmal erlebe.

Ich träume von schönen weiten Reisen. Amerika steht an erster Stelle. Ich wünsche mir ausreichend Freizeit und ausreichend Geld, um mir das leisten zu können. Bisher waren wir in Europa unterwegs. Wir haben durch unsere Lieferpartner schon viel gesehen: Madrid, Lissabon. Wir machen Erholungsurlaube, wo wir nur ausspannen, möglichst in der Sonne. Es gibt nur ein Problem: Mein Mann fährt lieber dorthin, wo er schon 20 Jahre hingefahren ist. Ich will im Urlaub was Neues kennen lernen. Wir haben uns geeinigt: Einen Urlaub verbringen wir dort, wo wir bereits waren. Einen Urlaub muss er mit in eine Gegend, die wir noch nicht kennen. Das ist, finde ich, ein guter Kompromiss.

»Hatte Bea Linakis nicht grade ihren 50. Geburtstag?«, sagt ein befreundetes Ehepaar, als ich von meinem Frauenprojekt erzähle. Im Haus der gemeinsamen Freunde lerne ich die Grundschullehrerin aus Hessen kennen, die in zweiter Ehe mit einem Griechen verheiratet ist. Nach einer halben Stunde in großer Runde ziehen wir uns in ein kleines Arbeitszimmer zurück. Bea zündet sich eine Zigarette an, greift nach dem Diktiergerät und erzählt ohne Umschweife.

***

Ich habe unwahrscheinlich Glück gehabt mit diesem Mann

Ich arbeite als Lehrerin an einer Grundschule und mache den Job sehr gern, weil ich Kinder liebe. Die landläufige Meinung, dass die Kinder frecher wären als früher, stimmt schlicht und ergreifend nicht. Kinder sind insofern heute schwieriger, weil sie anspruchsvoller und selbstbewusster sind. Frühere Generationen haben sich mit dem zufrieden gegeben, was der Lehrer sagte. Er war die Autorität. Was er erzählt, stimmt, was der macht, ist richtig. So wurde es ihnen zu Hause beigebracht. Heute hinterfragen die Kinder mehr. Sie werden angeleitet durch Computer, Fernsehen und andere Medien. Sie tun einfach nicht mehr brav das, was man ihnen vorgibt. Sondern sie sagen: »Okay, ich möchte jetzt aber lieber das und das machen.« Damit muss man sich auseinander setzen. Früher hätte sich ein Kind nicht getraut, eigene Wünsche zu äußern oder gar zu widersprechen. Insofern ist es schwieriger, weil man sich mehr auf die Kinder einlassen muss. Das verwechseln manche mit frech oder aufsässig oder aufmüpfig. Was richtig ist, dass Verhaltensstörungen zunehmen. Das ist ein Prozess, den kann ich ganz deutlich beobachten. Es gab früher in den Klassen vielleicht ein Kind, das wirklich grob aus der Reihe tanzte. Damit meine ich nicht, freche Antworten geben. Das halte ich für völlig normal. Es gibt Störungen im sozialen Bereich, wo Kinder einfach nicht mehr in der Lage sind, mit anderen gemeinsam zu spielen und zu arbeiten. Sie können sich nicht auseinander setzen, nicht auf positive, nicht auf negative Weise, und nicht auf andere zugehen. Sie sind »Computer-isoliert«. Der Computer widerspricht nicht. Da muss ich mich nicht anpassen und keine Kompromisse schließen. Vor allem Einzelkindern fehlt die Auseinandersetzung mit Gleichaltrigen. In der Schule muss man sich jedoch mit anderen verständigen. Wenn das jemand nicht kann, gibt es erhebliche Spannungen. Andere Kinder werden zu Hause völlig alleine gelassen. Ich rede nicht von berufstätigen Müttern. Ich war selbst eine. Es gibt Kinder, die keinerlei Impulse mehr bekommen. Sie werden zu Hause lediglich versorgt und sitzen vor dem Fernseher. Mit solchen verhaltensgestörten Kindern habe auch ich meine Probleme. Mittlerweile braucht man als Lehrer Hilfe vom Jugendamt und anderen Institutionen. Trotzdem mache ich die Arbeit unwahrscheinlich gerne. Die schwierigen Kinder sind mir die liebsten, selbst wenn es an die Substanz geht. Ich habe in meiner Klasse 19 Kinder, ein Kind ist körperbehindert und sitzt im Rollstuhl, eins ist hörbehindert. Es wird vermutlich in der Familie missbraucht. Ich habe laufend Termine beim Jugendamt. Das mache ich freiwillig. Ich möchte helfen und schauen, was ich machen kann. Die Sache verfolgt mich bis in den Schlaf. Ich wache nachts ständig auf. Das wirkt sich auf meine Arbeit am nächsten Tag aus. Ich bin manchmal wie zerschlagen. Das ist jedoch für mich kein Grund aufzuhören.

Mitte der neunziger Jahre gab es hier viele Zuzüge aus dem Osten. Die Kinder waren okay. Aber mit den ostdeutschen Eltern habe ich vorwiegend negative Erfahrungen gemacht. Da kamen Vorwürfe, mir mangele es an Autorität. Und was ist das für eine Schule, diese dämlichen Hausaufgaben, das wäre wohl ein Witz. Sie seien eine strikte Erziehung gewohnt. Wieso das Kind mit Wasserfarben male und nicht geschützt sei, dass es keine Flecken irgendwo hinkriege. Ich habe geantwortet: »Bei uns gibt es Waschmaschinen. Ich nehme an, Sie haben auch eine. Ich sehe nicht ein, dass ich die Kinder vorher mit Klopapier einrolle, damit sie nicht einen Wasserfarbenfleck kriegen.« Mein Aussehen hat die gestört: Lehrerinnen hätten nicht gefärbte Haare und lackierte Fingernägel zu haben. Ich solle die Kinder gefälligst zu Ordnung und Disziplin erziehen. Da habe ich gesagt: »Wie ich unterrichte, das müssen Sie schon mir überlassen. Ansonsten haben Sie jederzeit Gelegenheit, selbst zu studieren, und dann können Sie gerne nach Ihren Vorstellungen unterrichten. Ich halte mich an meine Rahmenrichtlinien. Außerdem liebe ich Kinder und gehe mit ihnen um, wie ich es für richtig halte.« Bei Elternabenden gab es stundenlange Diskussionen. Schlimm. Die Kinder waren am Anfang stark verängstigt und eingeschüchtert. Als sie gemerkt haben, dass hier ein ganz anderer Wind weht, gab es keine Probleme. Sie brachten ohne jeglichen Druck gute Leistungen. Ich will das jetzt nicht verallgemeinern. Aber es waren wirklich alle so bis auf eine Handwerkerfamilie mit ganz normaler Schulbildung. Sie wollen viel erklärt haben, weil ihre Schulzeit ganz anders war. Damit habe ich keine Probleme. Das ist in Ordnung.

Eigentlich wollte ich gar nicht Lehrerin werden. Ich ging aufs Gymnasium und sollte Abitur machen. Nach der zehnten Klasse hatte ich keine Lust mehr. Ich wollte Innenarchitektin werden, dazu hätte ich kein Abitur gebraucht. Ich wollte eine Schreinerlehre machen und anschließend eine weitere Ausbildung. Ich hatte mir schon einen Schreiner ausgesucht. Mein Vater hat mich unter Druck gesetzt und gezwungen, weiter in die Schule zu gehen. Vielleicht wäre ich wirklich eine gute Innenarchitektin geworden. Möglich wäre es ja immerhin gewesen. Danach fiel mir nichts mehr Besseres ein, als Lehrerin zu werden. Mein Vater war Lehrer. Und wie andere sagen, soll er ein guter Lehrer gewesen sein. Ich weiß nicht. Ich war die ersten vier Jahre bei ihm in der Klasse. Das war der Horror schlechthin. Ich habe fast jeden Tag eine Ohrfeige gekriegt. Wenn ich heulend zu meiner Mutter lief, gab es die nächste. Wir haben im Schulhaus gewohnt. Ganz entzückend! Meine Mutter hatte ihr Lehrerstudium abgebrochen und war nie berufstätig gewesen. Meine Eltern waren sehr jung, sehr unbeweglich und starr. Auch sehr altmodisch in der Erziehung. Es gab sehr viele Verbote und Einschränkungen. Wenn ich, als ich älter war, eine Freundin besuchen wollte, sagte mein Vater: »Das kannst du dir abschminken. Ich fahre dich nicht in der Gegend rum.« Meine Mutter hatte keinen Führerschein. Sie durfte auch keinen machen. Wir lebten auf einem kleinen Dorf, ganz wunderschön. Es gab einen Eingang und einen Ausgang. Einmal am Tag fuhr ein Bus, und das war's. Insofern – übel.

Als ich drei Jahre alt war, hatte ich Keuchhusten, und der Arzt empfahl eine Luftveränderung. Da haben mich meine Eltern – ich hätte das nie übers Herz gebracht! – in Frankfurt in den Zug gesetzt mit einem Schild um den Hals und haben dem Zugbegleiter gesagt: »In Nürnberg wird sie abgeholt.« Meine Oma holte mich ab. Dort auf dem Bahnhof habe ich den ersten Farbigen meines Lebens gesehen und sagte zu meiner Großmutter: »Der Mann ist ja so schmutzig.« Und da hat dieser schwarze Mann gesagt: »Nichts schmutzig.« Er nahm meine Hand, und ich durfte ihn mal anfassen. Es ging nichts abzureiben. Bei meinen Großeltern in Bayern – den Eltern meiner Mutter – blieb ich unheimlich gerne. Dort habe ich mich wohl gefühlt, geborgen und umsorgt. Für mich waren diese Großeltern ganz wichtig. Ohne sie wäre ich sicher ein sehr harter Mensch geworden. Ich bin oft und gerne zu ihnen gefahren. Leider sind sie schon gestorben. Bei meinen Eltern spürte ich weder Wärme und Geborgenheit noch Verständnis. Meine Mutter hat uns nie in den Arm genommen. Es gab keine Streicheleinheiten. Mein Vater hat gebrüllt oder geschlagen. Ich habe gedacht: »Da musst du durch!«, habe zu allem Ja und Amen gesagt und nie Widerworte gegeben. Was ich wollte, versuchte ich heimlich zu machen. Das ist mir meistens gelungen. Wenn ich vom Besuch meiner Großeltern wieder nach Hause musste, habe ich geweint – schon vor der Abreise und zu Hause noch einmal. Mein Bruder, der eindreiviertel Jahre jünger war als ich, fuhr nicht gern zu den Großeltern. Er hing an Mutters Rockzipfel. Meine Eltern sind oft in den Urlaub gefahren, zwei bis drei Mal im Jahr. Sie haben uns bis zu drei oder vier Wochen bei den Großeltern abgeliefert, schon als wir noch sehr klein waren. Ich habe »Juhu!« gebrüllt, und mein Bruder war furchtbar traurig und geknickt. Er konnte sich davon kaum erholen. In den ersten Jahren nahmen uns die Eltern nie mit in den Urlaub, später ab und an, vielleicht vier, fünf Mal insgesamt. Wir waren einmal in Österreich, in Kärnten. Jeden Tag standen solche Elendswanderungen auf dem Programm, Stunden um Stunden nur laufen. Jedes Mal, wenn eine Berghütte kam, wo es Milch gab und leckeres Brot und ich auf eine Rast hoffte, machten wir einen Bogen drum. Wir hatten ja das Proviantpaket dabei und mussten wieder nach Hause. Furchtbar. Also einfach stumpfsinniges Laufen. Mein Vater erklärte uns nichts, zeigte uns nichts. Es war grauenvoll. So mit 15 oder 16 waren wir einmal in Italien. Dort habe ich mich gut gefühlt. Während des Italienurlaubs wurden wir nicht mehr rund um die Uhr überwacht. Meine Eltern waren froh, wenn wir uns mal entfernten und sie zwischendurch ihre Ruhe hatten. Irgendwie waren sie etwas lockerer. In Italien war es für mich unheimlich interessant und spannend. Die Leute waren freundlich. Das sonnige Wetter tat mir gut. Ich bin ein sonnenhungriger Mensch. Ausland war damals für mich eine tolle Erfahrung, und ich empfinde es jetzt noch als etwas ausgesprochen Schönes.

Die Kommunikation bei uns zu Hause war sehr zäh. Sie lief auf der reinen Mitteilungsebene: »Du hast in die Kirche zu gehen. Du machst dieses und jenes. Hast du deine Hausaufgaben gemacht? Sind die Finger gewaschen? Hast du deine dreckige Unterwäsche ins Bad gebracht?« Mein Vater hielt uns in der Pubertät Vorträge über Alkoholmissbrauch, Zigaretten und was weiß ich. Einmal nahm er mich beiseite und sagte, ich müsste nicht mit einem Kind nach Hause kommen. Das war meine Aufklärung. Wir sprachen nie über politische Ereignisse. In der Schule redeten wir über die Nazizeit. Das interessierte mich, und ich wollte von meinem Vater mehr darüber wissen. Er sagte, er hätte nichts damit zu tun und ihn ginge das nichts an. Ich erwiderte: »Was geht's mich denn eigentlich an? Wenn ich dich frage, habe ich doch Interesse an diesen Dingen.« – »Ja, du hast doch auch nichts damit zu tun.« – »Natürlich nicht, trotzdem interessiert es mich. Und ich würde gerne mal von deinen Erfahrungen hören.« Das ging so lange, bis er mir den Mund verbot: »Und jetzt ist Schluss, und jetzt ist Ruhe.« Ich habe nicht wissen wollen, was er damals falsch gemacht hat. Sondern ich wollte nur wissen, was er erlebt und gefühlt hat. Ich habe Krieg nie kennen gelernt und kann mir Krieg nicht vorstellen. In der Schule redeten wir sehr intensiv über diese Zeit, dass ich wirklich zum Schluss das Gefühl hatte, es ist eine Last, die ich mittragen muss. Es gehört zu mir. Ich kann jetzt nicht sagen, bloß weil ich noch nicht geboren war, bliebe mir erspart, darüber nachzudenken. Dieses Gefühl habe ich heute noch. Ich verstehe nicht, weshalb mein Vater nie mit mir darüber reden wollte. Meine Mutter konnte ich nicht fragen, sie war politisch völlig desinteressiert. Irgendwann habe ich nicht mehr gefragt. Da hat mich mein Vater nicht mehr interessiert. Ein kleines Stückchen näher gekommen bin ich ihm erst kurz vor seinem Tod.

Mit Grauen erinnere ich mich an Familienfeiern wie Weihnachten. Wir saßen gezwungenermaßen da und dachten: »Lieber Gott, lass es endlich Abend werden.« Wir durften uns nicht zurückziehen, aber es passierte auch nichts. Irgendwann merkte ich, dass sie es mögen, wenn man sagte: »Ich will jetzt was lesen.« So konnte man am ehesten der lähmenden Langeweile entkommen. Meine Freundschaften wurden von meinen Eltern regelmäßig unterwandert. Weil ich mir Kinder aussuchte, die in ihren Augen nicht standesgemäß waren. Sie waren entweder besonders frech oder anders auffällig. Eben wie ich gern gewesen wäre. Ich durfte nie Kinder mit nach Hause bringen. So wurden Beziehungen schon im Keim erstickt. Denn irgendwann sagten die Kinder: »Mit dir kann man ja nur auf der Straße was anfangen.« Ich durfte nicht mal zum Geburtstag Freundinnen einladen. Wenn wir Geburtstag hatten, gab es Geschenke und einen Kuchen. Wir saßen brav da mit Papa und Mama. Das war's. Keine Spiele, nichts. Wir mussten immer ruhig sein zu

Hause. Wenn mein Vater aus der Schule kam, durften wir uns erst mal zwei Stunden kaum bewegen, kein Radio hören, nicht laut sprechen. Er brauchte seine Ruhe, zwei Stunden Mittagsschlaf. Klasse! Als die Beatles- und Stones-Zeit war und Flower-Power, hatte ich kleidungsmäßig keine Chance, die Moden mitzumachen. Ich musste anziehen, was meine Mutter wollte und was sie mir kaufte. Ich hatte keinerlei Möglichkeiten, mich auszutoben. Musiktechnisch war ich allerdings sehr gut ausgerüstet. Ich hatte meinen eigenen Kassettenrekorder und kaufte mir die ersten Kassetten und Platten von den Beatles und den Stones. Ich durfte jedoch nie zur Disko. Der Vater einer Freundin, die jünger war als ich, hat mich ab und an mal zu einer Nachmittagsdisko, die es damals in den größeren Orten gab, gefahren. Das durften meine Eltern nicht wissen. Wenn bei uns auf dem Dorf Kirmes war, hatte mein Vater seine Spitzel, die ihm brühwarm erzählt hätten, wenn ich in den Saal gegangen wäre. Ich musste sehr pünktlich zu Hause sein. Als ich 17 war, kam ich einmal fünf Minuten nach 22 Uhr, und ich hätte Punkt zehn da sein sollen. Mein Vater hatte das ganze Schulgebäude abgesperrt und ließ mich bis ein Uhr nachts auf der Treppe sitzen. Das war meine Strafe für fünf Minuten zu spät kommen. Meine Mutter ergriff nie Partei für uns. Sie war extrem auf meinen Vater fixiert. Wenn meine Eltern in Bayern bei meinen Großeltern zu Besuch waren, kaufte die Großmutter für uns Kinder Obst, damit wir auch mal was Schönes hatten. Sie hat gesehen, dass es uns nicht besonders gut ging. Das Obst haben wir nie gesehen, das hat mein Vater bekommen. Ich denke, das spricht Bände. Meine Mutter hat wirklich nur für meinen Vater gelebt. Wir waren halt da. Man musste sich kümmern, dass wir sauber aussahen. Das war ganz wichtig. Dass wir uns benahmen, war noch wichtiger.

Mit meinem Bruder habe ich mich permanent gestritten. Das war übel. Wir haben uns angebrüllt und geschlagen. Ich musste ihn oft mitnehmen und hatte ganz andere Interessen. Ich habe meinen Frust an ihm ausgelassen. Als wir 17, 18 Jahre waren, wurde unser Verhältnis besser. Mein Bruder war laut und aufmüpfig. Da gab es Druck und Ärger. Ich habe alles leise und heimlich gemacht. Wenn ich nicht weggehen durfte, habe ich eine Leiter angestellt und bin abgehauen, auf demselben Weg zurück. Trotzdem hatte mein Bruder meinen Eltern gegenüber nicht die Stärke wie ich. Er bewarb sich bei der Bundeswehr, damit er sein Studium selbst wählen konnte. Mein Vater wollte, dass er Lehrer wird. Das wollte mein Bruder auf gar keinen Fall. Die Bundeswehr hat ihn nicht genommen, weil sie eine Lungenanomalie feststellten. Er ließ sich von meinem Vater breitschlagen und nahm das Lehrerstudium auf, aber recht halbherzig. Irgendwann schmiss er das Studium, erzählte jedoch zu Hause nichts davon. Nach einer Zeit sagte er: »Jetzt mache ich Prüfung.« Er hat nie eine Prüfung gemacht. Als mein Vater das Zeugnis sehen wollte, nahm er sich das Auto und fuhr auf gerader Strecke frontal gegen einen Bundeswehr-LKW. Er war sofort tot. Schlimm.

Für mich gab es nur ein Ziel: So schnell wie möglich weg von zu Hause. Ich machte relativ früh Abitur, schon mit 17. Es gab damals zwei Kurzschuljahre, als das Schuljahresende von Ostern auf den Sommer umgestellt wurde. Ich habe das alles gut gemeistert mit dem Gedanken: Nichts wie raus hier! Ich begann in Gießen mit dem Studium, bewohnte die Woche über ein Zimmer bei einer 85-jährigen Dame. Ab diesem Zeitpunkt ging es mir wesentlich besser. An den Wochenenden musste ich meistens heimkommen, habe das irgendwann nicht mehr gemacht. Meine Eltern bezahlten die 80 Mark für das Zimmer und gaben mir 30 Mark pro Woche zum Leben. Den Rest musste ich mir erarbeiten, obwohl sie damals schon vermögend waren. Mein Geld reichte nicht hinten und nicht vorne. Also habe ich abends in Kneipen serviert, Kindermädchen gespielt, Nachhilfe gegeben. Während der Semesterferien habe ich gearbeitet. Ich musste mir ja alles kaufen, Essen, Klamotten und Bücher. Es war genial! Meine Zeit war zwischen arbeiten und lernen aufgeteilt. Im Nachhinein betrachtet, hat es mir nicht geschadet. Aber mit etwas weniger Arbeit und mehr Unterstützung durch meine Eltern hätte ich ganz sicher einen besseren Abschluss gemacht. Trotz Geld- und Zeitproblemen hatte ich den Ehrgeiz, das Studium in der kürzestmöglichen Zeit zu schaffen. Ich wollte endlich unabhängig sein. Zuerst belegte ich Religion. Das war gut, weil so wenige Studenten in den Seminaren waren. Ich war katholisch. Das Religionsstudium hat mich unheimlich weit gebracht, nämlich zur Erkenntnis, dass Religion mit der Kirche, die wir hier haben, nichts gemein hat, gar nichts. Wenn die Kirche ihre eigenen Grundlagen beachtete, müsste sie ganz anders aussehen. Mich hat die Institution gestört, nicht der Glaube. Nach Religion habe ich Englisch gemacht und festgestellt, dass ich für diese Phonetik keinen Nerv habe. Ich belegte Mathematik und absolvierte zwei Seminare gleichzeitig, die eigentlich nacheinander dran gewesen wären. Ich bestand beide. Das Studium konnte ich mir sehr gut selbst gestalten. Das fand ich interessant. Über Unikreise kam ich mit der Studentenbewegung in Kontakt, ging zu Versammlungen des ASTA, des Allgemeinen Studentenausschusses. Auf diesen Vollversammlungen sprachen alle möglichen Gruppierungen. Ich kann nicht sagen, dass ich brennend an den Themen interessiert gewesen wäre. Ich ging zu den Demos, weil die Post abging. Da kam die Polizei, die man anpflaumen konnte. Das war nicht gewalttätig, das war eher Neckerei. Ich habe dort wunderbar demonstriert, ohne zu wissen, wofür oder wogegen.

Meine Zimmerwirtin war eine tolle Frau. Mit ihr hatte ich riesiges Glück. Sie sagte zu mir: »Mädel, mach', was du willst. Ich muss nicht unbedingt zuhören, was da läuft. Ständige Orgien möchte ich nachts nicht. Wenn's leise geht, wär's okay. Und wenn es um 24 Uhr vielleicht ruhig wäre.« Das war toll. Keinerlei Einschränkungen! Ich ging ab und zu für sie einkaufen und tat ihr auch sonst mal einen kleinen Gefallen. Sie war einfach patent, hat mich gedeckt, wenn ich über Nacht weggefahren bin. Wenn meine Eltern anriefen, sagte sie: »Ich störe die Bea jetzt nicht. Die lernt und arbeitet. Rufen Sie morgen oder übermorgen an.« Ich war nie ein Kind von Traurigkeit. So mit 13 war ich verliebt in einen 15-jährigen Fußballer. Da haben wir schon mal im Kino geknutscht. Sonntags ging ich zum Fußballplatz. Mit knapp 17 habe ich das erste Mal mit einem Mann geschlafen. Das war grauenvoll! Nicht der Typ war so schlimm, nur diese ganze Aktion und die Ungeschicklichkeit seinerseits. Ich wusste ja gar nichts und konnte nicht steuernd eingreifen, sondern habe es einfach über mich ergehen lassen und dachte: »Na, klasse. Das brauche ich nicht so schnell noch mal.« Aber ich habe das sofort verarbeitet. Glücklicherweise war der Nächste sehr viel anders, so dass ich merkte: »Aha, eigentlich ist es eine tolle Sache. Man muss halt wissen, mit wem.« Was man ja vorher nicht unbedingt sofort riechen kann, wie die sind oder wie die sich anstellen. In meiner Studienzeit hatte ich viele Freunde, allerdings eher gute Kumpels als Liebhaber. Zwei schwule Freunde haben mich und meine Freundin, der es finanziell ähnlich ging wie mir, ab und zu zum Essen ausgeführt. »Mädels, es wird Zeit, dass ihr wieder mal was Ordentliches esst.« Sie holten uns zu Hause ab, brachten uns wieder zurück und warteten, bis wir im Haus waren. Damit nichts passieren kann. Das war eine tolle Erfahrung, die ich nicht missen möchte.

Dann lernte ich Hans-Georg kennen, meinen ersten Mann, und war plötzlich im siebenten Monat schwanger. Das ist die schönste Geschichte meines Lebens! Ich war damals 19, trieb viel Sport, spielte Volleyball, Handball, machte Geräteturnen. In den Semesterferien bekam ich abends Blähungen und dachte: »Komisch. Vielleicht liegt es an der Umstellung.« Ich aß abends warm und tagsüber wenig. Später stellte sich heraus, dass das die ersten Kindsbewegungen waren. Meine Mutter, die mich auch nackt sah, hat keine Veränderungen an mir festgestellt. Ich verstehe bis heute nicht, dass das eine Mutter nicht sieht. Ich war viel zu jung und zu blöd damals. Dass mein Bauch härter geworden war, schob ich auf den Sport. Ich nahm die Pille. Die hatte mir ein Arzt verschrieben, den ich ziemlich unsympathisch fand. Da traute ich mich so schnell nicht mehr hin. Der hatte gesagt: »Hier haste die Packung, ich weiß eh, was du willst. Sechs Monate reicht das, dann musst du wiederkommen.« Ich schluckte brav sechs Monate die Pille, hatte keinerlei Beschwerden und lediglich ein oder zwei Kilo zugenommen. Als die Zeit um war, suchte ich mir einen anderen Frauenarzt. Der untersuchte mich, sah mich an, untersuchte mich wieder. Ich dachte: »O Mann, du hast irgendetwas, ein Geschwür, weiß der Geier.« Er fragte: »Rauchen Sie?« – »Was geht Sie denn das an?« – »Haben Sie eine Freund?« – »Auch das dürfte Sie nicht interessieren.« Sagte er noch mal: »Doch. Rauchen Sie?« Ich dachte mir, dass er mir jetzt erzählen würde, ich sei todkrank und hätte ein faustgroßes Geschwür irgendwo. »Sie sind im siebenten Monat schwanger.« – »Nee, das kann nicht sein.« – »Doch!« Ich hatte die ganze Zeit Scheinblutungen gehabt, die sehr schwach waren. Das führte ich auf die Pille zurück. Dabei war ich im siebenten Monat schwanger! Ich fuhr erst mal zu meinem Freund und sagte: »Du hast jetzt zwei Möglichkeiten, entweder du sagst, es ist okay für dich oder es ist nicht okay. Ich habe keine andere Wahl mehr. Es ist der siebente Monat. Abtreibung geht nicht mehr. Ich muss halt sehen, wie ich klarkomme.« Aber er stand zu dem Kind. Es war überhaupt keine Frage für ihn. Er wollte, dass wir so schnell wie möglich heirateten. Wir fuhren an jenem Abend in einen Landgasthof, kippten uns zwei Schnäpschen hinter die Binde und feierten das Ereignis. Als ich mit dieser wunderbaren Nachricht zu meinen Eltern kam, hieß es, ab jetzt bräuchte ich nicht mehr nach Hause zu kommen. Das Dorf dürfe die Schande nicht erfahren. Ich musste also mit meinem dicken Bauch weiterhin in dieser engen Studentenbude wohnen, bekam keinen Pfennig zusätzlich von meinen Eltern. Ich studierte noch bis zum 8. Monat und beendete das Semester regulär. Zwei Monate später bekam ich mein Kind. Daniel ist im März geboren, ich wurde im Mai 20. Meine Wirtin konnte die Reaktion meiner Eltern überhaupt nicht verstehen. »Das ist ja furchtbar, das kann man doch nicht machen!« Sie kaufte mir Obst, kochte Kraftbrühe, obwohl sie selbst knapp bei Kasse war. Ich konnte in dem Zustand nicht mehr arbeiten, vor allem nachts nicht. Ich hatte dreihundert Mark für den Führerschein gespart, den ich im neunten Monat machte. Damals ging das noch.

Als das Kind da war, suchten sich Hans-Georg und ich eine Wohnung. Wir hatten kaum Geld. Hans-Georg verdiente 1100 Mark im Monat. Wir besaßen keinen Stuhl, keinen Tisch, nichts. Ich bekam mein Jugendbett mit, das hatte so einen komischen Umbau drumrum. Wir besorgten uns Bananenkisten und kreierten daraus unsere ersten »Möbel«. Zwei Matratzen waren unser Ehebett. In der ersten Zeit halfen uns meine Schwiegereltern sehr, obwohl sie im Vergleich zu meinen Eltern viel weniger Geld hatten und sieben Kinder zu Hause. Meine Schwiegermutter kam häufig zu Besuch, brachte ein Pfund Gulasch, zwei Kilo Orangen oder Babynahrung. Mein Schwiegervater steckte mir Geld zu, 10 Mark, 20 Mark, mal 50 Mark. »Sag' das meiner Frau nicht.« Irgendwann kamen meine Eltern und wollten Kaffee. Mitgebracht hatten sie nichts, weder für mich noch für das Kind. Mein Mann war technischer Zeichner und hatte mittlere Reife. Das war ganz schlimm für meine Eltern. Deswegen hielten sie von Anfang an erheblichen Abstand. Er war nicht »standesgemäß«. Wie er zu seinem Kind stand oder wie er mich behandelte, spielte überhaupt keine Rolle. Hauptsache, er hätte Abitur gehabt. Ich telefonierte oft mit meinen Großeltern, habe ihnen jedoch nicht gesagt, dass ich irgendwas brauchte. Das wollte ich nicht. Eines Tages sagte mein Opa zu seiner Frau: »Jetzt fährst du mal nach Hessen, ich bleib' hier, ich verreise nicht gern, das weißt du ja. Nimm das große Scheckbuch mit und guck dir das mal dort an. Gib ihnen, was sie nötig brauchen, damit sie wenigstens das Wichtigste haben.« Er hat mir einen Brief geschrieben, den ich aufbewahrt habe und immer wieder mal lese. Das sind fünf Seiten, die er abschickte, als meine Oma zurück war. Er schreibt darin, wenn er damit etwas helfen konnte, sei es ihm ein Vergnügen gewesen, und meine Eltern sollten zum Teufel gehen. So ähnlich. Der schwere Anfang hat Hans-Georg und mich eher zusammengeschweißt. Wir bauten selbst Möbel aus Stahlrohr und Schaumstoff, ein Regal und einen Tisch.

Ich blieb mit Daniel drei Jahre zu Hause und habe mich grauenvoll gelangweilt. Danach begann ich zu arbeiten, habe Ablage bei einer Versicherung gemacht. Das Kind nahm ich mit. Nachts, wenn Hans-Georg auf Daniel aufpassen konnte, arbeitete ich in einer Disko. Bis mein Mann sagte: »Das reicht jetzt. Das mache ich nicht mehr mit.« Ich kam nachts um zwei oder drei heim. Ich verdiente gutes Geld, das wir ja wirklich gebrauchen konnten. Hans-Georg wollte, dass ich mein Studium abschließe. Ich hatte gar keine Lust. Ich war mittlerweile viel zu bequem geworden. »Mit Kind und Studium und Haushalt, das schaffe ich nicht, das will ich nicht.« Er und sein Freund beknieten mich zu zweit. Schließlich habe ich mich eingeschrieben, kurz bevor Daniel drei wurde. Ich konnte ihn bis vier Uhr in den Kindergarten bringen, inklusive Mittagessen. Ich studierte also, holte mein Kind um vier ab, versorgte den Kleinen, kochte Abendessen und lernte anschließend bis ein, zwei Uhr nachts. In dieser Zeit habe ich erheblich zugenommen, wohl irgendwie Essen mit Befriedigung verwechselt, denn sonst gab es keine. Ich hatte nur Stress. Hans-Georg monierte: »Du wirst immer hässlicher, immer fetter. Was soll das eigentlich?« Das ging eineinhalb Jahre. Ich habe die erste Prüfung gemacht, habe alles bestanden. Anschließend kam das Referendariat. Das dauerte noch mal zwei Jahre. Als ich fertig war, gab es keine Stellen. Ich bekam Lehraufträge, das sind Knechtverträge mit 12 Stunden in der Woche. Ich verdiente etwa 520 Mark im Monat. Ein normaler Lehrer kriegte für die gleiche Tätigkeit 2500. Ich sagte mir: »Okay, was anderes hast du nicht gelernt. Versuchst du, wenigstens drinzubleiben.« Die Maulerei zu Hause hatte ich irgendwann satt und dachte: »Das kriege ich auch noch geregelt.« Zuerst ging ich zum Friseur und ließ mir die langen Haare abschneiden. – Ich hatte damals ganz lange Haare, blauschwarz. Mein Opa ist ein halber Zigeuner gewesen, meine Mutter hatte genau solches Haar. – Ich habe abgenommen und merkte plötzlich: »Oho, du bist ja wieder interessant.« Nicht bewusst, sondern ich nahm wahr, dass die Umgebung, auch Männer, wieder anders reagierten, wenn sie mich sahen. Das hat mir gefallen und mein Selbstbewusstsein aufgebaut. Ich habe mich anders bewegt und anders gegeben als vorher. Zur Unterstützung vom Abnehmen ging ich wieder zum Sport, machte Aerobic mit Freundinnen, völlig harmlos. Bald fingen wir an, hinterher noch ein Gläschen zu trinken, mal was zu essen, und haben gemerkt, das macht ja richtig Spaß. Das alles gefiel meinem lieben Gatten überhaupt nicht. Es gab permanent Zirkus: »Wo kommst du her? Mit wem warst du weg?« Hab' ich gesagt: »Mit dieser Freundin und mit dieser Freundin.« – »Welche Männer waren dabei?« – »Jede Menge, aber keiner, der direkt auf unserem Schoß gesessen hätte.« Nur solcher Hickhack. Der Gipfel war erreicht, als er mir nach einem Geschäftsessen eine furchtbare Szene machte. Mein Mann hatte sich in der Firma hoch gearbeitet und pflegte Kontakte zu amerikanischen

Geschäftsleuten. Ich durfte ihn abends begleiten – zur Unterhaltung. Einen dieser amerikanischen Geschäftsleute hatte ich zwei Jahre nicht gesehen. Er kam auf mich zu und sagte: »Wie du dich verändert hast! Du siehst unwahrscheinlich toll aus.« Danach hatten wir zu Hause drei Stunden Tanz. Unser Sohn, er war damals schon 16, hat sehr unter unseren Streitereien gelitten. Wir versuchten zwar, sie möglichst nicht vor ihm auszutragen. Natürlich kriegte er was mit. Ich schlief im Wohnzimmer, mein Mann im Schlafzimmer. Irgendwann hatte ich die Nase voll und sagte: »Ich kann nicht mehr. Ich will nicht mehr. Wir müssen das auseinander dividieren. Es gibt keine gemeinsame Zukunft.« Hans-Georg machte noch einen Versöhnungsversuch. Es war zu spät. Ich ließ mich auf nichts mehr ein und diskutierte bloß noch sachlich, wie wir die Trennung am besten regeln. Eigentlich wollte ich in meinem Leben nur einmal heiraten, ich wollte weder fremdgehen noch irgendwas. Ich war der Meinung: »Das ist mein Mann, und dabei bleibe ich.« Es fiel mir unheimlich schwer zu sagen: »Du bist gescheitert.« Noch bevor wir alles ausdiskutiert hatten, kam sein bester Freund zu Besuch. Hans-Georg war grade nicht da, und dieser Freund sagte: »Ich merke schon, bei euch stimmt's nicht.« Ich sagte: »Ich bin fest entschlossen, mich scheiden zu lassen. Ich habe keine Lust mehr auf dieses Hin und Her. Jetzt müssen Nägel mit Köpfen gemacht werden.« – »Mich hat das sowieso schon gewundert ...« – »Was hat dich gewundert?« – »Dein Mann hat dich die ganzen Jahre pausenlos betrogen. Weißt du das nicht?« Nee, das hatte ich nicht gewusst, vielleicht was geahnt und nicht wahrnehmen wollen. Er hatte nicht irgendwo eine Freundin, aber jede Gelegenheit zum Fremdgehen genutzt. Das hat mich in meinem Entschluss bestärkt, wenngleich es das nicht mehr gebraucht hätte. Als mein Gatte später nach Hause kam, der Freund war wieder weg, habe ich ihm alles erzählt und gesagt, er möge sich bitte eine Wohnung suchen. Dann ging alles relativ schnell und sehr friedlich. Wir haben uns problemlos geeinigt. Es gab keinen Streit um Hausrat und Möbel. Wir überlegten miteinander, wer welche Dinge braucht. Die Scheidung war erst einige Jahre später und verlief genauso einvernehmlich.

Nach der Trennung von Hans-Georg habe ich ganz exzessiv gelebt. Ich wurde dünner und dünner, schicker und schicker und war ständig auf Achse. Mein Sohn war wichtig. Ein, zwei Stunden mittags gehörten ihm und die Wochenenden natürlich. Wir haben uns unterhalten. Er erzählte mir, wenn es Probleme in der Schule gab. Er war 16 damals. Für meinen Unterricht machte ich das Allernötigste. Ich hatte ja bloß die paar Stunden. Ansonsten war ich nächtelang weg, hatte jüngere Freunde, das war ganz wichtig. Ich war Mitte 30, meine Freunde grade mal 30. Eine ganze Weile habe ich so oberflächlich gelebt. Aber wenn Daniel mich brauchte, habe ich alles sausen lassen und fuhr nach Hause. Das war klar. Ich glaube, das war der einzige Grund, warum mich mein Sohn damals überhaupt noch ertragen konnte. Er wusste, wenn es wirklich eng wird, komme ich. Es hat nie ein Freund von mir bei uns geschlafen. Das wollte Daniel nicht. Daran habe ich mich gehalten. Irgendwann dachte ich: »Bea, wohin bringt dich das eigentlich? Du versuchst, jünger zu sein, als du bist, du merkst, dass es dezent langweilig wird und anstrengend.« Ich bekam endlich einen Angestelltenvertrag an der Schule und musste mehr arbeiten. Da war es nicht mehr so einfach, nächtelang irgendwo rumzuziehen. Nach und nach änderte ich mein Leben.

Mit Hans-Georg hielt ich wegen des Kindes weiter Kontakt. Es gab immer wieder Situationen, wo wir miteinander reden mussten. Ich war froh, als ich ihn nicht mehr anzurufen brauchte, weil Daniel selbstständig war. Unser Sohn war leicht verzickt, hat auch mal Ehrenrunden in der Schule einlegen müssen. Eines Tages sagte Hans-Georg: »So, jetzt reicht's. Ein Jahr hast du noch, dann kriegst du keine finanzielle Zuwendung mehr.« Plötzlich ging es. Unser Sohn schaffte in einem Jahr seinen Abschluss. Mit 17 wurde Daniel ziemlich unerträglich, so dass ich meinte: »So, mein Bester, nun wirst du dir eine Wohnung suchen.« Er rührte keinen Finger. Also suchte ich ihm eine. Ich konnte nicht mehr mit ihm zusammenleben. Er brachte nachts Freunde mit, das ging oft bis ein Uhr. Ich musste morgens um sechs Uhr aufstehen. Wenn ich zur Arbeit ging, habe ich die Freunde rausgeschmissen. Das nahm er mir übel. Es war ein ewiges Hin und Her. Mein Essen schmeckte ihm nicht: »Den Fraß kannste selber essen.« In diesem Stil kam er mir. Ich besorgte ihm ein Ein-Zimmer-Appartement. Am Umzugstag kamen seine Freunde morgens um neun. Mein Sohn lag im Bett. Er wollte nicht ausziehen. Bei Mama war es ja bequemer. Sein Vater hat mich in dieser Hinsicht unterstützt. Er kam, warf ihn erst mal aus dem Zimmer. Wir haben ihn praktisch »umgezogen«. Drei Monate meldete er sich nicht. Er legte den Hörer auf, wenn ich anrief. Mich hat das nicht sonderlich belastet. Ich war so froh, Frieden und Ruhe zu haben. Ich dachte: »Entweder er lernt es oder nicht.« Nach drei Monaten kam ein Anruf, sehr kleinlaut, er würde gern wieder mal was Richtiges essen. »Das ist kein Problem. Sag' kurz vorher Bescheid, wann du kommen möchtest.« – »Ging's vielleicht gleich?« – »Wenn du mit Rührei und Speck zufrieden bist.« – »Ich esse alles, egal was du machst.« Seitdem ist unser Verhältnis gut. »Mutter, kannst du mir mal zeigen, wie man das und das macht?« Oder: »Zeig' mir mal, wie man ein Bad putzt, irgendwie habe ich das Gefühl, es ist dreckig.« – »Gut, machen wir das, aber gemeinsam.« Er kommt jetzt, redet stundenlang mit mir über Gott und die Welt.

Vor zehn Jahren lernte ich bei Bekannten Dimitri kennen. Am Anfang dachte ich: »Der und Grieche, um Gottes willen!« Von Griechen hatte ich bis dato die Meinung: »Die haben Frauen, weil man eben eine Frau braucht, und nebenher Affären ohne Ende.« Das war für mich ein Grund, ihn gar nicht ernst zu nehmen. Er sagte zu mir: »Du bist so interessant, und du weißt so viel über Griechenland. Dich nehme ich glatt mit.« Hab' ich gesagt: »Nimm mit, wen du willst, mich nicht. Die Sprüche kenne ich.« Das Geplänkel ging über ein Vierteljahr. Er hat mich interessiert, ja. Ich fand, dass er ein toller Mann war. Doch ich zeigte alle meine Stacheln und Haare, auch die auf den Zähnen, und wollte ihn nicht rankommen lassen. Ich hatte keine Lust auf eine Enttäuschung. Ganz allmählich entwickelte sich etwas zwischen uns. Unsere Beziehung wurde enger und enger. Eines Tages sagte er: »Ich würde dich gerne heiraten.« Er war noch nie verheiratet gewesen. Erst war ich überhaupt nicht begeistert. Ich hatte nicht noch einmal heiraten wollen. Schließlich gab ich nach: »Was soll's. Du hast einmal geheiratet, hast die Scheidung hinter dich gebracht, kriegste das zweite Mal schon noch hin.« Ich wollte ja mit ihm zusammenbleiben. Ihm war die Heirat wichtig. Vielleicht wollte er mir damit beweisen, dass es für ihn kein Spiel war.

Ich ging, weil sich das so gehört, zu meinen Eltern und teilte ihnen mit, dass ich heiraten werde. Fragte mein Vater: »Bist du denn schon geschieden?« – »Ja.« – »Wen heiratest du denn?« – »Den Herrn Linakis.« – »Wie? Ist das etwa ein Grieche?« – »Ja.« – »Hast du ein Aids-Unbedenklichkeitszeugnis von ihm?« – »Nein.« Und dann ging's eine Stunde zur Sache. Erst einmal habe ich zugehört. Schließlich unterbrach ich meinen Vater und sagte: »Du hast jetzt irgendwas verwechselt. Ich bin nicht gekommen, um dich um Erlaubnis zu fragen, sondern ich bin gekommen, um dir schlicht und ergreifend die Tatsache mitzuteilen, dass ich heirate. Was immer deine Meinung ist, behalte sie in Zukunft für dich. Mich interessiert sie nicht.« Ich stellte Dimitri trotzdem meinen Eltern vor. Das tut man eben. Nachdem sie mit ihm drei Sätze gesprochen hatten, war das plötzlich der Mann schlechthin! Das hat mich auch wieder nachdenklich gemacht, wie man so schnell seine Meinung ändern kann. Er hatte ja Abitur und Studium. Das war wohl eine Steigerung.

In Dimitris Familie fühle ich mich wunderbar. Er selbst ist nicht so ein Familienmensch. Diese Großfamilie war ihm wohl auf den Nerv gegangen. Deshalb ist er nach Deutschland. Trotzdem wollte er mich natürlich seiner Schwester vorstellen. Seine Eltern lebten leider schon nicht mehr, als wir uns kennen lernten. Ich hatte ein bisschen Bammel, als wir zum ersten Mal gemeinsam nach Griechenland fuhren. Ich war Deutsche – das ist in Griechenland nicht unbedingt ein Vorteil – und geschieden. Ich fuhr also mit gemischten Gefühlen. Ich hatte darum gebeten: »Ich möchte nicht in der Wohnung deiner Schwester wohnen, sondern im Hotel. Damit ich eine Fluchtmöglichkeit habe.« Ich sprach damals noch nicht so gut Griechisch wie heute. Das ist ein Handicap, weil man irgendwann abschaltet und sich aus der Konversation ausklinkt. Meine Bedenken waren unbegründet. Dimitris Schwester war ganz unkompliziert, kam auf mich zu, als wenn es das Normalste von der Welt wäre. Vom ersten Moment an habe ich mich lieb und warm aufgenommen gefühlt. So ist es bis heute. Die Schwester hat mir am zweiten Abend erzählt – in Griechisch, Deutsch und Englisch –, was für ein Schwerenöter ihr Bruder gewesen war. Also fünf Freundinnen gleichzeitig in einem Hotel, jede auf einer anderen Etage. Sie warnte Dimitri, dass er es ja nicht wagen solle, mit mir dieses Spiel zu spielen. Dann bräuchte er nie mehr zu ihr zu kommen. Sie meinte, ich würde ihn lieben, das sähe sie. Und das solle er gefälligst ernst nehmen. Das fand ich klasse.

Dimitri hatte in Deutschland Maschinenbau studiert und eine Zeit lang in diesem Beruf gearbeitet. Die Büroarbeit liegt ihm nicht. Er fühlt sich dabei eingesperrt. Deshalb machte er wie alle Griechen mit einem Partner ein Lokal auf. Das lief anfangs sehr gut, bis der Partner mit 32 einen Herzinfarkt bekam. Eine Weile führte Dimitri das Lokal allein weiter. In dieser Phase lernte ich ihn kennen. Bevor wir heirateten, stellte ich die Bedingung, dass er sein Lokal aufgibt. Wir hätten nie freie Zeit miteinander gehabt. Morgens, wenn ich zur Schule gegangen wäre, hätte Dimitri geschlafen. Am Nachmittag musste er einkaufen, das Lokal öffnen. Abends hätten wir uns nicht gesehen, weder samstags noch sonntags, noch feiertags. Das brauche ich nicht. Da bleibe ich lieber allein. Er hat tatsächlich das Lokal aufgeben und arbeitet jetzt in einem griechischen Betrieb, der griechische Erzeugnisse – Weine, Käse und verschiedene Lebensmittel – an Gaststätten und andere

Firmen vertreibt. Es ist nicht sein Traumjob, doch er muss nicht permanent in der Firma sitzen, sondern fährt oft zu Kunden. Das kommt ihm sehr entgegen. Wir fühlen uns wohl miteinander. Dimitri schränkt mich überhaupt nicht ein. Ich kann mein eigenes Leben weiterleben, mit Freundinnen ausgehen oder alleine. Ich muss nicht begründen, warum ich ausgehen will, oder sagen, wann ich nach Hause komme. Ich bin viel allein unterwegs. Ich kann niemanden gebrauchen, der mich kontrolliert. Das habe ich bei meinem Vater durch und bei meinem ersten Ehemann. Noch einmal hätte ich das nicht ertragen.

Ich habe unwahrscheinliches Glück gehabt mit diesem Mann. Ich hätte nie gedacht, dass ich noch einmal so eine enge Beziehung eingehen würde und mich dabei wohl fühlen kann. Er ist so unkompliziert. Ist was zu essen da, ist es gut. Habe ich keine Lust zum Kochen, sagt er: »Weißt du was, zieh dich an, wir gehen essen. Musst jetzt nicht noch anfangen zu kochen.« Auch Geld ist kein Problem. Es gibt nicht mein und dein, es ist unser. Unsere Grenze ist, wenn nichts mehr da ist. Die Schuldenmacher sind wir beide nicht. Wir leben gern, gehen aus und kaufen gern ein. Ich lebe nur einmal. Weiß ich, was morgen sein wird? Ich weiß es nicht. Natürlich haben wir was gespart. Wir haben unsere Wohnung gekauft. Dimitri besitzt zwei Wohnungen in Griechenland. Einmal im Jahr reisen wir für längere Zeit nach Griechenland, manchmal ein zweites Mal, weil mich dieses Land ungeheuer fasziniert. Es gibt dort sehr viel zu entdecken, allein schon durch diese wunderbaren Inseln, die ganz unterschiedlich sind. Mir wird es nie langweilig. Ich liebe das Meer, Schwimmen, Sonne. Überall begegnen uns freundliche Menschen. Wir fahren nie in ein Touristengebiet, weil wir vor allem Kontakt mit der einheimischen Bevölkerung knüpfen wollen.

Ich reise gern – allein, mit Freundinnen und jetzt mit meinem Mann. Mit einer Freundin, die wesentlich jünger ist als ich, war ich vor Jahren auf Kreta. Es war wunderschön! Wir haben uns nicht ein einziges Mal gestritten. Ich war morgens schon fit, sie schlief lieber länger. Ich organisierte deshalb den Einkauf. Sie war für die Wäsche zuständig, was mir etwas lästiger fiel. Wir haben fast alles zusammen gemacht und uns bestens amüsiert. Andere Freunde wollten mich mal mit nach Leipzig nehmen, in den Osten. Da will ich nicht hin. Davor habe ich heute noch Angst. Als junge Frau fuhr ich einmal mit meinem ersten Mann und Freunden die Transitstrecke nach Westberlin. Ich werde dieses Bild an der Grenze nicht vergessen und diese bedrohliche Mauer. Dort patroullierten Soldaten, die MG im Anschlag. Sie näherten sich unserem Auto. Ich hatte solche Angst und weigerte mich, einen Abstecher nach Ostberlin zu machen. Früher war eine Mauer für mich nicht mit Bedrohung verbunden. Als ich in der Kindheit vom Mauerbau hörte, dachte ich nur: »Was ist denn da schlimm?« Für mich war eine Mauer etwas zum Spielen. Da konnten wir unseren Ball gegenwerfen. Nach dem Berlinbesuch informierte ich mich erst mal über den Osten und begriff so langsam, was dort überhaupt passiert war. In der Schule wurde bei uns nicht darüber gesprochen, jedenfalls habe ich keinerlei Erinnerungen daran. Es gibt noch einen anderen Aspekt, der mich davon abhält rüberzufahren. Uns ging es jahrelang besser als den Leuten dort, und ich will mir nicht wie so ein betuchter Tourist vorkommen, der jetzt mal die armen Brüder und Schwestern anguckt. So empfinde ich das. Irgendwie habe ich ein Schuldgefühl.

Mich haben andere Länder viel mehr interessiert als Ostdeutschland. Ich habe vor allem Verbindungen nach Süditalien und nach Griechenland, nicht erst seit ich mit Dimitri zusammen bin. Irgendwann werden wir nach Griechenland ziehen und alles hinter uns lassen. Eigentlich wollte ich schon ein Jahr dort sein. Dann starb mein Vater. Meine Mutter ist krank, und ich brachte es nicht übers Herz, sie allein zu lassen. Außerdem ist Dimitri von dieser Idee nicht so begeistert wie ich. Ich sehe darin eine neue Herausforderung. Ein Jahr lang würden wir erst einmal möglichst nicht arbeiten. In einer von Dimitris Wohnungen könnten wir wohnen. Vorläufig haben wir noch etwas Geld. Später könnten wir jobben. Ich kann Nachhilfe geben in Fremdsprachen, vor allem in Deutsch. Ich möchte nicht mehr arbeiten, als unbedingt nötig. Es wäre möglich, mich ein Jahr beurlauben zu lassen, so dass wir ohne Probleme zurückkönnten, wenn es nicht funktioniert. Ich würde gern einmal einen anderen Rhythmus leben, nicht nach der Uhr, nicht jeden Morgen um sechs Uhr aufstehen. Mich reizt das andere Klima. Man kann viel draußen an der Luft sein. Ich würde gern nach Athen ziehen, ich liebe Athen. Ich bin zwar kein Großstadtmensch, doch Athen fasziniert mich ungemein. Von dort aus kann man viel unternehmen, und die Stadt hat ein tolles kulturelles Angebot. Die Menschen sind offener als in den Dörfern und auf den Inseln. Mich hält nicht mehr viel in Deutschland. Mein Sohn ist selbstständig und verdient sein eigenes Geld. Meine Freunde würde ich vermissen, manche kenne ich schon seit 20 Jahren. Wir müssten eine Wohnung finden, die groß genug ist und ein abgeschlossenes Zimmer hat, damit wir oft Besuch empfangen können.

Meine Freunde und Bekannten akzeptieren Dimitri ganz selbstverständlich. Ob das nun Studierte sind oder nicht. Sie haben kein Problem damit, dass er Grieche ist. Er selbst macht jedoch immer wieder die Erfahrung, dass Ausländer hier nicht unbedingt gern gesehen sind. Als wir eine Eigentumswohnung suchten, war unterschwellig Skepsis gegenüber Ausländern zu spüren. Wir haben über ein Jahr gesucht. Meistens sind uns die Leute, die die Wohnungen verkauften, schon nach fünf Minuten Gespräch auf die Nerven gegangen. Das waren alles Deutsche. Wir kauften schließlich eine Wohnung in einem Haus, das ein Türke gebaut hatte. Wir waren sonntagmorgens auf eine Anzeige dorthin gegangen und redeten ohne Unterbrechung mit diesem Herrn Güngor fünf Stunden. Damit war klar, dass wir diese Wohnung wollen.

Das Verhältnis zu meinem ehemaligen Mann ist inzwischen völlig unverkrampft. Wir sind miteinander befreundet und besuchen uns ab und zu. Wir können ohne Empfindlichkeiten über alte Zeiten reden. Hans-Georgs neue Partnerin ist eine absolut patente, sympathische Frau. Ich finde diese Entwicklung sehr schön. Es war ja nicht alles schlecht zwischen uns. Es gab viel Schönes, und daran hänge ich ein bisschen, nicht an ihm, aber einfach an so einem Kontakt.

Ich sitze im Zug nach Berlin und weiß nicht mal genau, ob ich meine Gesprächspartnerin antreffen werde. Sie hinterließ mir auf meinem Anrufbeantworter, dass ich doch möglichst schon am Freitagabend kommen möge, nicht, wie vereinbart, am Sonnabend. Ich fahre am Freitag los, ohne sie noch einmal erreicht zu haben. Wie viele meiner Gesprächspartnerinnen habe ich auch zu Hildegard zufällig über einen gemeinsamen Bekannten Kontakt geknüpft. Sie ist Schauspielerin, hat zwei erwachsene Töchter und lebt allein. Dass sie nebenbei als Heilpraktikerin arbeitet, erfahre ich erst bei unserem Gespräch. Hildegard zeigt mir Fotos und ein Video mit Filmausschnitten. Wie immer müssen wir uns erst etwas warm reden. Gegen drei Uhr nachts schalte ich das Diktiergerät aus.

***

Ich schaute durch eine rosa Brille

Zwischen meinem Vater und mir besteht eine ganz tiefe Verbindung. Ich habe Erinnerungen an wunderschöne Sonntagvormittage, an denen ich zwischen ihm und meiner Mutter im Bett kuscheln durfte und die Erlaubnis erbettelte, mit dem Fahrrad wegzufahren. Ich war ganz glücklich in solchen Schmusemomenten mit den Eltern. Aber es gab auch furchtbaren Streit zwischen uns. Mein Vater war ein unheimlich dogmatischer Kommunist, und ich lehnte mich vehement gegen seine starre Weltsicht auf. Ich schrie förmlich dagegen an. Wenn wir politisch diskutierten, sind wir nur weinend auseinander gegangen. Meine Mutter versuchte oft verzweifelt und hilflos zu schlichten: »Reiz doch den Vati nicht so!« Ich habe später erst begriffen, welche Zivilcourage mein Vater besaß. Er war eine Zeit lang Schulleiter in einem mecklenburgischen Dorf. Dort und später an Stadtschulen sorgte er dafür, dass christliche und nichtchristliche Schüler gleich behandelt wurden. Die Christen an seiner Schule, die leistungsmäßig gut waren, durften zum Abi gehen, auch wenn er Parteirügen dafür einsteckte. Mein Vater hatte während der Hitlerzeit in Güstrow am Lehrerbildungsinstitut studiert und war mit 17 der Waffen-SS beigetreten. Die Waffen-SS hatte damals einen Tisch vor den Ausgang gestellt und gesagt: »So, ihr tragt euch jetzt alle freiwillig ein.« Im

Krieg in Ungarn zettelte er eine Revolte gegen einen Offizier an, der Gefangene und Soldaten sinnlos abknallte, wenn ihm die Nase des Gefangenen nicht passte oder ein Soldat nicht spurte. Das Ganze flog auf, und die beiden, die mitgemacht hatten, wurden vor seinen Augen erschossen. An einem Tag der eine, am nächsten der andere. Am dritten Tag sollte er als Rädelsführer erschossen werden. Da kamen die Russen, und sie mussten fliehen. Mein Vater ist in meinen Augen schwer traumatisiert, weil durch seine vermeintliche Schuld zwei Menschen starben. Nach dem Krieg sagte er: »Jetzt ist Kommunismus! Und das muss das Bessere sein.« Er schaute nicht nach links, nicht nach rechts. Die Partei war für ihn Familienersatz. Er kam aus keiner stabilen Familie. Die Mutter war bei seiner Geburt gestorben. Er suchte in außerhalb der Familie liegenden Verbänden seinen Halt. Und diesen Vater habe ich auf einen Thron gestellt! Er wollte, dass ich mir jeden Montagabend den »Schwarzen Kanal« anschaue. Ich fand die Sendung eklig, und dieser geifernde Mann stieß mich ab. Ich drückte mich, wo ich konnte. Ich schaute mir den alten Film, der zuvor gesendet wurde, an und musste dann dringend aufs Klo. Den Mauerbau fand ich anfangs nicht gut, weil ich nicht mehr zu meinen Großeltern fahren konnte, die im Westen wohnten und einen Laden hatten, in dem es wunderbar nach Bananen und Coca-Cola roch. Das ergab ein schönes, eigenartiges Gemisch. Ich fand es blöd, dass irgendwelche Leute bestimmten, wohin ich fahren durfte und wohin nicht. Mein Vater hat mir von der imperialistischen Bedrohung und so weiter erzählt. Und weil es von meinem Halbgott kam, musste das in Ordnung sein. Ich drängte meine eigenen Gedanken weg. Wenn einem Kind mit elf gesagt wird, da wollen welche was Böses, ist es letztendlich froh über so eine Mauer. Ich dachte tatsächlich: »Ach, Gott sei Dank, jetzt sind wir sicher.«

Meine Mutter kam mit sich selbst wenig klar. Sie war Krankenschwester gewesen. Wohl eine wirklich begabte, weil sie die Patienten sehr geliebt hat. Wegen der Kinder blieb sie zu Hause. Das hat sie ziemlich schlecht ausgehalten. Sie hat vier Kinder geboren, zwei Fehlgeburten gehabt, war also fast ununterbrochen schwanger. Das Geld war knapp. Wie sie so leben konnte, ist unglaublich! Es gab viel Krach zwischen meinen Eltern, zum Beispiel, ob meine Schwester getauft werden durfte oder nicht. Meine Mutter war stark an ihre christliche Ursprungsfamilie gebunden. Sie hat immer alles gemacht, was die vorgab. Mein Vater als Kommunist stand dazwischen. Meine Mutter wollte aus ihren Töchtern besonders einwandfreie, tief gereinigte Menschen machen. Sie kritisierte permanent an uns herum, so dass wir sie als ewig nörgelnde Mutter empfanden. Der Vater, wenn er nach Hause kam, war gütig, sagte kaum etwas. Er versohlte mir höchstens mal den Hintern, meiner Meinung nach, weil meine Mutter ihm das gesagt hatte. Ich sah in ihm den unschuldigen, edlen, guten und ganz den Kommunismus lebenden Menschen, der mit dem Wenigen zufrieden war, das er hatte. Die Leistung meiner Mutter konnte ich erst sehr viel später einschätzen. Mein Großvater war Dorfschullehrer und Kantor in Mecklenburg, wo ich aufgewachsen bin. Er sprach nur Plattdeutsch. Ich war stolz, wenn er an der Orgel saß. Mein Opa an dem großen Instrument! Das Christentum meiner Großeltern war kein wirklich gelebtes, nur ein behauptetes. Man ging zur Kirche und hatte Sorge, »wat de Lüd seggen«.

In Klein-P., diesem mecklenburgischen Dorf, wo ich die ersten Jahre meiner Kindheit verbrachte, ging ich anfangs zur Christenlehre. Dann kam es zu einem Konflikt zwischen dem Pastor und meinem Vater. Mein Vater trieb als Kommunist die Kollektivierung der Landwirtschaft voran. Der Pastor wetterte von der Kanzel gegen ihn. Das nahm ich ihm übel und ging nicht mehr zur Kirche. Ich musste jeden Abend beten: »Behüte Vati, behüte Mutti, Amen, gute Nacht.« Ich sagte: »Büte Vati, büte Mutti.« Und dachte: »Was soll der machen?« Ich habe das überhaupt nicht verstanden. Trotzdem war die Christenlehre für mich ein gewisser Halt. Im Dorf hatte ich einen gleichaltrigen Freund. Wir spielten viel zusammen. Als wir zur Schule kamen, hat er sich von mir abgewandt, weil ich ein Mädchen war. Das hat mich tief gekränkt. Ich wurde lange nicht damit fertig, dass ich als Mädchen minderwertig sein sollte.

Wenn ich meinen Traum- und Meditationserlebnissen glauben kann, wurde ich als Kleinkind missbraucht. Die Frau meines Vergewaltigers hat mich mitunter betreut. Sie war eifersüchtig auf meine Mutter, weil sie auch in meinen Vater verliebt war. Und mein Vergewaltiger hat mich und meine Schwester missbraucht, weil seine Frau in unseren Vater verliebt war – ach, das war alles ganz kompliziert. Ich habe mich gewundert, warum ich diese ganzen Doktorspiele nie mitmachen wollte und dass ich zwar ohne Hemmungen meine Vorderseite gezeigt habe, nie meinen Po. Ich kriegte später raus, dass er mich rektal missbraucht hatte. Ist verrückt, wie das Verdrängte im Unterbewusstsein arbeitet.

Als ich neun war, sind wir in die Stadt gezogen, anfangs nur mein Vater und ich. Das war für mich eine totale Entwurzelung. Ich hatte in diesem Dorf unglaublich viel träumen können, genoss meinen Freiraum, konnte mich rauslegen auf die Wiese und schaute in die Wolken. Und plötzlich war der ganze Horizont mit Häusern zugebaut. Ich fühlte mich eingeengt. Mein Vater hatte wenig Zeit für mich. So war ich nach der Schule meistens ganz allein in dieser fremden Stadt. Das war schrecklich. Ich habe alle Empfindungen abgeschaltet. Anfangs wollte ich wieder zur Christenlehre. Mein Vater sagte: »Wenn du das möchtest, kümmere dich selbst. Ich werde dir den Weg nicht ebnen.« Ich war furchtbar faul und habe mich nicht getraut, auf fremde Menschen zuzugehen. Vor allem waren die Pastoren meistens Männer, da war ich sehr verängstigt. Untertänig und verängstigt. In der Schule empfand ich die anderen als klüger und traute mich nicht vorzulesen. Ich stellte mich dumm. Irgendwas Merkwürdiges war in meinem Kopf passiert. Im folgenden Jahr wechselte ich die Schule und kam in eine neu formierte R-Klasse, eine Sprachklasse, wo schon ab der dritten Russisch unterrichtet wurde. Dort fühlte ich mich wohler und fand auch ein paar Freundinnen. Trotzdem war ich einsam. Das Gefühl der Entwurzelung blieb jahrelang.

Mein großer Traum war, Schlagersängerin zu werden. Bärbel Wachholz und Hartmut Eichler waren meine Ideale! Als ich zur Erweiterten Oberschule kam, gab es dort einen dramatischen Zirkel, den eine Schauspielerin leitete. Ich ging zu ihr mit hochgezogenen Schultern und fragte, stotternd vor Verlegenheit: »Würden Sie mir Schauspielunterricht geben?« Sie sagte: »Wenn du meinst, dass du das kannst.« Sie unterrichtete mich nach alter Schule und mit Sprachgesang. Die Gretchen-Rolle studierte ich in singendem Tonfall ein: »Ach neige, du Schmerzensreiche, dein Antlitz gnädig meiner Not.« Wunderbar! Diese Frau war ein Stück Kultur in dieser Kleinstadt. Bei ihr fanden Hauskonzerte statt. Ihr Sohn spielte eine kleine Hausorgel, ihr Lebensgefährte spielte Geige. Sie rezitierte Goethe-Gedichte. Diese Frau eröffnete mir eine ganz neue Dimension des Lebens! Traumhaft! Trotzdem beschloss ich in der elften Klasse, Landwirtschaft zu studieren. Ich hatte während der Schulzeit Saatzüchterin gelernt und fand es so schön an der frischen Luft. Als ich 17 war, erkrankte diese Schauspielerin an Krebs, wurde operiert und bekam Bestrahlung. Sie schlief fast nur noch. Ich besuchte sie jede Woche einmal, ganz regelmäßig. Mein Großvater war gerade gestorben, und ich war ihm noch einen Brief schuldig. Ich war zu faul gewesen, ihm zu schreiben. Mich bedrückte deswegen eine große Schuld. Ich wollte das bei ihr wieder gutmachen. Als ich einmal neben ihr saß, erwachte sie und fragte, ob ich mich schon an der Schauspielschule beworben hätte. Ich antwortete: »Ja, hab' ich.« Damit ich nicht als Lügnerin dastünde, bewarb ich mich schnell und wurde angenommen. Ich war zu faul, mich noch bei der Landwirtschaft zu bewerben, und bin Schauspielerin geworden. In den ersten Studienjahren durchlebte ich furchtbare Krämpfe: »Warum wollen die, dass ich meine Gefühle preisgebe?!« Ich kam mir nackt und entblößt vor. Es war eine schreckliche Zeit. Nach zweieinhalb Jahren konnte ich das akzeptieren und annehmen.

Mit 18 Jahren trat ich in die SED ein, im Nachhinein betrachtet aus einem witzigen Grund. Mein Onkel war aus Karrieregründen in die Partei gegangen. Ich glaubte, dort seien nur solche Enthusiasten wie mein Vater. Mich empörte, dass die Partei verunreinigt wird. Ich wollte mit meinem Beitritt ein Gegengewicht schaffen. Kurz nach meiner Aufnahme waren die Ereignisse in Prag, die mich sehr tangiert haben, und zwar aus persönlichen Gründen. Ich hatte im Jahr zuvor in einem Ferienlager englische Jugendliche betreut. Dort waren auch ein paar Tschechen, die hatten von Dubcek und von der Bewegung erzählt. Weil ich die Jungs toll fand, übertrug ich diese Begeisterung auf den Prager Frühling. Ich hatte gerade mein Schauspielstudium aufgenommen, das wie jedes Studium mit einem Erntelager anfing. Auf den Parteiversammlungen im Erntelager haben mich die Genossen agitiert, weil ich den Einmarsch der Truppen nicht begrüßte. Unendliche Diskussionen! Mein damaliger Liebhaber fand den Einmarsch in Ordnung. Irgendwann habe ich geschwiegen. Das wurde als Zustimmung gewertet, und sie ließen von mir ab. Das war ein großes Glück. Andere sind von der Schauspielschule geflogen in dieser Zeit. Ich lebte wie unter einem Schleier. Es ist unglaublich, wie die Wahrnehmung meiner Kindheit in einem Nebel verschwand. Ich nahm Ungerechtigkeiten wahr, habe sie benannt. Wenn man dann mit mir diskutierte, zog ich mich zurück, um keine Schwierigkeiten zu bekommen. Eine ganz eigenartige Taktik entwickelte sich im Laufe meines Lebens. Als wir einmal mit dem Theater im Westen waren, gab mir ein Freund, der abgehauen war, das Buch eines Stasioffiziers. Der war übergelaufen und hatte ausgepackt. Ich bekam einen Nervenzusammenbruch, weinte einen Tag lang ununterbrochen und wollte nicht zurück. Ich hätte jedoch meine Kinder in der DDR zurücklassen müssen. Die hätte ich nie nachholen können, und das kam für mich nicht in die Tüte. Ich habe das Buch einfach vergessen. Ich habe auch die Mauer irgendwann vergessen. Als ich 17, 18 war, hat sie mich zunehmend gequält. Wenn ich nach Berlin kam, kriegte ich Nervenzusammenbrüche, wenn ich an dieser Mauer langfuhr. Ich saß stocksteif da und hatte nur Wut und sagte mir: »Guck da nicht rüber. Du drehst durch.« Irgendwann schaltete ich ab. Ich schaltete die Toten ab. Ich bin wahrscheinlich zu hysterisch für solche Sachen. Allmählich kann ich sie angucken, ohne kaputtzugehen. Das hat mich sehr viel Arbeit gekostet.

Den Kommunismus hatte ich in meinem Kopf als Ideal, als ein urchristlich-urkommunistisches Ideal. Das »Richtige« – das war ja noch nicht. Was ich erlebte, war erst die Vorbereitung. Es war in Ordnung, dafür zu kämpfen. Als ich mein erstes Engagement an einem Theater hatte, sagte ich auf einer Parteiversammlung: »Genossen, wir müssen eine Initiative starten. Ich merke, dass es immer mehr Genossen gibt, die nur aus Karrieregründen in die Partei gehen. Wir müssen was dagegen tun!« Alle lächelten milde. Seit einem Vorfall während meines Engagements in Thüringen nahm ich vor den Parteiversammlungen oft Faustan, eine Beruhigungstablette. Dort hatte eine Kollegin einen Ausreiseantrag gestellt, weil ihr Mann rübergegangen war und sie ihm folgen wollte. Daraufhin wurde sie zur Kriegstreiberin und Verräterin erklärt. Dabei war das die friedlichste Kollegin aus dem Ensemble, die Mutter des Ensembles, das emotionale Zentrum. Ich stand sehr erregt auf: »Also, bitte schön, warum ist sie denn eine Kriegstreiberin? Die will doch nur zu ihrem Mann!« – »Ja, die erkennt die Verfassung der BRD an. Die Verfassung der BRD will ein Deutschland in den Grenzen von 1937. Wer die Verfassung der BRD und damit die Grenzen von 1937 anerkennt, will Krieg.« Diese Kollegin spielte damals einen Arbeiter als Clown. »Darf diese Verräterin einen Arbeiter als Clown spielen? Will sie damit nicht die Arbeiterklasse diskriminieren?« Mit solchen Sachen musste ich mich auseinander setzen, mit so 'nem Pisskram. Ich fühlte mich ständig verscheißert, aber ich dachte: »Durchhalten, durchhalten, durchhalten. Wir bessern die Menschen. Wir bessern die Welt.« Diese Frau durfte nicht mehr spielen, wenn wir in grenznahen Orten auftraten. Wir lasen ihre Rolle ein und sagten dem Publikum, warum wir sie einlasen. Das gesamte Ensemble stand hinter ihr. Es war ein wunderbares Ensemble, mutig und politisch klar.

Als ich in Mecklenburg am Theater war, konnten wir über die Partei vieles durchsetzen. Dieses Theater fand ich sehr politisch. Vor den Premieren klopfte die SED-Bezirksleitung die Stücke ab. Wenn die Parteigruppe des Theaters hinter einem Stück stand, hatte das manchmal Einfluss auf die Entscheidung der Bezirksleitung. Wir überlegten, wo wir besonders offenkundig brisante Dinge einbauen konnten, die der Bezirksleitung auffielen und die sie streichen konnte, damit das andere durchging. Wir brachten 1979 einen hochpolitischen Faust auf die Bühne. Die brisanten Zwischentöne hat unser Publikum verstanden, es war ja darin geschult. Als Antwort auf die Einführung des Wehrkundeunterrichts an den Schulen führten wir ein antikes Spektakel auf. Das war ein sehr pazifistischer Abend. Gerade die Stücke, die gegen die herrschende Politrichtung löckten, machten jene Leute, die später meinen Parteiausschluss betrieben. Ich fühlte mich damals als Widerstandskämpferin, nicht wissend, dass ich nur ein Clown war, ein Hofnarr. Wir waren davon überzeugt, dass wir dieses System bessern können. Einmal schoss ein Intendant gegen eine Kollegin. Das war eine, die oft unüberlegt und aus dem Bauch heraus redete. Der Intendant wollte sie aus der Partei ausschließen. Doch wir als Parteigruppe standen hinter ihr und machten den Intendanten rund. Heute kann man sich als Schauspieler gar nicht mehr vorstellen, dermaßen gegen einen Intendanten vorzugehen. Er war eben einer von vielen Genossen. Da wurde nicht gesagt: »Das ist der Intendant, der kann mir jetzt schaden.« Sondern es wurde Tacheles geredet. Wir kritisierten genauso Regisseure, wenn sie Schauspieler schlecht behandelten. Die Parteiarbeit war durchaus ein gutes Instrument, Inszenierungen und Schauspieler zu schützen. Es waren kluge und geradlinige Menschen in der Partei, mit denen es tief gehende Auseinandersetzungen gab. Deshalb habe ich es ausgehalten. Außerdem hatte ich meine rosa Brille auf! Als einmal der zweite Bezirksleitungssekretär auf unserer Parteiversammlung war, sagte ich: »Genosse, ich bitte dich, dass du mal an höherer Stelle Bescheid gibst: Es fällt mir auf, dass unsere Gesellschaft in zunehmendem Maße militarisiert wird und die Kinder werden militarisiert. Es ist wie bei Werner Holt, wenn man in so eine Schule kommt. Und empfiehl bitte mal dem Ersten Sekretär, dass er LTI von Klemperer liest, damit er seine Sprache entmilitarisiert.« Ich verkannte völlig die Realität! Daraufhin haben sie mich rausgeschmissen aus der Partei. Da hatten sie mich nicht mehr lieb.

Vorher lief noch folgende Geschichte: Im Theater gab es ein Zuträgerlein, was allseits bekannt war. Der sagte zu einem Regisseur, dem Rolf, er würde mit seinen Inszenierungen die DDR diskriminieren. Ich ging zu dem Zuträgerlein und fragte: »Du, sag' mal, bin ich in deiner nächsten Inszenierung drin?« – »Das weiß ich jetzt noch nicht«, druckste er. – »Gut, dann wollte ich bloß sagen, besetz' mich bitte nicht, denn ich möchte nicht mit Rufmördern arbeiten.« Gleichzeitig bereitete der Rolf eine Inszenierung vor und wollte mich besetzen. Ich fand dieses Stück furchtbar. Es war von einer linken Westautorin geschrieben: Drei westdeutsche Frauen machen sich in Eisenach einen Bunten und alles läuft schief. Ich fand gemein, das einer Bevölkerung vorzusetzen, die nicht reisen durfte. Diese Frauen wurden als blöde Westdeutsche dargestellt – das stimmte alles nicht. Ich konnte nach dieser Auseinandersetzung schlecht sagen, mit Rolf will ich auch nicht arbeiten. Ich ließ mich also besetzen. In diesem Stück traten wir auch in Unterwäsche auf. In unseren Läden gab es damals nur diese rosa Kameraden mit breiten Ärmeln und Rippen. Die konnten wir natürlich als Westfrauen nicht auf der Bühne anziehen. Nicht mal im »Exquisit« fand ich was Vernünftiges. Ich hatte einen Freund in Hamburg, der war Faust-Fan und schon acht Mal hintereinander im Faust gewesen. Ich hatte ihn auch privat kennen gelernt und gute Gespräche mit ihm geführt. Er fand es gemein, dass unsere Arbeit nicht gleichberechtigt bewertet wurde, und tauschte mit mir 1 : 1. Dem gab ich Geld und bat ihn: »Such' doch mal in Hamburg für mich und meine Kollegin schöne Unterwäsche.« Er zog mit roten Ohren durch die Dessous-Läden in Hamburg und besorgte uns seiner Meinung nach schöne Wäsche. Ich fand sie nicht besonders, aber gut, sie war aus dem Westen. Wir überreichten die Sachen öffentlich in der Kantine. Am nächsten Tag zitierte uns der Intendant: »Seid ihr wahnsinnig! Wegen eurer Unterwäsche hat die SED-Kreisleitung getagt.« Zur selben Zeit unterzog sich der Erste Sekretär der Bezirksleitung in Hamburg einer Augenoperation. Das wussten wir damals bloß nicht.

Es wurden Einzelgespräche mit mir angeordnet. Zwei führende Leute des Ensembles nahmen mich in die Mangel. Es kamen Fragen wie: »Wenn nun ein Parteibeschluss käme, würdest du den vertreten?« Ich sagte: »Nur wenn ich dazu stehe. Ich kann doch nicht so einfach irgendetwas zustimmen, weil jemand sagt, du musst das jetzt vertreten.« – »Doch, das musst du. Das gehört zur Parteidisziplin.« – »Wenn ihr meint, das sei für euch richtig, ist das schön. Dann kommt ihr besser durch die Welt. Ich kann nicht so leben. Ich finde, man muss seine Meinung äußern. Leute, die nie kritisch reden, schaden der Partei.« Ich schaute immer noch durch die rosa Brille! Eines Tages baten sie zu einem dieser Gespräche eine Dramaturgin hinzu, die ich gut leiden konnte. »Du hast doch nichts dagegen, dass die Genossin zuhört.« Natürlich hatte ich nichts dagegen. In der nächsten Schauspielparteigruppe stand diese

Genossin auf und sagte, völlig aus dem Zusammenhang herausgerissen: »Genossen, ich möchte euch mitteilen, dass die Genossin Hildegard der Meinung ist, dass der Genosse sowieso und die Genossin sowieso nicht würdig seien, Mitglieder der Partei zu sein.« Das hat mir das Rückgrat gebrochen. Ich saß da und zitterte. Drei Monate lang fing ich zu heulen an, wenn mir nur jemand guten Tag sagte. Der Boden brach weg unter meinen Füßen. Das Vertrauen zu Menschen, die ich geliebt hatte, mit denen ich mich eins glaubte in der politischen und sonstigen Meinung, war dahin. Und die Dramaturgin bekam eine Dramaturgie in Schweden. Ich war sozusagen das Kopfgeld ihrer Reise. Mein Bild durfte ganz lange nicht mehr in der Zeitung erscheinen. Mein Name sollte möglichst nicht erwähnt werden. Ich dachte, ich wäre als Schauspielerin einfach schlecht geworden. Ich begriff nicht, was da lief. Trotzdem lernte ich plötzlich differenzieren, denn es gab Leute, die zu mir standen: der Parteisekretär zum Beispiel und der Chefmaskenbildner. Andere distanzierten sich völlig von mir. Ein Bühnenbildner sagte, er schäme sich, mit sowas wie mir in einer Gruppe zu sein. Es ging richtig ans Eingemachte. Der Bühnenbildner ist übrigens der Einzige, der sich nach der Wende bei mir entschuldigte. Der Rausschmiss aus der SED hat mich wachgerüttelt. Ich bin im Nachhinein sehr dankbar dafür, sonst wäre ich ewig so blöd durch die Welt gerannt.

Der Mittelpunkt meines Lebens war jedoch nie die Partei. Das waren die Männer, die ich grade hatte, und meine Rollen. Es gab in meiner Jugend eine ganz romantische Liebe. Er war Maler, also ein Anstreich-Maler. Von 15 bis 18 waren wir zusammen. Ich wollte gar nicht mit ihm schlafen. Sex spielte in meiner Pubertät nie eine Rolle. Kampf um Jungen, ja. Sex war uninteressant. Freundinnen von mir waren ganz schöne Feger und fingen schon früh an. Ich wollte das nicht. Mit dem Maler habe ich nach dem Abi das erste Mal geschlafen. Er durfte mich dann wochenlang nicht anfassen, obwohl es wirklich ein lieber Junge war. Ob es zu früh war? ... Ich glaube, für mich wäre es immer zu früh gewesen. Ich war mir ja nicht bewusst, was in meiner Kindheit passiert war. Das war weit zurückgedrängt. Ich habe eine Frau kennen gelernt, die über Jahre hinweg eine Analyse gemacht hat und plötzlich herausbekam, dass sie ihr Vater als Kleinkind missbraucht hatte. Als sie sich wehrte, hatte er sie gegen die Wand geworfen. Sie konnten jahrelang nicht laufen. Das hatte sie alles verdrängt. Es kam erst während dieser Analyse hoch. Kinder haben gute Verdrängungsmechanismen.

Mit meinem Mann war ich 17 Jahre zusammen, 15 davon verheiratet. Wir hatten uns im Studium kennen gelernt und das erste Engagement zusammen angenommen. Dort verliebte er sich in eine Tänzerin, die mit mir befreundet war. Wegen unserer Freundschaft hat sie diese Liebe nicht gelebt. Das hat Werner zum Alkohol getrieben. Unter diesem Schatten stand unsere Ehe, die eine unglaublich leidenschaftliche und hauptsächlich auf Sex gegründete Beziehung war. Außer dem Theater und später unseren Töchtern hatten wir keine gemeinsamen Interessen. Mit fortschreitendem Alkoholismus brachen alle Freundschaften weg. Er wollte nicht, dass jemand in unsere Wohnung kam und das mitkriegte. Ich wusste damals nicht, dass das eine Krankheit ist, und sah es als Charakterschwäche. Werner hatte große Ängste, das Engagement zu wechseln, Sicherheiten aufzugeben. Ich wollte alle zwei Jahre an ein anderes Theater.

Ich wurde ungewollt schwanger und musste mühsam das Mutter-Sein lernen. Die ganze Schwangerschaft über schämte ich mich für meinen hässlichen Körper. Mir ist später klar geworden, dass ich die Probleme meiner Mutter übernommen hatte. Ich war vor der Ehe gezeugt worden, und meine ach so christliche Großmutter hatte meine Mutter völlig fertig gemacht wegen dieser tiefen Schande. Meine Mutter hat sich ihrer Schwangerschaft geschämt. Und meine Schwangerschaft war dieselbe Marter. Ich brauchte 17 Stunden für die Entbindung in einer schrecklichen Dessauer Klinik. Die Hebamme war hart und unfreundlich zu mir. Sie sagte, ich sei zu blöd, ein Kind zu kriegen. Ich wurde zunehmend verkrampfter, und das Kind konnte nun erst recht nicht kommen. Ich hatte nur Angst und wusste gar nicht, was auf mich zukommt. Niemand sagte etwas Freundliches zu mir. Sie setzten mich schließlich unter Narkose und legten den Wehentropf an. Als das Kind endlich da war und ich erfuhr, es ist ein Mädchen, sagte ich: »Ach du Scheiße!« Das ist der größte Schock im Verarbeiten meines Lebens, dass ich dieses Kind so begrüßt habe. Ich fiel sofort wieder in die Narkose zurück. Ich war fest davon überzeugt gewesen, dass es ein Junge wird, weil ich es nach den drei Schwestern, die ich selbst hatte, unbedingt wollte. Nach neun Stunden brachten sie mir das Kind. Als es wehrlos in meinem Arm lag, schämte ich mich, dass ich es nach der Geburt nicht hatte annehmen wollen. Ich habe geweint und um Verzeihung gebeten, damals noch nicht wissend, dass die Kinder das verstehen. Ich konnte nach der Entlassung aus dem Krankenhaus mit dem Kind gar nichts anfangen. Ich brachte es nach 12

Wochen in eine Wochenkrippe, wenn ich Endproben hatte! Ich wusste nicht, dass es andere Möglichkeiten gegeben hätte. Wenn die Proben zu Ende waren, kam ich in die Krippe und fragte: »Entschuldigung, darf ich meine Tochter abholen?« Ich hatte einen Riss in der Schüssel! Es ist unvorstellbar! Meine erste Tochter hat sehr viel Schlimmes durch mich erfahren, durch den Vater natürlich auch. Das hat sie mir sehr übel genommen. Es gab Zeiten, wo sie mich nicht mit dem Hintern angeguckt hat. Inzwischen haben wir ein gutes Verhältnis. Sie litt zudem unter den Auseinandersetzungen zwischen mir und meinem Mann. Der hatte sich zeitweise den Verstand weggesoffen. Es gab unappetitliche Szenen. Ich war völlig überfordert mit der Situation. Ich soff mit, damit er nicht zu viel trinkt.

Als ich in Thüringen ein Engagement annahm, war Werner zum ersten Mal in der Klinik. Zwei Engagements hatte er mir schon vereitelt, weil er nicht mit zum Vorsprechen kam. Wir hätten gemeinsam anfangen können. Ich sagte schließlich: »Das nächste Angebot mache ich alleine.« Ich ging mit dem Kind nach Thüringen. Werner kündigte plötzlich und kam hinterher. Er nahm eine Arbeit als Fahrer bei der HO an, die er jedoch als minderwertig empfand. Er trank immer mehr. Ich hatte manchmal bloß drei Mark pro Tag und wusste nicht, ob ich dem Kind nun Milch oder Brot kaufen sollte. Dabei bekam ich mit 800 Mark im Monat schon eine Spitzengage. Er klaute mir das Geld. Wo ich es auch versteckte, Werner fand es. Das war furchtbar für mein Kind. Ich war als Co-Abhängige asozial und stürzte mich zum Ausgleich in die Arbeit. Als wir beide mit dem Trinken aufhörten, fiel ich in ein riesiges Loch und dachte: »Was fange ich jetzt mit meiner Zeit an?« Ich konnte mir gar nicht vorstellen, wie man ohne Alkohol einen Abend angenehm verbringen kann. Trotzdem hielt ich lange durch. Später gab es Zeiten, wo ich vor jedem Auftritt wahnsinnige Angst bekam und einen Wodka trinken musste, um einigermaßen locker zu werden. Als Werner wieder anfing zu trinken, verbannte ich den Alkohol endgültig. Seit Mitte der achtziger Jahre trinke ich nicht mehr.

Meine zweite Tochter wurde in einer Zeit gezeugt, in der ich mir nicht mehr sicher war, ob ich mit Werner weiter zusammenleben wollte. Trotzdem konnte ich diese Schwangerschaft genießen! Ich habe meinen Leib genossen. Ich habe das Kind genossen. Ich war so eins mit der Welt in der zweiten Schwangerschaft, wie ich in der ersten mit ihr uneins gewesen war. Ich habe dieses Kind geschützt und gehätschelt. Ich bekam Wochenbettdepressionen, als ich zu Hause sein musste. Niemand wusste damals, dass es so was gibt. Ich fing aus Notwehr nach einem halben Jahr wieder an zu arbeiten. Das Theater war so wichtig für mich! Im Nachhinein habe ich das Gefühl, dass ich durch jede Rolle, die ich spielte, ein Stück gewachsen bin und eigene Probleme aufarbeiten konnte. Jedes Mal hatte ich mein eigenes Grundlebensthema zu bearbeiten. Meine erste Rolle war ein junges Mädchen, das war mir gemäß; dann Liebhaberinnen, das war mir ebenfalls gemäß. Als ich das Gretchen spielte, hatte ich mich gerade in einen bedeutend älteren Mann verliebt, den ich für viel klüger hielt als mich – eine Parallelgeschichte. Dann hatte ich eine Fehlgeburt und war auf der Bühne eine Frau, die eine Fehlgeburt hatte. Nach dem Scheitern meiner Ehe spielte ich die Kreutzersonate, wo es um eine scheiternde Ehe geht. Ich empfinde das als großes Glück. Ich suchte mir die Rollen nicht aus, sie kamen auf mich zu. Im Moment muss ich mich dem Alter stellen. Ich spiele eine alternde Frau, die aus der Bahn gerät und völlig weltfremd, aber mit starken inneren Werten lebt.

Mein geschiedener Mann ist jetzt Puppenspieler, ein sehr begabter Puppenspieler, wie ich meine. Ich drängte ihn damals, auf Puppenspieler umzulernen, damit er von diesen trinkenden Schauspielern wegkam. Da ist er zu den trinkenden Puppenspielern gegangen. Die saufen alle! Ich hoffe, dass er jetzt trocken ist. Es gibt Zeiten, da kommt er mir sehr clean vor. Eigentlich weiß ich, wenn er trinkt. Er hat dann am Telefon so einen kindlichen Ton in der Stimme. Jahrelang roch ich Alkohol, wenn er wieder trank, egal wo in der ganzen Welt ich war. Und meine Töchter haben davon geträumt. Wir wussten das. Es besteht zwischen uns eine ganz irre Verbindung. Wir respektieren uns jetzt und haben kürzlich nach 13 Jahren das erste Mal einen ganzen Abend zusammengesessen und geredet. Jetzt kann ich ihn wieder achten. Das hat lange gedauert.

Im Mai 1989 wollte ich nach dem Westen flüchten. Wir gaben ein Gastspiel in Westberlin. Mein damaliger Freund sollte drüben bleiben. Ich wollte mit den Kindern einen Ausreiseantrag stellen. Ein Kirchenrat überredete uns hierzubleiben: »Es müssen auch Leute hierbleiben.« In jenem Sommer waren wir in Italien zu einem Gastspiel. Kurz vorher war die Sache auf dem Platz des Himmlischen Friedens in China passiert. Ich war fassungslos, dass Egon Krenz dieses Massaker begrüßt hatte, so dass ich jetzt bereit war, alles gegen diese Regierung einzusetzen. Es gab damals eine tolle Reaktion von den italienischen Kollegen. Sie streikten, weil sie vom Vorjahr noch Löhne zu kriegen hatten. Wir sollten mit ihnen reden, damit sie ihren Streik abbrechen und uns spielen lassen. Da sagten sie zu uns: »Mit Leuten, die aus einem Land kommen, wo man die China-Sache gutheißt, reden wir überhaupt nicht.« Das fand ich großartig, und es bestätigte mich in meiner Haltung.

Im Wendeherbst engagierte ich mich im Neuen Forum. Am 7. Oktober waren die Verhaftungen in Berlin. Ich verlas die Verhaftungsprotokolle. Für das Neue Forum wurde ich Kulturobmann, wofür ich völlig ungeeignet war, weil ich nur Theater kannte und jede Horizonterweiterung für mich eine Riesenanstrengung war. Ich konnte den gesamten Kulturbereich gar nicht überblicken. Ich versuchte die Aufgaben im Sprecherrat im Rahmen meiner Möglichkeiten zu bewältigen. Für mich galt das Motto, wir müssen jetzt erst mal als Persönlichkeiten umdenken und wachsen. Ich dachte, das wollten die anderen auch: diese Deformierung der DDR erst mal aufarbeiten. Ich habe nicht gesehen, dass es nur um eine neue Sesselverteilung ging. Auch da wieder ...

Eine meiner Demo-Reden ist mir noch in peinlicher Erinnerung. Ich habe die Begabung, genau im falschen Moment das Richtige zu sagen. Wir standen vor der Stasi. Ich hatte eine Frauenkette organisiert, damit die Massen die Stasi nicht stürmen. Die Frauen standen zitternd, mit Kerzen in der Hand vor der wütenden, aufgebrachten Menge. Wir Redner standen mit dem Rücken zum Gebäude. Hinter uns rauchten die Schornsteine von dem verbrannten Papier. Ich sagte in dieser Situation, dass so ein sozialistisches System eben auch durch Menschen, die darin leben, ermöglicht wird. Und dass wir jetzt erst mal gucken müssten, ob wir nicht genauso leben, wie der Staat strukturiert war, dass wir Schwächere fertig machen, wenn es uns schlecht geht. Und wie behandeln wir unsere Kinder? Wir müssten selbst erst mal umdenken. Da pfiffen die 30 000 Leute. Ich fand das gar nicht prickelnd. Durch die Arbeit im Neuen Forum begann ich, meine Mission als Schauspielerin anzuzweifeln. Ich hatte so tolle Leute kennen gelernt und gemerkt: Es gibt außerhalb des Theaters Menschen, die genau dasselbe wollen wie wir. Es gibt eine andere Welt, und diese Leute sind klug und wach und interessiert. Ich dachte: »Was machen wir auf der Bühne eigentlich für einen Pisskram?! Wir spielen denen irgendwas vor! Diesen wunderbaren Menschen wollen wir sagen, wie sie denken sollen? Das ist doch unzulässig.« Ich sah plötzlich die Mündigkeit der Leute, die für mich nur Publikum gewesen waren. Bisher bestand meine Welt aus Theater, meinen Kindern und meiner Ehe. Das andere hatte ich gar nicht wahrgenommen.

Als sich die Mauer öffnete, verachtete ich die Leute. Eben wollten sie noch die Welt verändern und dann nur noch zu Aldi einkaufen gehen. Das war ein zweites Motiv, meinen Beruf aufzugeben. Ich kann nicht auf der Bühne stehen und die Leute verachten. Und ein Drittes kam hinzu. Ich spürte: »Du musst dich jetzt verkaufen.« Es gab einen Generationswechsel. Die jungen Leute machten sich gegenseitig fertig mit Sätzen wie: »Du bist ja qualitativ völlig Scheiße.« So etwas kannte ich nicht. Früher hatten wir alle gleichmäßig zu tun und gar keine Zeit, uns gegenseitig rundzumachen. Ich wurde richtig krank. Ich wollte auch nicht irgendwohin gehen und sagen: »Ich bin eine gute Schauspielerin.« Ich war mir durch die lange Pressesperre und die Film- und Fernsehsperre gar nicht mehr sicher, ob ich eine gute Schauspielerin bin. Ich hatte durch eine mutige Freundin ein paar Kinderfilme machen können. Ansonsten wurde ich nicht besetzt und dachte: »Ich bin einfach schlecht als Schauspielerin.« Nun sollte ich plötzlich zu Westleuten gehen, die mich nicht kannten, und sagen: »Ich kann was, ich habe da und dort Erfahrung.« Das war mir ein Graus.

Ich suchte nach anderen Wegen. Ich hatte schon 1990 ein Fernstudium in psychologischer Beratung begonnen und dachte: »Du träumtest seit 1985 davon, nach Indien zu gehen und Ayurveda zu studieren. Jetzt ist die Grenze auf, jetzt kannst du deinen Traum verwirklichen. Mach's einfach!« Am Theater hätte ich kein Jahr freinehmen können. Ich kündigte 1992, wurde Spieltherapeutin in einem Kunstverein und ging zusammen mit einer Klavierlehrerin in Kindergärten und Schulen. Bei dieser Tätigkeit sind mir schlimme Kinderschicksale begegnet: Die LPGs waren auseinander gebrochen. Die ehemaligen Bauern arbeitslos. Die Väter soffen. Die Kinder wurden geschlagen und missbraucht. Es war furchtbar. In einem Kindergarten wurden die Kinder nur aufbewahrt. Die Kleinen brachen in Tränen aus, wenn sie ein Bild malen sollten, weil sie vorher nur mit Schablonen gemalt hatten. Die Betreuerinnen standen und schwatzten, die Kinder spielten allein, wurden gefüttert und mussten dann schlafen. Mit diesen Kindern zu arbeiten war eine intensive und interessante Aufgabe. Ich spürte jedoch, dass mich die Kinderschicksale zu sehr belasteten, weil ich ihnen nicht wirklich helfen konnte. Ich dachte wieder darüber nach, mich mit Ayurveda zu beschäftigen. Ayurveda ist eine alte indische Heilmethode, die vor allem auf Vorbeugung basiert. In der ursprünglichen Tradition wird der Arzt nur honoriert, wenn die Leute gesund bleiben. Das faszinierte mich, wenngleich das heute nicht mehr so gehandhabt wird.

Ich hatte ein bisschen Geld zur Seite gelegt, was für eine längere Arbeitspause reichen würde. 1993 nahm ich meine jüngste Tochter und meinen Freund und ging nach Indien. Dort sah ich zum ersten Mal in meinem Leben ein hungerndes Kind, das vor Schwäche den Apfel, den ich ihm geschenkt hatte, nicht zum Mund führen konnte. Das war hart. Damals kam mir meine Fähigkeit, Dinge ausblenden zu können, sehr zupass. Nachdem ich vierzehn Tage lang nur gebrochen und Durchfall gehabt hatte, weil ich immer dieses Erlebnis vor Augen hatte, wollte ich die Armut nicht mehr wahrnehmen. Ich schaltete ab.

Ich erkundigte mich nach Ausbildungsmöglichkeiten und erfuhr, dass ich für Ayurveda erst noch mindestens zwei Jahre Sanskrit hätte lernen müssen. Das hätte ich nie geschafft. Wir fuhren nach Rishikesh im Himalaya. Dort waren die Beatles gewesen, da musste ich als großer Beatles-Fan hin. In Rishikesh tagte gerade ein internationaler Friedenskongress, auf dem sich jeden Tag drei verschiedene indische Friedensinitiativen vorstellten. Wir schrieben uns für diesen Kongress ein und bekamen dadurch die Möglichkeit, ein bisschen mehr von der Umgebung zu sehen. Wir saßen oft am Ganges. Der Fluss strahlt unwahrscheinlich viel Ruhe aus, die sich auf die Menschen überträgt. Wir waren an der Stelle des Flusses, wo die Götter mit den Dämonen um das Wasser der Unsterblichkeit gekämpft und ein bisschen verschüttet hatten. An dieser Stelle wusch ich mein Gesicht! Beim Kongress lernten wir ein Pärchen kennen. Der Mann war mir aufgefallen, weil er aussah wie der Amphibienmensch aus dem gleichnamigen russischen Film. Er war sanft, sensibel und trug einen weißen indischen Anzug. Seine Frau war temperamentvoll. Die beiden zeigten auf diesem Kongress Prana-Healing, eine Geistheilung. Mir juckte es förmlich in den Fingern, und ich dachte: »Das ist es!« Ich erkundigte mich nach Ausbildungsmöglichkeiten. Eine Studienrätin aus Deutschland, die ich dort kennen gelernt hatte, organisierte Kontakte für mich. Prana-Healing wurde in Bangalore gelehrt. Also machten wir uns auf den Weg dorthin. Bangalore liegt etwas höher. Dort ist es nicht so heiß wie in den anderen Städten. Das war für meine Tochter besser, die die Hitze nicht vertrug. Sie besuchte eine internationale Schule und fühlte sich sehr wohl.

Der Leiter der Prana-Healing-Foundation in Indien ist Millionär und stellt in seinem Hochhaus einen Raum zur Verfügung, die »Klinik«. Dort saßen, als ich kam, fünf, sechs Patienten nebeneinander. Die Heiler standen davor und winkten heftig in der Luft rum. Ein Außenstehender hat den Eindruck, er käme ins Irrenhaus. Ich lernte mit Begeisterung, und wir verzeichneten unglaubliche Heilungsergebnisse. Das gab natürlich ein gutes Gefühl. Ich traf einen Heiler, der sah mich an und sagte: »Du wirst Heilerin!« Ich war verwirrt. »Ja«, sagte er. »Ich zeige dir alles, was ich kann.« Dieser Mann hat mir ein Wissen geschenkt, wofür ich hier 40 000 bis 50 000 Mark bezahlt hätte. Er brachte mir erstaunliche Sachen bei und gab mir eine profunde Ausbildung. Zum Schluss machten wir unser Meisterstück. Wir heilten ein Mädchen, das Krebs hatte, schon Chemotherapie hinter sich, und von den Ärzten aufgegeben war. Mit dem Gefühl, ich könnte Krebs heilen, kam ich zurück nach Europa. Natürlich konnte ich keinen Krebs heilen, aber ich hatte das Bewusstsein, es schon einmal geschafft zu haben.

In Indien kam ich zu einer neuen Sicht auf Deutschland. Nachdem ich jahrzehntelang mit diesem Land gehadert hatte, konnte ich es plötzlich annehmen. In Indien herrscht das Chaos und eine ganz eigene Ordnung, die von uns nicht nachvollziehbar ist. Hier ist eine für uns erkennbare Ordnung. Manchmal zwar totgeordnet, doch ich lernte die liebenswerten Seiten dieser Ordnung schätzen. Ich habe gelernt, zu mir als Deutscher zu stehen. Ich war auf einmal ganz glücklich, eine Frau zu sein, die in Europa lebt. Deutschland wurde plötzlich schön aus der Ferne. Wir Deutschen haben zwei Generationen Diktatur hinter uns, was mit vielen Individualitätszerstörungsversuchen einherging. Ich bin der Meinung, dass sich Leute, die sich aktiv damit auseinander setzten, daran enorm gereift sind. Für mich kann ich das jedenfalls sagen. Ich durchschaue sehr schnell, wenn mich jemand von außen zu beeinflussen sucht, und schotte mich sofort ab. Durch die Versuche in der DDR, mich kollektivfähig zu machen und mich als Einzelpersönlichkeit zu demontieren – was ich teilweise mit mir habe machen lassen –, sind diese Sensoren da. Wir besitzen ein Gefühl für Lügen zwischen den Zeilen. Das finde ich einen ganz großen Gewinn aus der DDR-Zeit. Auch religiöse Vereinigungen in Indien, die ich erlebte, haben mir nicht geschadet. Selbst in dem großen Aschram des allmächtigen Sai-Baba zu sein hat mir nicht geschadet. Ich habe einfach den Zirkus nicht angenommen, weil ich mich nicht von Menschen beeinflussen lassen wollte.

Als ich aus Indien zurück war, machte ich in Deutschland noch eine Heilpraktikerausbildung. Mit der indischen Sache hätte ich hier nicht offiziell arbeiten können. Ich wollte nicht inoffiziell praktizieren. Zum Theater ging ich zurück, weil ich in Geldnot war. Ich musste das Studium selbst bezahlen, hatte erst Arbeitslosengeld, dann nur noch Arbeitslosenhilfe und irgendwann 6000 Mark Schulden. In diesem Moment rief ein Regisseur an, ob ich nicht bei ihm mitspielen möchte. Ich spielte also Theater, damit ich wieder was verdiente. Irgendwann sagte ich zu einem Regieassistenten, ich würde gern mal ein Chansonprogramm machen. Eines Tages stand er mit einem Chansonprogramm vor der Tür und hat mich sehr liebevoll, aber konsequent gezwungen, das Programm einzustudieren. Chanson ist noch mal was ganz anderes! Das ist Transportieren von Liebe, von Lebensfreude. Es ist auch das ganz andere, das traurige Chanson über Tod, Verlust, Herz, Schmerz. Es ist wunderbar nachzuempfinden, wie diese Barbara – von ihr singe ich ganz viel – mit ihren Liedern ihre Schicksalsschläge verarbeitet hat. Sie interpretierte nicht so fröhlich, wie ich das jetzt tue. Aber ich empfinde ihren Prozess nach. Mir macht ganz viel Freude, mit jedem Lied zu zeigen, es ist alles überwindbar. Durch mein Chansonprogramm habe ich wieder Lust am Schauspielerberuf bekommen. Ich nahm ein Angebot vom Kinder- und Jugendtheater an. Dort spiele ich jetzt schon die zweite Sache. Von der Heilpraktikerei kann ich nicht leben, weil ich keine Werbung für mich mache. Die meisten Patienten haben wenig Geld. Ich behandle fast nur zu Unterpreisen. Ich merke, dass ich im Schauspiel wieder Erfolg habe. Ich bekam gleich anteilig einen Kritikerpreis und dachte: »Vielleicht bist du doch gar nicht so schlecht.« Ich habe wieder einen Zugang zu meinem Beruf. Ich hatte fünf Jahre nicht gespielt und sehr zurückgezogen gelebt. Ich musste wieder richtig laufen lernen. Wörtlich! Ich konnte nicht geradeaus gehen, ich bin gekippelt. Ich musste meine Stimme wieder ausbilden, die ganz piepsig geworden war. Es war ein hartes Stück Arbeit.

Das Kinder- und Jugendtheater ist eine DDR-Enklave. Dort verstehen sie ihre Arbeit noch als Bildungsauftrag und wollen was bewirken. Das ist sehr angenehm. Das westliche Theater habe ich früher abgelehnt. Wir waren mit dem Ensemble mehrmals vor der Wende drüben. Ich hatte das Gefühl, die Westschauspieler wären ängstlicher im Umgang mit Regisseuren, untertäniger. Das stieß mich ab. Ich begriff damals ihre existenzielle Not nicht. Ich fand das Theater dort meistens uninteressant, weil es für mich keinen erkennbaren politischen Ansatz hatte. Ich habe auch wunderbares Theater gesehen: in Wien, in Hamburg. Aber in den anderen Städten ... Ich verfolge noch Ziele mit dem Theater: Ich denke, man muss den Menschen den Glauben an sich selbst zurückgeben, den Glauben an die Kraft ihres Herzens und den Mut zu ihren Beziehungen. Daran will ich gern mitarbeiten.

Ich habe einen ganz großen Traum: Ich möchte eine Naturheilklinik aufmachen – vielleicht in einem mecklenburgischen Dorf – mit großem Kunstanteil und Kunsttherapie, wo Schauspieler regelmäßig Stücke aufführen, wo verschiedene Naturheiler eigenverantwortlich arbeiten. Ich möchte ihnen selbst viel überlassen, weil ich erstens kein großes Organisationstalent besitze, und zweitens will ich mich nur als Initiatorin, nicht als Chefin fühlen. An der Klinik soll eine Lehreinrichtung für Straßenkinder sein, damit sie über das Handwerk zum Lernen kommen. Gewerke, die im Dorf ansässig sind, sollen eingebunden werden. Die Frauen des Ortes können mitmachen, wenn sie möchten. Jeder Handgriff soll mit dem Herzen geschehen. Dazu muss man natürlich bereit sein.

Zuvor will ich meine Beziehungssucht in den Griff kriegen und wieder partnerschaftsfähig werden. Ich muss mir eine dickere Haut zulegen. Dazu habe ich erst mal alle Männer weit weg von mir geschoben, keine Affäre mehr, nichts. Ich will mich auf mich besinnen, will sehen, wo liegen die Muster und warum. Meine Beziehungen scheitern unter anderem daran: Die Männer lernen eine starke, selbstständige Frau kennen, die im Laufe der Beziehung das dringende Bedürfnis entwickelt, sich in einem Mann aufzulösen. Sie sind dann ratlos oder frustriert, weil sie sich auf einen völlig neuen Menschen einstellen müssen. Das Männerbild meiner Kindheit war feindlich. Mein Vater wurde von der Familie nie geachtet: Er war der Versager, weil er handwerklich nichts konnte. Er war ein Intellektueller. Das galt nichts in meiner Familie. Meine Mutter war wütend auf ihn, weil er sie vor der Ehe schwängerte und sie später so viele Kinder kriegte. Bei meinen Beziehungen wollte ich sicher sein, dass die Männer mich meinen, dass ihre Gedanken nur um mich kreisen. In mir war so eine Widersprüchlichkeit: Man musste Männer zwar bekämpfen, man musste die Macht haben, aber man musste tun, was sie wollten. Ich fühlte mich einerseits von Männern bedroht und wollte sie beherrschen, gleichzeitig habe ich mich mit Hingabe aufgelöst. Mir sagen zu lassen, was ich tun soll, war für mich eine absolute Wonne. Jetzt mit 50 befreie ich mich davon. Nach meiner Scheidung vor 15 Jahren zog ich mich wochenlang zurück, wollte keinen Menschen sehen. Ich wollte nur meine Ruhe. Mit einem neun Jahre jüngeren Mann war ich dann sechs Jahre sehr glücklich zusammen. Bei ihm war ich zum ersten Mal ich selbst. Er liebte mich, egal wie ich aussah oder wie es mir ging. Er respektierte sogar, dass ich einmal sehr zugenommen hatte, und meinte: »Da habe ich eben ein bisschen mehr Hildegard.« Dann betrog er mich einmal mit meiner besten Freundin. Ich habe es gespürt, denn ich bekam plötzlich furchtbaren Durchfall. Mein Vertrauen war profund erschüttert. Ich habe ihm verziehen, und er hat mir geschworen, dass es eine Ausnahme war. Doch wenn ich mit ihm geschlafen hatte, bekam ich Bauchkrämpfe. Immer diese verzweifelte Liebe und dieses verzweifelte Ablehnen. Ich konnte nicht mehr mit ihm zusammen sein.

Dann lernte ich Jakob kennen. Er ist 17 Jahre jünger als ich. Ich nahm ihn erst gar nicht wahr als potenziellen Liebhaber. Ich dachte: »Was will das Kind?« Jakob, wenn er was will, ist penetrant. Er trampelt mit den Füßen, bis er es hat. Irgendwann war meine Widerstandskraft gebrochen. Ich hatte gleich zu Anfang das Gefühl, es wird eine besondere Liebe. Doch ich konnte meinen Körper im Vergleich zu ihm auf einmal nicht mehr ertragen. Ich wollte diese ganzen Entwicklungsstufen nicht noch einmal mitmachen. Jakob hat mich rührend geliebt, er hat gekämpft um mich. Ich brauchte ein halbes Jahr, um die Beziehung zu Jakob in eine Freundschaft umzuwandeln. Ich kann ihn freilassen und mit ihm über seine Freundinnen reden. Er fragt mich um Rat, und ich kann das aushalten. Manchmal bin ich ein bisschen eifersüchtig, schimpfe auf diese und jene. Ich frage mich sehr gründlich: Ist das nun Eifersucht, oder habe ich das Gefühl, er bedient mit seiner neuen Beziehung ein altes Muster? Meistens ist es das Letztere. Wir lieben uns auf eine besondere Weise, das ist wunderbar. Ich will ihn nicht mehr in meiner Wohnung haben, vor allem nicht in meinem Bett. Es hat mich wahnsinnig Selbstbewusstsein gekostet, ständig diesen jungen Körper zu sehen und meinen sich schon zum Alter hin verändernden. Ich konnte mich nicht mehr annehmen. Das kann ich jetzt wieder. Darüber bin ich sehr froh.

Mit meinen Eltern habe ich Frieden geschlossen. Ich kann jetzt beide gleich stark lieben und sie ehren, meinen Vater nicht mehr vergöttern und meine Mutter nicht mehr verachten, weil sie kleinbürgerlich und kleinkariert denkt. Ich kann sie sehen als Menschen mit Fehlern, kann darüber hinwegsehen, dass sie eine saumäßige Ehe führen. Ich sage mir: »Das ist das, was sie wollen, da wollen beide dran reifen.« Es steht mir einfach nicht zu, ihr Leben zu beurteilen. Ich gestehe ihnen und mir das Recht auf Fehler zu. Wenn Gott gewollt hätte, dass wir fehlerfrei durch die Gegend gehen, hätte er uns nicht auf die Erde geschickt. Fehler sind unsere einzige Chance zu lernen. Ich verteidige mein Recht aufs Fehlermachen. Meine große Tochter, die selbst schon drei Kinder hat, macht vieles anders als ich, sicher auch besser. Ich schwamm damals auf der Summerhill-Welle, antiautoritäre, falsch verstandene Summerhill-Erziehung. Damit wollte ich wohl den Fehler bei ihrer Geburt wieder gutmachen. Meine Tochter wollte mehr Grenzen. Auf der anderen Seite sage ich mir, dass es innerhalb dieser DDR, wo wir sowieso großen Eingrenzungen ausgesetzt waren, vielleicht das Beste war, was ich für mein Kind tun konnte. Sie war von Anfang an ein selbstständiger Mensch. Ich hatte das Gefühl, sie wäre mir meilenweit überlegen. Meine Mutter hatte eine ganz rigide Ordnung in der Erziehung, zum Beispiel den 4-Stunden-Rhythmus beim Stillen. Meine Tochter hat eine Art Mischung gefunden: Sie hat Regeln meiner Mutter übernommen, die sie nicht dogmatisch betreibt, aber auch meine bedingungslose Hinwendung zu den Kindern. Wenn das Baby zwischen den Mahlzeiten schreit, fragt sie: »Was hast du denn? Willst du spielen?« Manchmal wollen sie nur beschäftigt sein und das Gefühl haben, wenn die Zeit ran ist, kriege ich wieder was zu essen. Sie müssen nicht diese entsetzliche Einsamkeit durchleiden wie wir, nach dem Motto: »Die Kinder müssen schreien.« Sie gibt klare Grenzen vor, in denen die Kinder sehr frei sein dürfen.

Wenn ich meine Beziehungsprobleme geregelt habe, will ich mich in meinem Familien- und Freundeskreis umsehen, ob ich gebraucht werde. Man kann sich nicht in der Gesellschaft engagieren und die Nächsten gehen neben dir zu Grunde. Sich auf die unmittelbare Umgebung konzentrieren und dort im Kleinen verändern, ohne das Gesamte aus den Augen zu verlieren, das ist wichtig, und das ist zu schaffen. Nicht die ganze Welt auf den Kopf stellen wollen.

Ulrike hat vier Kinder großgezogen und viele Jahre in Übersee gelebt. Seit einigen Jahren ist sie mit ihrer Familie in Süddeutschland zu Hause. Ulrike ist sehr zurückhaltend. Viel mehr als bei meinen anderen Gesprächen ist das Mikrofon ein Fremdkörper zwischen uns. Im geräumigen Wohnbereich des Hauses steht das Klavier ihrer Mutter. Es war in Ulrikes Familie gekommen, weil sonst niemand Platz dafür hatte. »Das war witzig«, erzählt Ulrike und lächelt. »Mein Großvater mütterlicherseits hatte irgendwann dieses Klavier gekauft. Meine Mutter und ihre Schwester haben ein bisschen darauf gespielt. Aber eigentlich wollte es kein Mensch in der Verwandtschaft haben.«

***

Das Zurückkommen war schwierig

Es ist mir unwahrscheinlich schwer gefallen, 50 zu werden. Ich hätte es am liebsten verheimlicht. Ich habe das Gefühl, das ist eine Zäsur, und Freunde und Kollegen schauen mich seit meinem Geburtstag ganz anders an. Mir drängt sich die Frage auf: »Was ist denn jetzt, was will ich noch?« Früher, wenn mir die Familiensituation kaum Freiräume ließ, war ich nie ängstlich und sagte: »Meine Zeit kommt schon, wartet mal. Irgendwann habe ich meinen Freiraum wieder.« Es ist noch Neugier da, natürlich, aber ich kann nicht sagen, dass ich nun dies oder das machen möchte. Ich war kürzlich in München auf einer Informationsveranstaltung zum Thema Fortbildung. Dort waren einige Frauen, die ich auf Mitte 50 schätzte. Ich fand schön, dass sich Frauen in meinem Alter und älter mit Fortbildung beschäftigen. Das macht Mut, nach vorn zu schauen. Ein 50. Geburtstag lädt ja eher dazu ein, in der Vergangenheit zu stöbern. Mir ist dabei bewusst geworden, dass in meinem Leben ein Kindheitstraum in Erfüllung gegangen ist, der damals recht abwegig war. Das ist schon witzig. Ich wollte immer nach Übersee gehen. Während meines Konfirmandenunterrichts war ein alter Missionar bei uns gewesen und hatte von seinen Einsätzen in Asien erzählt. Das hat mich fasziniert. Ich träumte davon, Lehrerin zu werden und irgendwohin nach Übersee zu gehen. Dabei kamen solche Impulse überhaupt nicht aus meinem sozialen Umfeld. Ich komme aus einem kleinen Dorf in Ostwestfalen. Der normale Bildungsweg war Hauptschule und Berufsausbildung. Weil ich in der Grundschule gut lernte, hatten die Lehrer meinen Eltern empfohlen, mich nach der vierten Klasse zur Realschule in die Stadt zu schicken, nicht aufs Gymnasium. Ich interpretiere das heute so: Es war nicht üblich, dass jemand aus meinem Umfeld auf das Gymnasium ging. Der soziale Sprung wäre zu groß gewesen. Der war auch so recht groß für mich. Am Anfang war das ganz schrecklich. Wir mussten damals eine dreitägige Aufnahmeprüfung machen. Ich trug ein ungeliebtes Kleid, rot-weiß gestreift, tailliert, mit einer Rüsche unten am Rock und langen Ärmeln. Ich fühlte mich darin sehr unwohl. Damals begann das Schuljahr zu Ostern. Die Aufnahmeprüfung muss daher im Winter gewesen sein. Diese drei Tage waren furchtbar für mich. Ich kannte niemanden. Die anderen Kinder bewunderte ich wahnsinnig, wie sie miteinander kommunizierten und spielten. Ich hatte plötzlich alle Sicherheit verloren. In dem alten Klassenverband war ich jemand, der auf Grund seiner Leistungen anerkannt war. Plötzlich schienen mir die anderen viel besser und vor allem selbstbewusster zu sein. Ich wusste gar nicht, wie ich in dieser neuen Schule soziale Kontakte knüpfen sollte. Ich war es nicht gewohnt, mit anderen zu kommunizieren. Ich sah einige Kinder Seil springen und dachte: »Ja, eigentlich würde ich schon gern mitmachen. Aber ich kann doch nicht einfach sagen: Ich möchte auch.« Ich war die Einzige aus meiner Grundschulklasse, die auf eine weiterführende Schule ging. Das war mein erster Schritt raus aus dem Dorf.

Dieses dörfliche, einfache Leben und die Enge empfand ich als ziemlich trist. Wir wohnten recht bescheiden zu viert in der oberen Etage eines großen Bauernhauses, das der Familie meiner Mutter gehörte. Wir hatten anfangs zwei Zimmer. Als ich sehr klein war, wohnte eine Flüchtlingsfamilie mit auf der Etage. Später bekamen wir ein drittes Zimmer dazu. Ein Onkel mit Familie teilte sich die untere Wohnung mit meiner Großmutter. Wir hatten Schweine, einen großen Gemüsegarten und mussten natürlich mithelfen: Schweine füttern, Futter holen. Es gab permanent Arbeit: pflanzen oder ernten oder Kartoffeln aufgraben und aussortieren. Schrecklich! Jedes Jahr wurde auf unserer Deele geschlachtet. Unsere Familie – ich habe einen älteren Bruder – schlachtete ein Schwein, mein Onkel zwei. Die westfälischen Bauernhäuser haben eine Deele. Das ist ein Anbau an den Wohntrakt, wo Wirtschaftsgebäude rechts und links abgehen. Später baute man dort die Toiletten hin oder, wenn man mehr Geld hatte, die ersten Badezimmer. In unserer Deele standen die Fahrräder, auch mal ein Leiterwagen oder andere größere Gerätschaften. Die Familie meiner Mutter war sehr dominant und hatte auf mich großen Einfluss. Meine Mutter ist jetzt über 80. Sie ist die Jüngste von zehn Geschwistern. Fast alle in dieser Familie waren Handwerker, Tischler, die in diesen schlichten dörflichen Strukturen lebten. Mein Vater war Schneider und kam aus der Stadt. Ich glaube, er hat sich in diesem Dorf nie richtig wohl gefühlt und war nicht wirklich in die Nachbarschaft integriert. Auch in dieser Familie war er nicht besonders anerkannt, weil er die landwirtschaftlichen Arbeiten nicht gut konnte. Durch eine Kriegsverletzung war sein linker Arm gelähmt. Das war ein zusätzliches Handicap. Meine Mutter war in vielen Dingen dominierend. Die Frau meines Onkels überwachte das Haus und hatte ihre Augen überall. Diese Tante sah alles, kriegte alles mit – wenn wir grüne Äpfel aßen oder grüne Stachelbeeren. Die war nicht sehr fleißig, fand ich. Sie hatte keinen Beruf gelernt und war nie berufstätig.

Mein Vater ist schon viele Jahre tot. Er ist 1983 gestorben. Ich denke oft, dass er ein depressiver Mensch war, in sich verschlossen. Ich sehe ihn vor mir, wie er abends Zeitung lesend in einem Sessel saß oder Radio hörte. Ich hatte ein sehr gutes Verhältnis zu ihm. Ich konnte richtig mit ihm rumschäkern und schelmen. Mein Bruder hatte es schwerer. Ich hätte mir bei meinem Vater wohl alles erlauben können. Ich war ein bisschen sein Goldstück. Aber wir sprachen darüber nicht. Wir sind oft an Sonntagnachmittagen miteinander spazieren gegangen, auch als ich schon längst nicht mehr zu Hause war. Wir erzählten uns dabei gar nichts, eigentlich komisch. Mein Vater redete nie viel. Kann sein, dass ich ihm ähnlich bin. Ich bin auch eher zurückhaltend.

Autos besaßen damals die wenigsten Leute. Die Wege wurden zu Fuß oder mit dem Fahrrad zurückgelegt. Ein Bruder meiner Mutter war Prokurist. Der hatte einen VW-Käfer. Manchmal durften wir als Kinder mitfahren. Das war der Wahnsinn für uns! Er war so der »große« Onkel, der am angesehensten war, weil er nicht mit den Händen arbeiten musste. Das war ein starkes Kriterium in unserer Familie. Als ich zur Volksschule ging, hatte ich eine halbe Stunde Fußweg. Ich war die Einzige aus diesem Teil des Dorfes, die in jenem Jahr eingeschult wurde. Zunächst musste ich ganz allein in die Schule laufen, weil die Erstklässler später mit dem Unterricht begannen als die Großen. In den folgenden Schuljahren ging ich zusammen mit den Nachbarskindern. Wir mussten an einem Waldstück vorbei. Das fand ich ganz schrecklich. Uns wurden Horrorgeschichten erzählt: »Wenn jemand kommt und fragt, ob du mitgehst, dann pass auf!« Eine Freundin, die schon eine Klasse höher war, und ich, wir haben uns gegenseitig verrückt gemacht. Wir stellten uns vor, wie wir reagieren würden, wenn uns jemand anspräche. Oder wenn ein Auto hielte und uns zum Einsteigen aufforderte. Das war für uns das Allerschlimmste. Einmal kam ein riesiger schwarzer Mercedes auf uns zugefahren, der hatte diese ganz kleinen Fenster und den Ersatzreifen vorne dran. Dieses Auto kam mir unheimlich vor. Als der Fahrer neben uns anhielt, nahm ich meine Beine in die Hand und rannte wie wild. Meine Freundin blieb stehen und sagte dann: »Was war denn mit dir los?« Der hatte wirklich nur nach dem Weg gefragt. Aber das war so das Bild für mich: Da kommt ein ganz dunkles Auto, hält, und dann passiert was Schlimmes.

Als ich aus meinen einfachen Verhältnissen in die Stadtschule kam, fühlte ich mich sehr klein. Es dauerte lange, ehe ich mich in dem neuen Umfeld eingelebt und Kontakte geknüpft hatte. Ich war anfangs unheimlich still und habe mich nicht gemeldet. Ich schämte mich auch wegen meines Elternhauses. In B., wo ich zur Realschule ging, gab es mehrere kleine Zigarrenfabriken. Viele Frauen drehten in Heimarbeit Zigarren. Sie holten sich morgens mit dem Fahrrad kleine Rohlinge aus der Fabrik. Die transportierten sie in Pappkartons. Wenn sie mit der Arbeit fertig waren, brachten sie die Zigarren in diesen Pappkartons zurück. Für viele Frauen, die ja oft keinen Beruf hatten, war die Heimarbeit ein guter Nebenverdienst. Meine Mutter hatte mit dem Zigarrendrehen angefangen, als ich drei oder vier Jahre war. Eine aus meiner Klasse sagte mal: »Wenn ich morgens in die Schule fahre, sehe ich diese Frauen mit ihren Kartons auf den Fahrrädern. Also, ich finde das ganz schrecklich, was die machen.« Das war nicht etwa mitfühlend gemeint, sondern ziemlich arrogant und abwertend. Ich habe lange niemandem erzählt, dass meine Mutter auch Zigarren machte. Wenn Freundinnen mit zu mir nach Hause kamen, räumte ich schnell das Zigarrenbrett weg. Es durfte erst dann jemand kommen, wenn ich wusste, dass meine Mutter mit ihren Zigarren fertig war.

In der sechsten Klasse entwickelte sich eine tiefe Freundschaft zu Beate, einer Mitschülerin, die bis heute hält. Eins ihrer Kinder ist mein Patenkind. Diese Freundschaft war sehr prägend für mich. Ihr Vater hatte eine Arztpraxis. Ich war oft übers Wochenende bei ihr. Wir fuhren am Samstagnachmittag mit den Rädern zu ihr nach Hause und am Montagmorgen zurück in die

Schule. Beates Elternhaus bewunderte ich sehr. Meine Freundin hatte drei Brüder, einen jüngeren und zwei sehr viel ältere. Da war einfach Leben im Haus. Mir gefiel die Atmosphäre. Durch diese Familie bekam ich eine engere Beziehung zur Kirche. Meine Eltern waren nicht besonders kirchlich engagiert. Mich interessierte die Kirche auf einmal. Ich ging deshalb auch zu Hause in den Jugendkreis und habe viele Frömmigkeitsrichtungen durchgemacht. Einer dieser Jugendkreise war sehr pietistisch, sehr fromm. Dort gab es einen jungen Mann, der mir gefiel. Wir waren hoch verliebt! Das waren Phasen, die unheimlich wichtig waren ... Ich kann mich an gute Gespräche bei Beate erinnern. Das Mittagessen dauerte sehr lange. Man saß am Tisch und redete. Bei uns zu Hause wurde nicht viel geredet. Und wenn, nur über praktische Dinge, weil immer irgendeine Arbeit anlag. Weder inhaltliche oder aktuelle politische Ereignisse spielten in meiner Familie eine Rolle. Mein Vater war ein strenger SPD-Mann, aber darüber redete er nie. Nach den Attentaten auf John F. Kennedy und Martin Luther King war er wütend und betroffen. Ich weiß genau, in welchem Zimmer wir waren, als die Nachricht von Kennedys Tod kam, und wie mein Vater erregt aufstand. Ich hatte das im Blick auf politische Ereignisse bei ihm noch nie erlebt. Mit 13 hat mich das Politische nicht interessiert, da findet man solche jungen Männer wie Kennedy vielleicht toll. Dass nun eine junge, schöne Frau mit zwei kleinen Kindern betroffen war, hat mich in dem Alter mehr berührt. Das ging durch alle Illustrierten.

Mit den Lehrern der Realschule hatte ich Glück. Sie haben nicht nur ihre Sache vermittelt, sondern mit uns auch über die Dinge gesprochen, die uns in der Pubertät beschäftigten. Wir hatten zum Beispiel einen Religionslehrer, der sehr offen mit uns über Liebe und Verliebtsein diskutierte. Eine ganze Stunde sprach er mit uns über den Tod von Beates Mutter. Sie hatte starke Depressionen und erhängte sich, als wir 15 waren. Das war schlimm. Es war wichtig für uns, dass dieser Lehrer unsere Betroffenheit aufnahm und sich nicht um das Thema gedrückt hat. Ich glaube, er hat unseren Jahrgang sehr geprägt. Viele von uns sind beruflich in den sozialen Bereich gegangen. Das finde ich schon interessant. Mein späterer Mann ging in meine Parallelklasse. Es gab witzigerweise Mädchen- und Jungenklassen, obwohl es eine gemischte Schule war. Politische Dinge waren dagegen kaum Gesprächsthema, weder in der Schule noch zu Hause. Der Mauerbau wurde natürlich mit Entsetzen registriert. Es wurde auch darüber gesprochen. Was das letztlich für Konsequenzen hatte, war mir damals nicht bewusst. Beates Vater hatte einen Bruder in Dresden. Dadurch ist mir das ein bisschen näher gekommen. Meine Eltern hatten überhaupt keine Beziehungen in den Osten, keine Freundschaften, keine Verwandten. Auf großen Geburtstagen von irgendwelchen Onkel und Tanten – meine Mutter hatte eine riesengroße Sippschaft – wurde manchmal über Politik geredet. Aber ich hatte den Eindruck, dass das etwas heikel war. Der Onkel von nebenan, die große Autorität in der Verwandtschaft, war ein harter CDU-Anhänger und verteidigte deren Politik bis zuletzt. Mein Vater als SPD-Mann sah vieles ganz anders. Dennoch hielten sie sich zurück, weil man sich nicht streiten wollte auf der Familienfeier. Die deutsche Teilung wurde mir erstmals wirklich bewusst, als wir nach der Konfirmation eine Klassenfahrt nach Berlin machten. Wir wurden vor dem Grenzübertritt angehalten, uns ordentlich zu benehmen, vor allem wenn unser Bus an der Grenze in der Autoschlange stand. Ich denke, unsere Lehrer operierten auch mit der Angst: »Ihr habt euch jetzt ordentlich zu benehmen, zeigt eure Ausweise ordentlich vor, seid nicht laut, macht keine dummen Bemerkungen.« In diesem Stil wurde auf uns eingeredet. Natürlich gingen wir auch einen Tag nach Ostberlin. Für mich war dieser Besuch angstbesetzt und suspekt. Diesen anderen Teil der Stadt empfand ich als unheimlich grau. Die S-Bahnen zum Grenzübergang Friedrichstraße waren schrecklich. Überall roch es nach Desinfektionsmittel. Ich war froh, dass ich nicht dort leben musste. Man vergaß die Eindrücke relativ schnell wieder, weil in diesem Alter ganz andere Dinge wichtig waren.

In der neunten Klasse machten wir Tanzstunde. Die Jungen waren ein Jahr älter als die Mädchen. Das war die Zeit, wo wir andauernd unterwegs waren und ständig verliebt in diese Jungs. Aber ich glaube, ich war unheimlich brav. Meine Mutter meckerte zwar ewig rum, dass sie schon wieder allein sei, aber ich war nicht aufmüpfig. Es hat zu Hause nie mal richtig geknallt. Ich wusste, was ich meinen Eltern zumuten kann und was nicht. Das ist komisch, finde ich, weil ich das bei meinen Kindern anders erlebe.

Nach der Realschule ging ich ein Jahr auf eine Frauenfachschule. Ich war 16 und wollte Krankenschwester werden, konnte die Ausbildung aber erst mit 17 ½ beginnen. Deshalb musst ich die Zeit überbrücken. Zur Krankenschwesternausbildung suchte ich mir eine Diakonische Anstalt, die nicht in unserer Nähe war, und bin mit 17 von zu Hause weg. Es war auf dem Dorf nicht üblich, so früh das Elternhaus zu verlassen. Meine Eltern hätten gern gesehen, wenn ich in der Nähe die Ausbildung absolviert hätte. Zuerst überlegte ich, ob ich weiter aufs Gymnasium gehen sollte, da mein Realschulabschluss sehr gut war. Ich entschied mich für die Krankenschwesternausbildung. Ich denke, das hing vor allem damit zusammen, dass ich von zu Hause weg wollte. Meine Freundin Beate lernte auch Krankenschwester, aber woanders. Das war wichtig für mich. Ich hatte plötzlich das Gefühl, diese Freundin ist viel stärker als ich. Wenn ich weiter so nah mit ihr zusammen bin, kann ich mich selbst nicht richtig entwickeln. Obwohl ich sie unheimlich gern habe, wollte ich endlich auf eigenen Füßen stehen. Als ich mir die Diakonische Anstalt anguckte, fuhr meine Mutter mit. Es hat mir dort gleich gefallen. Es war ein wunderschöner Herbsttag. Im Gelände standen viele bunte Laubbäume. Die Schwesternschule war zwar sehr alt, aber die ganze Atmosphäre sprach mich an. Ich entschloss mich sofort, dorthin zu gehen. Die Ausbildung war für mich eine ganz entscheidende Zeit. Das war so meins, diese Verknüpfung von Theorie und Praxis. Ich arbeitete unheimlich gern. Das Theoretische fiel mir leicht und machte Spaß. Ich war viele Jahre dort, habe nach der Ausbildung über Umwege Fachabitur gemacht und danach Sozialpädagogik studiert. Dieser Studienort war ein Ort, wohin wir immer wieder zurückkehrten. Dort fing die Beziehung mit meinem Mann an. Ich kannte Andreas schon von der Schule. Wir hatten mit 15 zusammen Tischtennis gespielt. Wir mochten uns damals schon gern, aber waren natürlich viel zu schüchtern. Andreas hatte nach der Schule angefangen Theologie zu studieren. Auf einer politischen Veranstaltung trafen wir uns wieder. Das war eine Info-Veranstaltung über die Entwicklung in Nicaragua, Dom Helder Camara und so. Da gab es große Kampagnen an der Theologischen Hochschule. Seit diesem Abend waren wir befreundet, sind zusammen zum Theologenball gegangen. Und es wurde relativ schnell klar, dass wir einen gemeinsamen Weg gehen wollen. Es gab noch einmal eine Phase, wo ich plötzlich dachte: »Das kann nicht gut gehen, und ich will das eigentlich nicht.« Aber die Zweifel haben sich schnell verflüchtigt.

Die Diakonische Anstalt hat für mich gepasst. Sie hat mir Wärme und Schutz gegeben sowie eine gute Ausbildung und viele Kontakte vermittelt. Ich habe mich natürlich auch geärgert über diese vielen Diakonissen, über ihre strengen Regeln und die Einstellung zum Leben. Zu meinem 50. Geburtstag hat mein Mann eine Diaschau gezeigt. Auf einem der Bilder stehe ich vor einem Haus mit der Aufschrift »Diakonissenanstalt«. Alle fragten: »Huch, wolltest du mal Diakonisse werden?« Mir war zwar manchmal der Gedanke gekommen, weil ich mich dort so wohl gefühlt habe, aber nie wirklich ernsthaft. Denn letztlich habe ich mir eine Familie gewünscht.

Während meiner Ausbildungszeit fuhr ich zum ersten Mal ins Ausland, da war ich schon 18. Wir haben uns zu mehreren zusammengetan, mieteten einen Bulli und fuhren in die französische Schweiz, das nächste Mal nach Österreich. Was jetzt so unsere Kinder erleben, selbstverständlich ein Jahr im Ausland – eins war in den USA, eins in Brasilien –, das war für uns undenkbar. Als Kind musste ich in den Ferien meistens zu irgendwelchen Verwandten fahren. Ein Onkel besaß eine Schlachterei und Landwirtschaft. Dort musste ich helfen. Meine Eltern fuhren nicht in den Urlaub, das war nicht üblich, ins Ausland schon gar nicht. Sie haben eisern gespart, damit sie endlich ihr Haus bauen konnten.

Die Arbeit als Krankenschwester habe ich unheimlich gern gemacht, aber sie war auch sehr anstrengend. Als Andreas den Studienort wechselte, bin ich mit ihm nach H. gegangen. Ich absolvierte dort mein Fachhochschulstudium. Mit 23 heirateten wir. Für heutige Verhältnisse war das wahnsinnig früh. Aber wir hatten den Mut und die Hoffnung, dass es gut geht. Wir lebten fünf Jahre in H. Andreas unterstützte mich in meinem Vorhaben, die sozialpädagogische Ausbildung zu machen. Nach Abschluss dieses Studiums überlegte ich mir, ob ich nicht noch ein Medizinstudium anhänge. Ich hatte an der Fachhochschule ein recht gutes Examen gemacht und arbeitete wirklich gern im medizinischen Bereich. Ich erinnere mich an viele Gespräche. Andreas sagte: »Das musst du machen.« Ich entschied mich jedoch anders. Medizinstudium, danach Facharzt – ich wäre ewig alt geworden. Wir hätten nie Kinder kriegen können. Ich frage mich hin und wieder, ob ich den Entschluss bereue. Ich glaube, manchmal schon, aber es wäre sehr hart geworden. Studium mit Kind hätte ich mir nicht zugetraut. Als Andreas das Studium beendet hatte, ging er zum Vikariat. Ich arbeitete wieder einige Jahre als Sozialarbeiterin, bis unsere erste Tochter geboren wurde. Als sein Vikariat zu Ende war, fing er mit der Promotion an. Er wurde Assistent an der Theologischen Hochschule. Als Assistent war er relativ frei beweglich. Deshalb konnte ich beim ersten Kind halbtags arbeiten. In dieser Zeit, das war Ende der 70er Jahre, beschäftigten wir uns intensiv mit ökologischen Themen. Wir arbeiteten aktiv in einem Arbeitskreis »Kirche und Gesellschaft«, in der Südafrikaarbeit und solche Sachen. Aus diesem innerkirchlichen Arbeitskreis ging ein anderer kleiner Kreis hervor, den wir »Lebensstilkreis« nannten. Dort ging es hauptsächlich um die Friedensbewegung und um die ganze Umweltproblematik, also unsere Zukunftssorgen. Alle, die sich dort engagierten, hatten kleine Kinder. Unser Antrieb war die Frage: Was wird eigentlich? Wie wird die Welt aussehen, wenn die Kinder groß sind? Wir schrieben an Kirchengemeinden, sie möchten ihren ganzen Papierhaushalt auf Umweltpapier einstellen, gingen in die Geschäfte und versuchten, sie für die Problematik zu sensibilisieren und begreiflich zu machen, dass graues Papier genauso gut ist wie schneeweißes. Es gab ein Gespräch bei der EKD in Hannover bezüglich Umweltpapier. Heute ist das selbstverständlich, und es kommt eher jener in Misskredit, der kein Recyclingpapier benutzt.

Als unser zweites Kind kam, habe ich pausiert. Ich muss sagen, zunächst mit fliegenden Fahnen. Ich wollte mich einmal auf eine Sache konzentrieren und mich zu Hause um meine beiden Kinder kümmern. Mein Mann bekam für ein Jahr ein Promotionsstipendium. Deshalb arbeitete er vorwiegend zu Hause. Das wurde eine sehr anstrengende Zeit. Wir hatten vorher viel Anteil genommen an den gegenseitigen Aufgaben. Und plötzlich kamen wir beide nicht mehr raus. Keiner von uns hatte regelmäßige Kontakte zu Kollegen. Mein Mann saß den ganzen Tag am Schreibtisch. Ich war mit den Kindern beschäftigt. Dieses eine Jahr fand ich wirklich schwierig. Da gab es schon mal Auseinandersetzungen. Er war unter Druck, weil er seine Arbeit fertig kriegen wollte. Ich dachte: »Ja, meine Güte, bin ich jetzt nur noch da, Kinder zu hüten?« Ich kam mit dieser klassischen Rollenaufteilung nicht zurecht, obwohl ich andererseits ein ziemlich konservatives Bild von Mann und Frau im Kopf habe. Dass meine Mutter in meiner Familie das Sagen hatte, störte mich als Kind. Bei meiner Freundin Beate war der Vater der Herr im Hause gewesen. Da ich diese Familie bewunderte, setzte sich die Meinung in mir fest: Der Mann muss bestimmen. Aber letztlich fühlte ich mich in meiner ausschließlichen Mutterrolle nicht wohl.

Meine Kindheitsträume von Übersee waren inzwischen realistischer geworden. Andreas und ich schmiedeten gemeinsame Pläne in dieser Richtung. Auch er wollte gern im Ausland Dienst tun, hat viel über Ökumene gearbeitet und gelesen. Wir bemühten uns um eine Auslandsstelle und fassten eine theologische Hochschule in Indonesien ins Auge. Um diese Stelle zu bekommen, wurde von meinem Mann nicht nur ein abgeschlossenes Studium und Promotion erwartet, sondern auch Gemeindeerfahrung als Pfarrer. Wir gingen in eine Gemeinde nach B. Dort wurde unser drittes Kind geboren. Ich fühlte mich nun erst recht auf Eis gelegt. Andreas hatte in der Gemeinde sehr viel zu tun. Ich war den ganzen Tag mit den drei Kindern beschäftigt, mein Mann unterwegs. Wenn das Telefon klingelte und ich hinrannte, wollte keiner mich sprechen. Die wollten alle den Pfarrer sprechen. Wenn Andreas nach Hause kam, sprangen sofort die Kinder an ihm hoch. Und ich hatte den ganzen Tag den Ärger am Hals gehabt! Da war ich schon mal wütend auf diese Situation und dachte: »So ist mein Traum von Familie wirklich nicht.« Ich war dort die klassische Pfarrfrau, obwohl die Gemeinde das gar nicht erwartete. Trotzdem waren diese drei Jahre für uns ein wichtiger Abschnitt in unserem Leben. Denn diese Gemeinde war politisch sehr engagiert. Das eröffnete völlig andere Dimensionen. Die Gottesdienst wurden anders gefeiert, als wir es aus dem Vikariat kannten. Es gab enge Verbindungen nach Südamerika und zu verschiedenen Künstlern in Prag. In dieser Gemeinde trafen sich Leute, die in anderen Gemeinden keine Möglichkeiten fanden, ihren Interessen nachzugehen. Es war eine ganz wache Zeit. Wir nahmen an vielen Demonstrationen in Bonn oder am Ostermarsch teil – mit Kind und Kegel. Wenn größere Demos waren, fuhr ich meistens allein. Andreas kümmerte sich um die Kinder. Nach Ablauf der Zeit fiel es uns schwer wegzugehen. Das Presbyterium hätte Andreas gern behalten. Ich war der Meinung: »Wenn wir noch mal ins Ausland wollen, müssen wir entweder jetzt gehen oder können es sein lassen. In fünf Jahren sind unsere Kinder im schulpflichtigen Alter.« Wir entschieden uns für das Ausland. Schließlich war das lange unser Ziel gewesen. Wir mussten ein Vierteljahr nach Basel zur Vorbereitung. Mein Mann hat in Hamburg noch ein Islam-Studium absolviert. Es gab ziemlich viel zu tun im Vorfeld. Im Herbst 1983 sind wir endlich nach Indonesien gereist und waren bis 1989 dort. Wir hatten lange auf das Visum warten müssen. Es war zeitweise fraglich, ob es überhaupt klappen würde. An dem Tag, an dem wir das Visum erhielten, wurde mein Vater schwer krank. Ich nahm das anfangs gar nicht ernst. Er hatte undefinierbare Rückenschmerzen, und ich dachte: »Das ist psychisch bedingt. Ihm fällt der Abschied schwer.« Wir gingen auch nicht mit fliegenden Fahnen. Es war mit einiger Überwindung verbunden, in einem anderen Land neue Aufgaben zu übernehmen. Als wir zehn Tage im Ausland waren, starb mein Vater. Das war sehr schwierig für mich, weil wir schon beim Abschied wussten, dass er Lungenkrebs hat. Ich hatte mir gewünscht, ihn noch mal zu sehen, und meiner Mutter gesagt: »Sobald sich sein Zustand verschlechtert, gebt mir Nachricht. Ich komme sofort.« Er musste operiert werden und ist nicht mehr aufgewacht. Ich flog schon zwei Wochen nach unserer Ankunft zurück nach Deutschland und blieb zwei Wochen bei meiner Mutter. Das war eine schwierige Situation für ein Einleben in einem fremden Land.

Der Vertrag meines Mannes war mit der evangelischen Mission abgeschlossen. Ich bekam keinen Vertrag und von daher auch keinen Job. Es hätte durchaus Arbeit gegeben für mich, aber die Missionswerke machen grundsätzlich keine Doppelverträge für Ehepaare beim Dienst in Übersee. Ich glaube, das wird bis heute so gehandhabt, auch bei politischen Organisationen. Es heißt, der soziale Abstand zur einheimischen Bevölkerung würde zu groß, wenn man doppelte Gehälter bezöge. Ob das immer ein berechtigter Grund ist, bleibt zu fragen. Ich habe mich damals ziemlich geärgert, aber es war nicht zu ändern. Wir lebten auf einer Insel und wohnten auf dem Campus. Zum Campus gehörten eine theologische und eine pädagogische Hochschule. Mein Mann unterrichtete Systematische Theologie, das war so festgelegt worden. Natürlich mussten wir zuerst Sprachen lernen. Als ich mich eingelebt hatte, arbeitete ich hin und wieder mit einheimischen Verträgen, unterrichtete an der pädagogischen Hochschule und machte bei einem Arbeiterinnenprojekt mit. Das war eher inoffiziell.

Im Ausland sind die familiären Bindungen viel stärker als zu Hause, weil man auch ein Stückchen isoliert ist. Unsere Nachbarn und die Kollegen meines Mannes waren überwiegend Einheimische. Ich hatte den Eindruck, dass man mit ihnen relativ schnell warm wird, aber plötzlich ist eine Mauer da, wo es nicht mehr weitergeht. Dort, wo eigentlich erst Freundschaften intensiver werden, war plötzlich Schluss. Auch die Auswahl der Beziehungen ist viel geringer. Man ist zunächst stark hautorientiert, schaut sich die westlichen Leute an, ob das mögliche Freunde wären. Es gab dort eine australische Familie, eine englische, auch andere Deutsche. Manchmal luden wir welche ein und merkten, mit denen kommen wir nicht zurecht. Es war nett, aber wir hatten nicht das Bedürfnis, den Kontakt zu intensivieren. Es gab aber auch das andere: Ich freundete mich mit einer Engländerin an, mit der ich mich in Deutschland ganz sicher nicht ein drittes Mal getroffen hätte. Wir waren in so vielen Dingen unterschiedlicher Meinung. Aber wir haben uns zusammengerauft. Wir tauschten unsere Kinder aus, weil sie nicht in den Kindergarten konnten. Daraus entstand eine ganz intensive Freundschaft. Was mir zu schaffen machte: Ich empfand in dieser patriarchalen Gesellschaft viel Abhängigkeit von meinem Mann. Wir bekamen zum Beispiel nur eine Aufenthaltsgenehmigung für ein Jahr. Es war ein unendlich langer Prozess, bis diese Genehmigung für das nächste Jahr bewilligt war. Unsere Pässe waren immer irgendwo auf Behörden unterwegs. Ich dachte oft: »Ich bin so abhängig hier. Mein Pass ist sonst wo. Ich kann gar nicht spontan entscheiden, wenn ich dieses Land verlassen will.« Außerdem benötigten Frauen jedes Mal die Genehmigung ihres Mannes oder Arbeitgebers, um das Land verlassen zu können. Manchmal hat mich das richtig wütend gemacht. Indonesien selbst ist jedoch faszinierend, und ich habe diese Zeit letztlich als Privileg empfunden. Die positiven Eindrücke sind für mich wesentlicher als die Schwierigkeiten, die immer mit dem Eintauchen in eine fremde Kultur verbunden sind.

Als unsere älteste Tochter Friederike im schulpflichtigen Alter war, stellte sich eine neue Frage: Wie lösen wir das Schulproblem? In der nächstgelegenen Großstadt gab es eine deutsche Schule. Wir hätten Friederike ins Internat geben müssen. Wir entschlossen uns, sie in eine einheimische Plantagenschule zu schicken. Parallel unterrichtete ich sie in Deutsch und Sachkunde. Ich ließ mir Unterrichtsmaterialien und -programme von einer Fernschule in Gießen kommen. Mir war wichtig, dass unsere Tochter Deutsch lesen und schreiben lernte. Ich wollte aber nicht den ganzen Unterricht übernehmen, weil uns das soziale Umfeld wichtig war, der Kontakt zur Bevölkerung und das Lernen in der Gruppe. Mit unserer zweiten Tochter habe ich erst im zweiten Schuljahr mit dem eigenen Unterricht angefangen. Als Friederike ins Gymnasium kam, nahmen wir sie aus der einheimischen Schule raus und unterrichteten sie ausschließlich mit einem Fernlehrsystem von der Uni Hamburg. Das war im letzten Jahr unseres Auslandsaufenthaltes. Eine Bekannte half mir dabei. Einige Zeit vor unserer Rückreise nahmen wir alle drei Kinder aus der Schule, um sie auf Deutschland vorzubereiten.

1989 sind wir zurückgekehrt. Dieses Zurückkommen war sehr schwierig für uns alle. Es war wohl schwieriger als das Weggehen. Wir mussten uns in einer Gesellschaft, die wir zu kennen glaubten, wieder orientieren und auch versuchen, diese Zeit im Ausland in unser Leben zu integrieren. Zum Beispiel der Umgang mit Konsum. Das ist ein riesiger Unterschied zwischen einem Entwicklungsland und Deutschland. Wir kamen im Herbst zurück und brauchten Winterkleidung. Wir haben Schuhe gekauft, gar nicht in den teuren Läden, aber wir wussten, dass für dieses eine Paar Schuhe ein Lehrer in Indonesien einen ganzen Monat arbeiten muss. Das waren Probleme, vor allem für unsere Kinder. Friederike rannte einmal aus dem Geschäft raus und sagte: »Wieso braucht man hier tausende Jeans. Ich will doch bloß eine. Wenn es in jeder Größe zwei Sorten gibt, reicht das doch. Warum gibt es in jeder Größe 50 verschiedene?« Ich spürte in unserem Bekanntenkreis viel Interesselosigkeit am wirklichen Leben in Indonesien. Umgekehrt erlebte ich ein starkes Interesse der Indonesier am europäischen Geschehen. Sie schrieben uns sofort nach dem Mauerfall und beglückwünschten uns. In Deutschland wurden wir manchmal platt gefragt: »Na, wie war's denn dahinten?« Unsere Kinder kriegten Wut, wenn jemand wissen wollte: »Wo ist es denn schöner, in Indonesien oder in Deutschland?« Wenn sie dann antworteten: »Dort auf der Insel ist es viel schöner!«, waren viele perplex, weil sie etwas anderes erwartet hatten. Natürlich gab es auch Freunde, die das differenzierter sahen. Freunde, mit denen wir regelmäßig im Briefkontakt gewesen waren, die uns auch mal besucht hatten. Ich will nicht alle über einen Kamm scheren. Wir waren nach unserer Rückkehr sehr mit der Ungerechtigkeit und dem Gefälle in dieser Welt beschäftigt. Deshalb ging die Wende in der DDR an uns ohne große Emotionen vorbei. Die Maueröffnung hat unser Leben weniger verändert als die Rückkehr aus Asien. Wir waren sehr stark mit dem Zurückkommen beschäftigt. Der Unterschied im Lebensstandard, verbunden mit dem Leiden an der Ungerechtigkeit, war für uns schwierig auszuhalten. Als wir etwa ein halbes Jahr wieder in Deutschland waren, fand ich eins der Kinder weinend im Zimmer: »Ich habe so ein schlechtes Gewissen. Ich habe Indonesien doch so geliebt, und jetzt bin ich in Deutschland und finde es hier ganz toll.« Da war viel Trauer über diesen Abschied. Wir haben bis heute großes Interesse an diesem Land, unter anderem weil unser jüngster Sohn von dort kommt, den wir adoptiert haben. Mit unserem Tobias, das ist eine lange Geschichte.

Nach unseren drei Kindern war für mich klar, dass ich kein weiteres wollte. Ich hatte mich sogar sterilisieren lassen. Ich weiß nicht, ob ich diesen Schritt heute noch einmal tun würde. Damals war das für mich in Ordnung. Bei einer Freundin von uns wohnte eine einheimische junge Frau. Sie kam von einer sehr kleinen Insel und war unehelich schwanger geworden. Für diese junge Frau war schnell klar, dass sie das Kind nicht aufziehen konnte. In ihrem Ort wäre es unmöglich gewesen, mit einem unehelichen Kind ein normales Leben zu führen. In dieser traditionellen Gesellschaft kann niemand gegen die eigene Sippe leben. Sie gab das Kind zur Adoption frei, wobei Adoptionen ausgesprochen selten sind. Man gibt ein Kind höchstens innerhalb der eigenen Verwandtschaft weiter. Jungen werden schon gar nicht adoptiert, weil auf Jungen alte Familienrechte übertragen werden. So etwas überträgt man nicht auf fremdes Fleisch und Blut. Ich besuchte diese junge Mutter oft im Krankenhaus, sprach mit ihr und der Ärztin. Wir hatten das Kind bereits unendlich lieb gewonnen und beschäftigten uns innerlich mit dem Gedanken, den Jungen zu uns zu nehmen. Unsere anderen Kinder wollten das natürlich auch sehr stark. Eines Tages fragte uns die Mutter selbst, ob wir den Kleinen nicht adoptieren könnten. War das jetzt lediglich unser Wunsch oder auch wirklich ihrer? Wir schalteten eine Ärztin ein. Sie sollte noch einmal mit der Frau alles durchgehen, weil wir von unserem europäischen Verständnis her meinten, es sei am besten, wenn das Kind bei der leiblichen Mutter bliebe. Aber ich denke wirklich, sie hatte keine andere Wahl. Mit knapp einem Jahr kam der Tobias zu uns. Wir waren sehr erleichtert und glücklich über diese Entwicklung. Nun mussten wir uns mit den rechtlichen Dingen auseinander setzen. Das war für uns als Ausländer eine ziemlich große Hürde. Wir machten viele negative Erfahrungen, als wir Tobias offiziell nach indonesischem Recht adoptieren wollten. Schließlich gelang es doch. In Deutschland mussten wir die Adoption nach deutschem Recht bestätigen lassen.

Tobias war als Kind unkompliziert. Es war für ihn natürlich schön, mit drei älteren Geschwistern aufzuwachsen. Jetzt ist er 15. Ich habe den Eindruck, er pubertiert wie keins unserer anderen Kinder. Wir reiben uns aneinander, aber ich denke, das ist trotzdem normal. Denn inzwischen studieren die drei älteren Geschwister, und er ist jetzt wie ein Einzelkind mit relativ alten Eltern allein. Die Eltern seiner Freunde sind alle jünger. Das ist nun mal das Schicksal der Jüngsten in einer Familie. Ich merke, wie ähnlich er seiner leiblichen Mutter wird – die Gestik und Mimik, die Art, wie er sich im Wasser bewegt. Wahrscheinlich sind Verhaltensweisen auch genetisch bedingt. Wir waren letzten Sommer zum ersten Mal 14 Tage mit ihm allein im Urlaub. Vieles an ihm hat mich an die Indonesier erinnert. Natürlich weiß er von seiner Herkunft. Wir haben ihm geantwortet, wenn er gefragt hat. Vor ein paar Jahren, als Andreas gerade in Übersee war und die anderen drei Kinder irgendwo unterwegs, haben Tobias und ich abends lange auf der Terrasse gesessen. Nachts durfte er mit im Ehebett schlafen. Da fragte er ganz unvermittelt nach seiner leiblichen Mutter. Ich habe ihm viel erzählt an jenem Abend. Da war er acht oder neun Jahre alt. Wenn aber in der Familie diskutiert wird, ob wir denn alle zusammen noch mal hinfliegen, wollen die Großen sehr gern. Von Tobias kommt jedes Mal: »Nein, ich geh' nicht mit.« Da ist wohl ein ganzes Stück Angst bei ihm. Mein Mann wollte ihm zu seiner Konfirmation ein Bild von seiner leiblichen Mutter zeigen. Aber ich bin der Meinung, wenn er das möchte, fragt er schon. Wir können ihm nicht etwas aufdrängen, wofür die Zeit nicht reif ist. Dass er adoptiert ist, weiß er schon lange. Als wir nach Süddeutschland zogen, war Tobias in der ersten Klasse. Nebenan wohnten gleichaltrige Zwillinge. Er kam vom Spielen und sagte: »Ich habe den beiden erzählt, dass ich adoptiert bin. Da haben die gefragt: ›Was ist denn das?‹« Ich denke, er wollte vorbeugen, weil er natürlich asiatisch aussieht. Unsere Beziehung ist eigentlich normal. Ich habe ihn, glaube ich, als meinen Augapfel gesehen, das Nesthäkchen eben.

Beruflich war es nach unserer Rückkehr für mich schwierig. Wir ließen uns zunächst wieder in B. nieder. Ich wollte nicht sofort arbeiten, sondern mich erst mal in dieses Leben hier einfinden. Nach einem Jahr bewarb ich mich auf eine befristete Stelle, eine Schwangerschaftsvertretung. Meine Freundinnen hatten mir Mut gemacht, mich zu bewerben, weil doch der Hintergrund für einen Arbeitgeber recht gut sein müsse: Ich wurde nicht mehr schwanger und hatte Lebenserfahrung. Ich bekam diese Stelle nicht. Das ging mir ziemlich an die Nieren. Ich war inzwischen vierzig, hatte vier Kinder großgezogen. Sie stellten eine Frau ein, die jünger war als ich und natürlich billiger. Und sie hatte gerade in diesem Bereich gearbeitet. Ich war schon lange raus aus meinem Beruf. Ich belegte dann an der Uni Entwicklungssoziologie mit Schwerpunkt Südostasien als Gaststudentin und holte auf diese Weise theoretisch nach, was ich in den Jahren praktisch erlebt hatte. Ich denke, das war sehr wichtig für mich. Ich absolvierte nebenher ein Fernstudium in der Erwachsenenbildung, das war eine kirchliche Ausbildung über zwei Jahre.

Vor sieben Jahren sind wir nach Bayern gezogen. So lange haben wir noch an keinem Ort gelebt. Die sechs Jahre Asien waren bis dahin die längste Zeit gewesen. Früher hatte ich immer gesagt: »Ich gehe überall hin, aber nie nach Bayern.« Andreas erhielt Aussicht auf einen Job, der ihn interessierte und den er schließlich annahm. Ich hatte natürlich keine Stelle, aber dann wirklich großes Glück. Wir zogen im Herbst um. Im Januar bekam ich eine Teilzeitstelle in der kirchlichen Bildungsarbeit. Wir machen Ausstellungen und Seminare für Konfirmandengruppen, Schulklassen und Gemeindegruppen, die sich mit dem Thema Dritte Welt, Mission und Entwicklung beschäftigen. Ein Thema ist zum Beispiel die Vermarktung von Altkleidern und der Baumwollanbau. Ich arbeite mit zwei Kolleginnen zusammen. Mir gefällt diese Arbeit recht gut. Aber manchmal denke ich: »Du meine Güte, immer in diesem kirchlichen Klüngel zu arbeiten und zu leben geht einem auf die Nerven.« Ich würde lieber wieder in die klassische Sozialarbeit gehen. Doch zur Zeit gibt es bei meiner jetzigen Aufgabe noch genügend Herausforderungen, und ich will nicht unzufrieden sein.

Ich hatte oft Glück im Leben. Auch mit meiner Ehe. Zwischen Andreas und mir ist das Gespräch nie abgerissen. Wir waren früher sicher »braver« als heute, aber wie gesagt, das Reden ist uns wichtig. Obwohl ich sagen muss, dass ich mit meinem Mann nicht permanent zusammen sein könnte oder zusammenarbeiten wollte. Wir bewohnen dieses geräumige Haus. Mit vier Kindern brauchten wir die Zimmer. Andreas hat sein Arbeitszimmer an der Hochschule, obwohl er sich auch hier ein Zimmer einrichten könnte. Mir ist es recht, wenn er tagsüber das Haus verlässt. Er hat sehr stark seinen Bereich, in dem er arbeitet, und ich meinen. Wir teilen uns sehr viel mit, und wir haben noch Pläne, Träume und Wünsche für die Zukunft. Aber wir verbringen nicht wer weiß wie viel Zeit miteinander, auch abends nicht. Andreas geht nach dem Abendessen meistens noch mal für ein paar Stunden an seinen Schreibtisch. Ich bin manchmal abends ganz allein hier, mache laut Musik – und brauche diese Zeit für mich. Wir haben also nicht so den traditionellen gemeinsamen Feierabend. Dafür gibt es andere Zeiten zusammen. Wir genießen zum Beispiel die Vormittage miteinander, wenn die Kinder in der Schule sind. Unsere beruflich bedingte zeitliche Selbstbestimmung ist ein unendliches Privileg. Dazu kommt, dass die Familie kleiner geworden ist.

Wenn ich ein Fazit meines bisherigen Lebens ziehen sollte, würde ich sagen, dass manches schöner und reicher geworden ist, als ich mir das je erträumte. Ich traf vor längerer Zeit den Pfarrer meines Heimatdorfes mit seiner Frau. Die sagten zu mir: »Was aus dir geworden ist, das hätten wir nicht gedacht.« Das klingt zunächst mal positiv. Ich empfand es jedoch als recht überheblich. Da kam die ganze Vergangenheit hoch. Ich komme schließlich aus keinem intellektuellen Umfeld. Und das ist mit unendlichen Grenzerfahrungen verbunden, die auch schmerzhaft sind. Je mehr ich mich irgendwo engagierte und weiterbildete, umso mehr merkte ich auch, was ich alles nicht kann. Ich bin zum Beispiel in einem Frauenliteraturkreis. Neulich kam ich nach Hause und dachte: »Das sind alles wahnsinnig intelligente Frauen! Und was bist du eigentlich?« Ich bin zwar viele Höhenwege gegangen, aber ich spüre auch meine Grenzen und eine gewisse Unsicherheit. Das Bildungsdefizit aus der Kindheit kann man nie ganz aufholen. Natürlich kann man sich viel aneignen, aber es ist nicht diese Selbstverständlichkeit, mit solchen Dingen umzugehen. In meinem Dorf wird einem Entwicklung überhaupt nicht zugestanden. Wenn ich meine Mutter besuche, erlebe ich manche Verwandte mit einer Selbstsicherheit, die mich sprachlos macht. Natürlich sind es völlig andere Werte, die ihnen diese Sicherheit geben, als jene, die ich jetzt für mich als Werte anerkennen würde. Da kommen Fragen wie: »Habt ihr nicht mal eine ordentliche Schrankwand?« Dass wir dieses Haus nur gemietet haben, zeugt in ihren Augen nicht von Erfolg. Sie haben alle Häuser und schicke Autos. Nach solchen Werten werden wir letztlich auch eingestuft. Die Bildung spielt keine Rolle. Manchmal beneide ich diese Leute. Sie sind selbstsicherer in ihrer Umgebung und haben solche Grenzerfahrung nie gemacht. Es ist schon schwierig, aus einer sozialen Schicht in die nächste zu wachsen. Ich habe den Eindruck, dass auch andere das wahrnehmen. Vielleicht sind wir da auch sensibler. Mein Mann kommt aus einem ähnlichen Hintergrund wie ich. Ohne diese Parallelität wäre es nicht gegangen, denke ich. Alle Geschwister meines Mannes haben über Umwege Abitur gemacht, studiert, und alle haben auch wieder Ehepartnerinnen oder Ehepartner mit ähnlicher Herkunft. Das ist schon interessant.

Man hat in seinen 50 Jahren eine Menge erlebt und reiche Erfahrungen gesammelt. Jetzt, wo die Kinder groß sind, könnte man sich wieder mehr auf sich selbst besinnen. Manchmal habe ich so eine ganz verrückte Idee: Mit 55 ziehe ich aus, nicht um mich von Andreas zu trennen, sondern um vielleicht ein oder zwei Jahre etwas Eigenes zu machen. Ich würde mich gern noch einmal selbst ausprobieren.

Mit Anne waren mehrere Termine geplatzt. Deshalb steht unser Treffen an letzter Stelle in meinem Kalender. Ich fahre in den kleinen Ort in Sachsen, wo Anne nach der Wende mit ihrem Mann ein Einfamilienhaus gebaut hat. In ihrem Arbeitszimmer unterm Dach ist es gemütlich. Wir trinken Tee. »Haben dir die anderen Frauen ganz ehrlich alles erzählt? Es hat doch jeder seine Leichen im Keller«, fragt Anne skeptisch. Natürlich habe jede ihre eigene Sicht auf ihr Leben, sage ich, doch hätte ich bei keiner das Gefühl gehabt, sie verfälsche oder verheimliche bewusst. Anne will viel über mich wissen, bevor ich das Diktiergerät anschalten darf. Aber dann ist sie nicht zu bremsen.

***

Null oder hundert

Diese Geschichten zum Klassentreffen waren für mich unheimlich interessant. Ich dachte: »Man müsste darüber ein Buch schreiben.« Das hat sich wirklich aufgedrängt. Man sieht plötzlich, wie die grauen Mäuse von früher wie Orchideen erblüht sind und umgekehrt. Ich habe inzwischen begriffen, dass es keine Gesetze gibt für das Leben. Sowohl Liebesbeziehungen als auch berufliche Richtungen sind im Grunde »offen«. Es kommt darauf an, wie man sich selbst entwickelt. Der Zufall hat wohl auch seine Hand im Spiel. Die Erkenntnis, dass die Dinge ständig in Bewegung sind, ist zwar nicht neu, aber schmerzhaft, wenn es einen selbst betrifft. Ich war vor ein paar Jahren in einen Trommler verliebt. Er war 20 Jahre jünger als ich. Das war ein Chaot, ein Weltreisender, permanent unterwegs. Die Geschichte war völlig aussichtslos. Ich habe mich damals gefragt, was ich für ein Typ bin: Bin ich schon alt und spießig geworden? Was habe ich denn noch für Träume? Durch diesen Chaoten merkte ich, dass ich eigentlich sehr bodenständig bin. Ich freue mich gar nicht so sehr aufs Reisen, sondern freue mich wahnsinnig, wenn ich wieder nach Hause komme. Ich möchte nicht in einer anderen Kultur leben oder ständig durch die Welt ziehen. Ich träume eher von einer ganz klassischen Konstellation: mal Enkel auf dem Schoß zu haben.

Ich habe mein ganzes Leben damit zu kämpfen gehabt, dass ich ständig verliebt war. Irgendjemanden fand ich immer toll. Schon in der Grundschule.

Da fand ich klasse, wenn mir jemand Herbstblätter sammelte und sie mir schenkte. Im Ferienlager – so mit elf – ging es los mit Knutschen. In der fünften Klasse verliebte ich mich in einen Jungen, der wollte mich nicht. Das hat wahnsinnig an meinem Selbstbewusstsein genagt. Noch in der Oberschulzeit ritzte ich seinen Namen in die Bank. Als ich ihn nach 20 Jahren wiedersah, dachte ich: »Schmuck sieht er immer noch aus, aber ein totaler Langweiler!« Mit 15 fing eine sehr intensive Beziehung mit einem Jungen an, die hielt, bis wir 18 waren. Wir haben uns wirklich geliebt, obwohl wir überhaupt nicht zusammenpassten. Er wollte mit 18 heiraten und ein Haus bauen. Ich wollte erst mal weg, studieren, die Welt kennen lernen. Mein Freund und die Schule waren für mich zwei Welten. Mein Freund gehörte zu dem Dorf, wo ich wohnte. Dort ging ich mit ihm tanzen und hatte meinen Freundeskreis. In der Stadt, wo ich zur EOS ging, war der andere Kreis. Wenn ich meinen Freund mal zu einer Schulveranstaltung mitnahm, saß er den ganzen Abend schweigend daneben und fühlte sich von den intellektuell rumquatschenden Jungs unter Druck gesetzt. Er hat die zehnte Klasse gemacht und eine Lehre. Hat sich nie für meinen Schulkram interessiert oder gefragt, wie die Prüfungen laufen. In dieser Zeit schlichen sich Parallelitäten ein. Ich war zwischendurch immer mal in einen anderen verliebt. Das hatte meistens keine Konsequenzen. Es hat mich eben ein paar Tage angehoben. Mit diesem Freund habe ich nie geschlafen. Das war nicht Usus. Wir hatten viel zu viel Schiss, ich könnte schwanger werden. Dabei war ich aufgeklärt. Meine Omi, die Großmutter mütterlicherseits, die in der Nähe von Dresden wohnte, war mit mir in allen Museen Dresdens gewesen. Ich habe mir im Hygienemuseum die gläserne Frau angeschaut. Meine Omi erklärte mir, was ich wissen wollte. Sie war total offen und naturnah. Ich wusste viel über Körperlichkeit als Kind. Als ich zehn war, setzten sich meine Eltern mit mir aufs Sofa, nahmen mich in die Mitte und haben mit mir im Detail besprochen, wie das abläuft mit dem Kinderkriegen und wie Mann und Frau zusammenkommen. Also total unkompliziert.

Ich hatte überhaupt eine tolle Kindheit, auch wenn sich meine Eltern nicht geliebt haben. Da war so ein kühles, distanziertes Verhältnis. Sie konnten gar nichts miteinander anfangen. Ich habe darunter gelitten. Als ich elf oder zwölf war, sagte ich: »Mensch, warum lasst ihr euch nicht scheiden?« Sie meinten, damit sie mir das Zuhause nicht wegnehmen. Einerseits war ich darüber froh, andererseits hat mich das wahnsinnig belastet. Ich fühlte eine

Schuld, dass sie zusammen leben müssen. Das war jedoch das Einzige, was mich in meiner Kindheit belastete. Sonst hat mich jeder in der Familie verwöhnt. Wir wohnten in einem kleinen Dorf, sehr idyllisch. Als ich sechs war, haben meine Eltern ein kleines Haus gekauft. Ich wuchs mit jeder Menge Cousins und Cousinen auf. Mein Vater stammte aus diesem Dorf. Seine Eltern besaßen einen Bauernhof. Meine dortige Großmutter war die Stiefmutter meines Vaters. Seine Mutter war gestorben, als er vier war. Diese Oma war eine tolle Frau, klein und zierlich, sehr fleißig. Sie besaß eine messerscharfe Intelligenz. Mit einem Halbsatz konnte sie Leute vernichten. Ganz leise. Sie hat mich total vergöttert. Ich denke mal, weil sie keine eigenen Kinder hatte. Ich war nun das Baby, das sie auf dem Arm gehalten hatte. So ein bisschen wie ihr eigenes. Sie hat versucht, die Ehe meiner Eltern zusammenzuhalten. Das war ihr wichtig. Meine Mutter war keine besonders gute Hausfrau. Sie war berufstätig und interessierte sich mehr für Bildung. Sie war technisch begabt, verlegte die Stromleitungen in unserem Haus und lernte mit mir Mathe. Meine Oma hat oft was Feines gebacken und gekocht, damit in der Ehe gute Stimmung war. Den Hof der Großeltern hatte der Bruder meines Vaters übernommen. Er hatte drei Kinder. Meine Cousine Ulla war elf Jahre älter als ich und ist mir mein Leben lang eine wichtige Freundin gewesen, der ich mein Herz ausschütten konnte. Die Jungs waren einer sechs Jahre älter und der andere sechs Jahre jünger als ich. Mit den zwei Großen bin ich quasi aufgewachsen. Meine Mutter erzählte, dass sie einmal erstarrt sei, als sie im Winter am Dorfteich vorbeikam. Die Kinder hatten das Eis in Schollen gehackt und gondelten damit auf dem See. Ich war zwei Jahre alt. Meine Mutter sah, wie die mich von einer Scholle zur anderen geworfen haben. Als meine Cousins ins Fußballalter kamen, war ich stolz, wenn ich Torpfosten sein durfte. Das war zwar ein schmerzhafter Job, aber ich war dabei. Ich kenne keine Einsamkeit. Ich habe mich in meinem Leben nie gelangweilt, keine Minute. Nicht als Kind und jetzt nicht.

Es gab bei uns einen See, eine alte Sandgrube, das war ein Kristallisationspunkt in dem Nest, wo sich die Kinder und Jugendlichen trafen. Dort haben wir über die ersten Liebeleien gesprochen und nackig gebadet. Wir fanden das toll, weil es uns verboten schien. Ich wuchs ziemlich ohne Hemmungen auf, weder körperlich noch verbal. Wir haben heftig diskutiert, auch über politische Sachen, schon als Kind. Für mich galt immer: Null oder hundert. Schwarz oder Weiß. Dazwischen gab es nichts. Manchmal bin ich heute noch so. Ich fragte meinen Vater: »Wieso bist du in den Krieg gezogen?« Er war in Stalingrad und erzählte mir davon. Ich habe ihn total verurteilt. Er hat zaghaft versucht, dagegenzuhalten. Mein Vater war sehr sprachbegabt. Der konnte Englisch, Russisch und Italienisch sprechen, nicht unbedingt schreiben, und das alles durch diesen Krieg. Er war beim medizinischen Dienst des Flughafens gewesen. Dort waren russische Offiziersschüler als Gefangene. Er nahm ihnen Schnitten mit, und dafür brachten sie ihm Russisch bei. Er hatte in diesem Krieg ein sehr zwiespältiges Gefühl. Er war kein Nazi. Er erzählte, wie sich die jungen, verschärften Nazis im Krieg aufführten. Einmal erlebte er, dass ein kleiner polnischer Junge Munition gefunden hatte. Er spielte damit, das Zeug explodierte und riss ihm die Hände ab. Mein Vater verband den Jungen. Aus der Holzhütte trat die Mutter des Kindes und dankte ihm in gebrochenem Deutsch: »Du von Gott gesandter Herr, ich danke dir.« Da sagte so ein 18-jähriger Soldat, das sei doch eine Judensau. Er zog seine Pistole und knallte die Frau vor den Augen ihres Kindes ab und zündete das Haus an. »Da gab es überhaupt keine Kampfhandlungen«, sagte mein Vater. »Das war nur verbohrte Jugend.« Das waren so Dinge, die mich wahnsinnig betroffen gemacht haben. Einmal hat mein Vater während des Marschierens zu einem anderen Soldaten gesagt: »Ich möchte mal wissen, was wir hier in der Ukraine sollen. Zu Hause steht das Getreide auf den Halmen. Da fehlen die Männer, das abzuernten.« Er wurde verraten wegen wehrkraftzersetzender Äußerungen. Der Oberarzt, der dort sein Chef war, legte das Protokoll des Denunzianten so hin, dass mein Vater die Unterschrift lesen konnte. Der Verräter war der Pfarrer des Regiments. In dem Moment war er mit der Kirche fertig. Kirche und Glauben sind ja sowieso zweierlei. Mein Vater erzählte: »Wir waren alles Kumpels bei der Armee bis zu dem Tage, an dem zwei Pfarrer kamen: ein katholischer und ein evangelischer. Es gab zwei Gottesdienste, und plötzlich war das nicht mehr Paule, sondern ein Katholischer.« Mein Vater war evangelisch. Ich wollte wissen, ob er eigentlich christlich sei, ob er an Gott glaubte. »Inzwischen bin ich wohl Atheist. Vor dem Krieg war es möglicherweise anders. Da ist so viel Willkür und Zufall, was Menschen anrichten, dass ich an das große Gefüge, zumindest in diesen kleinen Lebensläufen, nicht glaube. Dass es ein großes natürliches Gefüge gibt, ist unstrittig.«

Ich ging trotzdem ab der ersten Klasse in die Christenlehre. Ich denke, eher aus kulturellen Gründen, weil es damals in den 50er Jahren noch üblich war. Ich wurde nicht sehr christlich erzogen. Wir sind zu Ostern und Weihnachten, zu Taufen und Hochzeiten in die Kirche gegangen. Was mich in meiner Kindheit sehr beschäftigte und für mich lange Zeit die größte politische Frage war: »Bin ich nun Christ oder bin ich Sozialist?« Ich ging zur Christenlehre. Ich war aber auch mit Leidenschaft Pionier. Ich war stolz auf diese weiße Bluse mit dem Emblem, auf das Pioniertuch und die weißen Kniestrümpfe. Nach der Grundschulzeit kam ich weltanschaulich ins Schleudern. In der Schule wurde uns die Welt wissenschaftlich erklärt. Anfangs verdrängte ich die Widersprüche. Wir bekamen einen tollen jungen Pfarrer, der moderne Musik in der Kirche zuließ. Das begeisterte uns unheimlich. Mit ihm konnten wir uns über weltanschauliche und politische Fragen richtig fetzen. In der Schule wurden die Themen genauso aufs Tableau gebracht. In einer differenzierteren Form, klar, man hat sich ja angepasst. Ich hatte nie das Gefühl, ich dürfte nicht alles sagen. Das hat sicher auch damit zu tun, dass ich nicht gegen die Dinge war, die uns in der Schule beigebracht wurden. Außerdem hatten wir Lehrer, die uns verstanden und gute, logische Argumente vorbrachten, denen wir uns nicht verschließen konnten. Später waren christliche und sozialistische Ideale kein Widerspruch mehr für mich. In der siebenten Klasse ging ich zur Konfirmation. Die war ein Jahr vor der Jugendweihe, weil die Kirche nicht wollte, dass Jugendweihe und Konfirmation im selben Jahr sind. Die Konfirmation war eine riesige Feier, wo die ganze Familie eingeladen wurde. Es gab wunderbar viele Geschenke! Meine Mutter organisierte für etwa 35 Leute die gastronomische Betreuung. Auf dem Dorf mussten sich ja bei solchen Feiern die Tische biegen. Jugendweihe war wichtig, weil ich zur Erweiterten Oberschule wollte. In diese Jugendstunden, die dazugehörten, ging ich vor allem deshalb gern, weil ich dort meine erste Liebe gefunden habe.

Der Westen hat mich interessiert wie eine Wasserstandsmeldung. Wir hatten kaum West-Verwandte und wenig Kontakte. Ein Bruder meines Opas wohnte im Westen. Alle ein bis zwei Jahre durfte man sich was wünschen. Mit 14 habe ich mir mal eine Jeans gewünscht. Wir haben ohne schlechtes Gewissen Westfernsehen geguckt. Mein Onkel war der Einzige im Dorf, der 1960 schon einen Fernseher besaß. Da kamen alle zusammen und guckten dort die Tagesschau. Ich habe mir am liebsten Werbung angeschaut, was ich heute nicht mehr ertragen kann! Im Zusammenhang mit der LPG-Gründung gingen Ende der 50er Jahre viele Bauern in den Westen. Ich konnte mir nichts darunter vorstellen, wenn es hieß: »Die sind in den Westen gegangen.« Das war mir zu abstrakt. Im Sommer 1961 war ich im Kinderferienlager an der Ostsee. Meine Mutter war als Betreuerin mitgefahren. Auf dem Rückweg machten wir in Berlin Station und guckten uns die Mauer an. Im Urlaub hatten wir gehört: »In Berlin haben sie eine Mauer gebaut.« Ich habe eine ganz gegenständliche Erinnerung an diese Mauer, die ich im wahrsten Sinne des Wortes begriffen habe. Man konnte richtig nah rangehen. Da waren Panzersperren und ich bin dort hinaufgeklettert, habe meine Hände oben auf die Mauer gelegt und rübergeguckt. Da war noch kein Stacheldraht. Aus einem dieser Häuser an der Mauer kam eine Frau und sagte so im Vorbeigehen: »Hauen Sie hier ab, sonst werden Sie abgeholt.« Ich glaubte der das nicht. Meine Mutter hatte Angst und zog mich weg. Die Begründungen, weshalb diese Mauer gebaut werden musste, leuchteten mir als Elfjähriger vollkommen ein: Die ganze Intelligenz ging nach dem Westen. Das Land blutete aus. Es wurde im Osten billig gewohnt, im Westen gearbeitet. Die Kinder gingen hier in Kindergarten und Krippe. Im Osten fehlten die Arbeitskräfte. Das habe ich total geschluckt

In der Oberschulzeit entwickelte ich mich immer mehr in Richtung Rot. Ich begriff den Sozialismus als Chance für die Massen. Ich fand gut, dass alle ein Stipendium kriegten, dass wir nicht das Bildungsbürgertum hatten. Ich fand gut, dass die Großgrundbesitzer enteignet worden waren. Ich fand gut, dass Frauen arbeiten gingen und dass sie nicht auf Gedeih und Verderb ihren Männern ausgeliefert waren. Ich hatte niemals ein Gefühl von Unfreiheit. Ich konnte machen, was ich wollte, konnte ein Instrument lernen für wenig Geld, erst in der Kirche, später in der Musikschule. Sport, Malzirkel und Theaterclub waren umsonst. Das war alles selbstverständlich. Wenn ich mir heute vorstelle, was ein Kindergartenplatz kostet oder der Sportverein! Bei uns hat das überhaupt keine Rolle gespielt. Mit Westen verband ich Weihnachtspäckchen, die wunderbar nach Apfelsinen, Seife, Kaffee und Schokolade rochen. Mit zwölf bekam ich von der Tochter der Nachbarin, die in Mannheim wohnte, ein Kleid geschenkt. Das ist bis heute das Mannheimer Kleid. Ich habe es aufgehoben. Es ist aus weiß-rot gestreiftem Baumwollstoff mit Blümchen darüber gestreut. Wenn ich das Kleid anhatte, fühlte ich mich wie eine Prinzessin. Im Westen war für mich alles schicker. Aber ich hatte nicht das Gefühl, dass mir was fehlte. Es gab wunderbares Essen, weil mein Vater Geflügel selbst züchtete. Für andere im Dorf beschnitt er Schweine und Kaninchen und wurde mit Naturalien bezahlt. Er bekam zum Beispiel ein

Ferkel, das großgefüttert wurde. Im Garten gab es Obst und Gemüse. Und Klamotten nähte mir meine Mutter so, wie ich es mir wünschte. Wir besaßen zwar kein Auto, aber ein kleines Haus. Wir fuhren in den Urlaub an die Ostsee, nach Prag, waren Ski laufen. Viele konnten das gar nicht. Wir hatten nicht viel Geld, doch irgendwie haben meine Eltern einen kleinen Urlaub immer finanzieren können. Deshalb fühlte ich mich nie eingesperrt. Ich kannte niemanden, der mit der Stasi zu tun hatte oder irgendwelche dümmlichen Funktionäre, die einem ihre Plattitüden verkauften. Ich hatte nur mit Leuten zu tun, die Widerspruch zugelassen haben.

Eine ganz tolle Beziehung hatte ich zu den Eltern meiner Mutter, bei denen ich den größten Teil meiner Ferien verbrachte. Ich war jeden Sommer dort, zusammengerechnet fünf Jahre meines Lebens. Mein Opa war Förster und zog mit mir durch den Wald. Er erklärte mir jeden Pilz und jeden Baum. Meine dortige Großmutter war für mich ganz wichtig. Sie war eher zurückhaltend. Wenn sie mal etwas sagte, war es wie gedruckt. Dort habe ich begriffen, wie so eine Ehe läuft. Zu Hause habe ich das nicht lernen können. Die Omi sagte: »Lass das mal den Opa so machen.« Er war auf den ersten Blick ein bisschen forsch und dominant. Im Grunde lief aber alles so, wie meine Großmutter es wollte. Sie hat das so clever eingerührt, dass er meinte, es sei seine Idee. Das habe ich bewundert und dachte oft: »Warum diskutiert die nicht mit ihm und setzt sich durch?« Sie hat sich durchgesetzt, auf eine andere Art. Ich habe das bis heute nicht richtig gelernt. Vielleicht kann ich es besser als vor zehn Jahren. Im Anfang unserer Ehe habe ich alles ausdiskutieren wollen.

Ich kann mich nicht entsinnen, meine Omi einmal ungekämmt erlebt zu haben. Sie hatte meistens eine weiße Schürze umgebunden. Sie hat toll gekocht, toll gerochen. Es lag immer ein frisch gebügeltes Tischtuch auf dem Tisch. Sie hatte trotzdem alle Bücher gelesen und konnte Klavier spielen. Von ihr habe ich gelernt: »Ich liebe überraschenden Besuch.« Das konnte ich nicht verstehen, weil es bei mir oft liederlich aussah und ich Zeit brauchte zum Aufräumen. Sie sagte: »Weißt du, wenn sich Besuch ankündigt, muss ich extra Kuchen backen. Wenn jemand überraschend kommt, stelle ich ein paar Kekse hin, da wird improvisiert und gut.« Und sie fügte hinzu: »Dafür musst du allerdings stets gerüstet sein.« Das waren Lebensweisheiten, die ich sehr bewunderte. Meinen Opa fand ich zu unpolitisch. Ich fragte ihn danach. Er antwortete: »Das will ich dir sagen. Ich bin als junger Soldat in den Ersten

Weltkrieg marschiert für Kaiser und Vaterland. Danach kamen die verrückten 20er, wo du überhaupt nicht mehr wusstest, was oben und unten ist. Ich habe die Weimarer Republik erlebt, die Nazis und die Kommunisten. Alles derselbe Misthaufen, nur die Fliegen sind andere.« Die Entwicklung unter den Nazis Anfang der 30er Jahre sah meine Omi damals als eine Chance und fand toll, dass nun nicht mehr nur Hochwohlgeborene von Bedeutung waren, sondern jeder Einzelne in die Gemeinschaft eingebunden sein sollte. Sie überredete meinen Opa, in die NSDAP einzutreten. Im Krieg war er als Soldat zu alt, er war Jahrgang 1896. 1943 wurde er nach Polen abkommandiert und den polnischen Forstleuten als Besatzer vor die Nase gesetzt. Damals war sich meine Großmutter schon sicher, dass Hitler den Krieg verliert. Als ihr Mann 1945 nach Hause kam, stellten die Russen einen Transport von 20 Mann zusammen. Mein Opa bekam eine Vorladung. Es reichte, NSDAP-Mitglied gewesen zu sein, um ins Lager abtransportiert zu werden. Zwei Jahre war er dort. Meine Omi wusste nicht, ob er lebt. Einmal konnte er einen Zeitungsrand rausschmuggeln mit der Nachricht: »Es geht mir gut.« Meine Omi musste die Dienstwohnung räumen. Das war eine Villa mit zehn Zimmern, ein Zimmer war extra für den Flügel. Dort zog nun der Kommunistenchef ein. Sie wohnte mit ihrem Sohn im Keller. Ihre Tochter – meine Mutter – war zu dieser Zeit schon bei den Verwandten auf dem Dorf, wo sie meinen Vater kennen lernte. Dieser Kommunistenchef hatte ein Auge auf meine Omi geworfen und sagte: »Dein Mann kommt sowieso nicht wieder. Das kannste vergessen. Der verhungert bei den Russen.« Später habe ich erfahren, dass der Opa meines Mannes in diesem Lager wirklich verhungert ist. Sie haben sich möglicherweise gekannt. Was für mich an solchen Geschichten schwierig war: In der Schule lernten wir, dass die Russen unsere Freunde sind. Sie haben uns befreit. Die Deutschen waren die Bösen, sie hatten den Krieg angefangen und ganz Europa damit überzogen. Und auf einmal waren die Russen die Schlimmen. Mein Großvater sagte zwar, dass sie niemanden dort gequält hätten, aber zimperlich waren sie nicht mit ihren Gefangenen.

In der Oberschule gab es Diskussionen wegen der Kleidung und der Musik. Unsere Jungs trugen Jeans. Der FDJ-Sekretär kritisierte das. Einer unserer Jungs sagte: »Eine Hose ist eine Hose.« Meinte FDJ-Sekretär: »Da müsstest du auch sagen: ein Gewehr ist ein Gewehr.« Antwortete der: »Ist es auch. Es kommt nur darauf an, wer es in die Hand nimmt.« Das fand ich so klasse. Es sollten keine Jeans getragen werden und keine karierten Hemden, weil das amerikanisch war. Diese Reglements haben bei uns in der Klasse nicht gegriffen. Ich zählte zu den Beatles-Fans. Eigentlich mochte ich die Stones genauso. Doch in unserer Klasse musste man sich entscheiden: Entweder – oder. Ich schlug mich zu den Beatles wegen Paul McCartney. Ich fand ziemlich dumm von Ulbricht, als er sagte, wir brauchen die Beatles nicht, das sei keine Kunst, die mit ihrem »Yeah, yeah, yeah«. Da gab's den schönen Witz, wo Ulbricht seine Rede umblättert und das dritte »Yeah« abliest. Ich habe mich geärgert über 30/70 – 30 Prozent Westmusik und 70 Prozent Ostmusik – bei den Tanzveranstaltungen. Seit ich 14 war, ging ich regelmäßig tanzen. Sonnabends durfte ich weg. Die Bands, die auf den Dörfern spielten, haben alles gecovert, was sie unter die Finger bekamen. Die hielten sich nicht an 30/70. Denen sind wir hinterhergereist über die Nester. 20 Kilometer mit dem Rad hin und wieder zurück. Wegen der Beatles wäre ich fast von der EOS geflogen. Das ist eine längere Geschichte.

Ich hatte eine alte Sandkastenfreundschaft, einen Nachbarsjungen. Der kam ein Jahr vor mir zur Schule und sagte: »Das ist Scheiße, da sind wir nicht mehr zusammen. Weißt du was, ich bleibe sitzen, und dann kommen wir in eine Klasse.« Gesagt, getan, in der Dritten waren wir wieder vereint. Er ging in der siebten Klasse aus der Schule. Wir waren trotzdem weiterhin gute Kumpels und freuen uns heute noch, wenn wir uns sehen. Er ist total schlicht gestrickt, aber ein richtig guter Kerl. Er arbeitete damals in einer Dachpappenfabrik. Sie bekamen säckeweise »Schund- und Schmutzliteratur«, die aus den Westpäckchen entfernt worden war. Ganze Zeitungen kamen in den Reißwolf und wurden zu Dachpappe verarbeitet. Eines Tages sagte er zu mir: »Du schwärmst doch für die mit den langen Haaren, für die Musiker. Ich bring' dir mal ein paar Zeitungen mit.« Er klaute aus einem Sack in der Fabrik laufende Nummern »Bravos«. Das war ja wie Gold! Laufende Nummern hieß: Man konnte sich ein Puzzle ausschneiden. Beatles in Lebensgröße an meiner Wand! War der Wahnsinn! Zu meinem 17. Geburtstag machte ich eine Fete in unserm Haus. Ich lud Leute aus der EOS-Klasse ein. Ein Mitschüler hat ohne mein Wissen dieses Bild fotografiert, hat die Fotos vergrößert und in der Schule verkauft. Das kam raus, und es wurde Ranzenkontrolle gemacht. Sie verfolgten die Sache zurück, setzten den Jungen wahnsinnig unter Druck. Er würde von der EOS fliegen, wenn er solche Schundfotos verkauft. Und da sagte dieses Rindvieh, dass er sie von mir hätte. Ich sollte geext werden. Meine Mutter wurde zum Direktor bestellt. Ich weiß nicht, wie das Gespräch verlaufen ist. Meine Mutter ist wahrscheinlich vor denen auf die Knie gegangen und hat gesagt: »Bitte, bitte nicht. Die Kinder wissen nicht, was sie tun.« Der Kelch ging noch mal an mir vorüber. Ich bekam ein Disziplinarverfahren und musste sagen, dass es mir Leid tut. Sie fragten natürlich, woher ich die Dinger hatte. Ich log, ich hätte sie gefunden. Ich konnte ja meinen Kumpel nicht verraten! Es folgte die übliche Aussprache in der FDJ-Gruppe, was mich nicht weiter störte. Ich hatte einen guten Stand in der Klasse. Meiner Mutter nehme bis heute übel, dass sie die Bilder von der Wand riss und in den Ofen steckte. Furchtbar! Paul McCartney ganz hübsch in Lebensgröße. Ich konnte ihn anhimmeln, wenn ich im Bett lag. Ein wirklicher Verlust! Ich habe Englisch gelernt, um diese ganzen Titel zu verstehen. Wir haben in der Klasse eine Hitparade geschrieben, die bei mir zusammenlief. Ich rechnete aus, wer wie viele Punkte kriegte. Das war für mich wahnsinnig wichtig. Wir fingen an, Schulfeten zu organisieren. Wir spielten viel mehr Westtitel, als erlaubt war. Es hat uns niemand auf die Finger gehauen. Wir machten unser Ding. Für mich waren diese Einschränkungen nicht unbedingt politisch. Ich dachte: »Gut, bei uns kommt alles ein bisschen später. Bei uns muss es auch einen anderen Namen haben.«

Im Sommer 1968 war ich mit einer Gruppe vom DRK in Prag. Ich war Gesundheitshelfer. Diese Gruppe leitete ein Medizinstudent. Das wäre mein Traummann gewesen! Wir sind manchmal auf Burgen zu Lehrgängen gefahren, er hat uns dort Anatomie und Physiologie beigebracht. Wir haben richtige Prüfungen abgelegt. Ich hatte totalen Respekt vor ihm. Ich hätte für ihn alles stehen und liegen gelassen. Wir erlebten damals Prag total lebendig. Jeder konnte seine Meinung oder was ihm wichtig war mit Kreide auf die Karlsbrücke schreiben. Überall standen Leute und verkauften irgendetwas. Wer Lust hatte, machte auf der Straße Musik. Da ist mir erstmals aufgegangen, dass bei uns Straßenmusik und fliegende Händler gar nicht möglich waren. Das war mir vorher nicht aufgefallen. Was man nicht weiß, macht einen sozusagen nicht heiß. Es war ein unheimlich vielfältiges Angebot in den Läden. Wir fanden das toll. Plötzlich wurden wir in unserem kleinen Hotel eingesperrt. Die Fensterwirbel und Türklinken wurden abmontiert. Wir wurden versorgt und durften das Haus nicht verlassen. Die Reiseorganisation sagte, das sei zu gefährlich. Wir hatten keine Ahnung, was ablief. Erst als wir wieder zu Hause waren, erfuhren wir einiges. Ich schob das den Russen in die Schuhe. Erst im Nachhinein begriff ich, was für ein riesengroßer Rückschritt und welche unverschämte Einmischung das war. Was mich in Prag beeindruckte, war der massenhafte Ungehorsam. Die Bürger haben die Straßenschilder ausgetauscht. Die Prager kannten sich aus. Alle Fremden, vor allem die russische Einsatzleitung, standen total im Wald. Das fand ich klasse. Aber das war für mich mehr so eine Robin-Hood-Geschichte. Ich konnte mir nicht vorstellen, dass der sozialistische Fortschritt auf Dauer unterdrückt würde.

Als ich wieder zu Hause war, gegen Ende der Ferien, wollte ich mit meinem Freund ausgehen. Ich stand vor dem Spiegel, als es klingelte. Ein Auge war schon getuscht, das andere noch nicht. Kommt mein Vater rein: »Hier ist ein junger Mann, der will dich zum Laternenfest abholen.« Ich denke, mich tritt ein Pferd. Kommt der Frank in unser Dorf, dieser Medizinstudent, unser DRK-Chef. Ich hatte nur mal ungefähr beschrieben, wo ich zu Hause bin. Er war mit dem Zug gekommen, um mich zu diesem Laternenfest abzuholen. Ich ließ meinen Freund sitzen. Der weiß bis heute nicht, was damals los war. Ich musste einfach mit! Wir sind an der Saale langgegangen. Es war ein ganz romantischer Abend. Aber wir haben uns überhaupt nicht berührt, sind nicht mal Hand in Hand gegangen. Das hat mich sehr gewundert, und ich konnte das nicht einordnen. Frank war wahnsinnig lieb zu mir. Ich rannte einen Berg runter, und er hat mich aufgefangen. Er hat mich nicht wirklich umarmt, sondern bloß vor dem Sturz bewahrt. Das war ganz furchtbar für mich. Ich übernachtete bei ihm, also bei seinen Eltern, im Wohnzimmer auf dem Sofa. Frank in seinem Zimmer. Er machte keine Anstalten, mir körperlich näher zu kommen. Ich habe total darunter gelitten. Am nächsten Morgen brachte er mir ein gigantisches Frühstück ans Bett. Ich dachte: »Das macht man nicht mit jemandem, der einem egal ist.« Irgendwann hatte er sein Comingout. Er war schwul, das wusste er wahrscheinlich damals selbst noch nicht.

Nach diesem Sommer mussten wir uns für einen Beruf entscheiden. In der Berufsberatung wurde deutlich gemacht, dass wir nicht studieren sollten, was uns gefiel, aber hinterher nicht gebraucht würde. Sondern wir sollten einen Beruf ergreifen, durch den wir der Republik nutzen könnten. Ich wollte Innenarchitektur studieren. Mein Klassenlehrer sagte zu mir: »Innenarchitektur hat keine Zukunft. In der DDR werden Neubaublocks gebaut, da gibt es eine Wand, wo du die Schrankwand stellen kannst. Dazu brauchst du keinen Innenarchitekten.« Ich schluckte das. Man hatte ja keine Ahnung. Als Zweites stand Chemie auf meiner Wunschliste. Ich hatte während der Oberschulzeit in Buna Chemielaborantin gelernt. Das hat mir zwar Spaß gemacht. Doch wenn ich durch dieses Werkstor kam, kriegte ich Kopfschmerzen. Es stank fürchterlich. Ich dachte: »Mensch, was machste denn, wenn du Chemie studiert hast. Dann biste hier irgendwo Abteilungsleiter und kümmerst dich von Scheuerlappen über kaputte Fensterscheiben um alle organisatorischen Dinge. Die Herstellung läuft dort sowieso: grüne Troppen in die roten Troppen.« Eines Tages saß ich im Umkleideraum der Turnhalle und heulte, weil ich mir keinen Rat wusste. Da kam die Sportlehrerin zu mir. Im Sport war ich sehr gut, habe Basketball gespielt, früher mal Ballettschule gemacht. Sie setzte sich neben mich und sagte: »Sag' mal, willst du nicht Sport studieren?« Um das abzukürzen: Ich bewarb mich an der DHFK in Leipzig für Sport/Biologie. Dann kam die Hochschulreform, und sie haben in Leipzig die Zweitfächer abgeschafft und Sportwissenschaft eingeführt. Sie wollten Leute für die Forschung und für den Leistungssport ausbilden. Weil ich zu diesem Zeitpunkt meinen Mann schon kannte, der in der Nähe der DHFK wohnte, entschloss ich mich, Bio sausen zu lassen und mich mit der Wissenschaft auseinander zu setzen.

In der zwölften Klasse hatte ich meinen späteren Mann kennen gelernt. Meine Cousine Ulla hatte mich zum Fasching eingeladen. Die meisten Leute dort waren schon über 20. Solche Alten! Ich war 18. Hermann und sein Freund 19 Jahre, deshalb wurden wir aufeinander aufmerksam. Zuerst wusste ich gar nicht, welcher von beiden mir besser gefällt. Es klärte sich sehr schnell, weil Hermann, den ich mir schließlich ausgeguckt hatte, besser tanzen konnte. Das war wichtig für mich. Der andere tanzte richtig gegen die Musik. So eine Körperlichkeit konnte ich gar nicht nachvollziehen. Hermann benahm sich ziemlich unverschämt und frech. Er erzählte mir von allen möglichen anderen Weibern. Ich nahm ihn nicht so richtig ernst. Wir kasperten den ganzen Abend miteinander rum, haben geknutscht, das gehört ja dazu. Erst gegen halb vier morgens machten wir uns auf den Heimweg. Um diese Uhrzeit fuhr keine Straßenbahn mehr. Wir liefen zum Hauptbahnhof. Hermann sagte, dass er niemals Mädels nach Hause bringe. Es sei ihm zu stressig, durch die ganze Stadt zu laufen und in der Nacht wieder zurück. »Die müssen ihren Weg alleine finden.« Ich dachte: »Affe!« Inzwischen war es halb fünf, und vom Bahnhof fuhren wieder Straßenbahnen. Hermann stieg mit in meine Bahn ein. Es würde irgendwo eine Bahn kreuzen, die er nehmen könnte. Bis dorthin würde er mich begleiten. Hermann stieg an keiner Kreuzung aus, sondern brachte mich bis vor die Tür. Eine Stunde standen wir draußen in der Kälte, erzählten und knutschten. Als ich in die Wohnung kam, war meine Oma, die damals bei meiner Cousine wohnte, ganz aufgeregt: »Um Gottes willen, Kind, wo kommst du denn jetzt her?« – »Ich habe heute den Mann kennen gelernt, den ich heiraten würde.« – »Was? Wie heißt er denn?« – »Weiß ich nicht. Ich habe den Namen nicht richtig verstanden, und nachfragen wollte ich nicht.« Meine Oma, die mich unter die Haube bringen wollte, sagte ganz entrüstet: »Du bist ja dumm! So viele trifft man nicht, bei denen man dieses Gefühl hat.«

Nach dem Fasching erwischte mich eine fette Grippe. Ich war zu Hause und lag im Bett. Plötzlich klingelte es. Ich sah aus dem Bodenfenster und dache: »Du Heimatland. Der vom Fasching! Was will der denn hier?« Ich stellte mich tot. Ich hatte irgendwie Angst, ihn wiederzutreffen. Mein Hermann ging in den Konsum und fragte nach mir. Er wusste nur meinen Vornamen. Die Frau, die neben ihm stand, sagte: »Da können Sie mit mir kommen. Das ist meine Tochter.« Ich ahnte, dass er meiner Mutter begegnen würde, weil sie Schichtschluss hatte. Es gab nur diese eine Hauptstraße in unserem Nest. Ich hatte mich inzwischen angezogen und in der Scheune versteckt. Meine Mutter schmiss ihr Fahrrad an die Wand. Das war mir schon verdächtig. Dann kam er, die Hände in den Taschen, ganz lässig. Meine Mutter ging ins Haus, rief nach dem Kind. Das Kind war weg. Als sie über den Hof lief, winkte ich ihr aus der Scheune. »Was ist denn mit dir los?«, fragte sie. – »Ich weiß nicht. Ich habe so ein komisches Gefühl.« – »Pass mal auf, da hetzt du mir die Kerle auf den Hals. Nun musst du sehen, wie du sie wieder loswirst.« Ich musste mit ihr ins Haus gehen. Ich war inzwischen etwas ruhiger geworden. Hermann kam auf mich zu und hat mir vor meiner Mutter einfach einen Kuss draufgebrezelt, als würden wir uns tausend Jahre kennen. Ich war gleich gesund. Wir sind spazieren gegangen, und ich habe ihm angeboten, im Sommer mit mir an die Ostsee zu fahren. Ich hatte einen Zeltplatz ergattert, den musste man schon im Dezember anmelden. Nun war alles klar zwischen uns. Das erste Vierteljahr haben wir uns nur besucht. Im Frühjahr fuhren wir mit seinem Roller in die Sächsische Schweiz. Im Mai haben wir das erste Mal zusammen geschlafen. Das war für mich das erste Mal, und ich hatte Schiss, dass ich ein Kind kriege. Ich habe nicht mal gemerkt, dass ein Kondom im Spiel war. Ich war mit meinen fast 19 Lenzen ein ziemlicher Spätentwickler.

Mit Beginn meines Studiums sahen wir uns jeden Tag. Manchmal saß er schon auf meinem Bett, wenn ich aus der Vorlesung oder vom Training zurückkam. Eines Tages verschwand er für drei Tage: »Ich fahr mal tanken.« Mir wurden von Freunden Geschichten mit anderen Mädels zugetragen. Das hat mich wahnsinnig verletzt. Ich war richtig dolle verliebt und dachte, das bleibt jetzt alle Zeit bis ans Ende unserer Tage. Für mich galt eben: Null oder hundert. Plötzlich waren meine Illusionen perdu. Da reicht im Grunde einmal so eine Geschichte, und die Unschuld ist weg. Im ersten Studienjahr wurde ich ungewollt schwanger. Wir überlegten, ob wir das Kind kriegen sollten oder nicht. Und wenn nicht, wie wir das anstellen könnten. Schwangerschaftsabbruch war damals noch nicht erlaubt. Ich hatte kein wirklich ethisches oder christliches Problem damit. Ich dachte in dieser Zeit wahnsinnig naturwissenschaftlich. Für mich war das eine rein biologische Zellteilung. Über eine Bekannte wurde uns eine Adresse in Polen vermittelt. Wir fuhren nach Polen in irgendein Hinterhaus. Dort trafen wir einen Arzt und eine Krankenschwester. Es wurde eine Ausschabung gemacht mit örtlicher Betäubung. Ich habe das voll mitgekriegt. Zu allem Überfluss sagte dieser Arzt: »Das wäre ein Mädchen geworden.« Plötzlich war es keine Zelle mehr, und mir ging der Arsch auf Grundeis. Wir mussten für jeden Schwangerschaftsmonat 100 Mark zahlen. Ostmark war für die Polen fast wie für uns Westmark. Wir hatten nur 300 oder 350 Mark mit und hätten 400 bezahlen müssen. Daran erkannte ich, dass ich im vierten Monat war. Ich hatte ein furchtbar schlechtes Gewissen. Außerdem gab es ein großes organisatorisches Problem. Dieser Abort war im Februar, es war sehr kalt, und ich musste ins Zivilverteidigungslager. Meine Cousine, die inzwischen Ärztin war, wollte mich krankschreiben. Wäre ich nicht in dieses ZV-Lager gefahren, hätte ich ein Studienjahr verloren. Da macht sich heute keiner mehr Gedanken. Für uns war das unvorstellbar. Außerdem durfte niemand von der Abtreibung erfahren. Ich fuhr also hin. Wir kriegten feuerwehrartige Blaumänner als Uniformen und Gummistiefel. Das Blut lief mir beim Marschieren die Beine runter. Abends, wenn wir zurückkamen, spülte ich die Stiefel mit Wasser aus. Die waren am nächsten Tag natürlich nicht trocken. Es war sehr unangenehm, die nassen Dinger wieder anzuziehen. Ich dachte, ich hole mir den Tod. Doch ich bekam nicht mal eine Erkältung. Ich hing durch wie eine Bogenlampe. Ich wollte das Lager unbedingt durchziehen. Wenn ich mir manche Studenten heute anschaue, die wollen sich nicht quälen. Die sagen: »Wenn's nicht geht, setze ich ein Jahr aus.« Sie machen ein Feriensemester, und dann brauchen sie eins zur Selbstfindung. So gut ich das manchmal finde, so bescheuert finde ich es auf der anderen Seite. Viele der so genannten Wohlstandskinder kippen ziemlich schnell aus der Bahn, anstatt die Zähne zusammenzubeißen.

Hermann und ich haben uns verlobt. Ich fand das damals schön. Aber wir waren immer mal getrennt, mal zusammen. Sind zum Tanzen gegangen, er war mit einer anderen Freundin da, ich mit einem anderen Freund. Wir haben über die Schulter geguckt und den anderen beobachtet. Streckenweise führten wir ein Doppelleben. Auch wenn wir andere Freunde hatten, haben wir zusammen geschlafen, wenn wir uns trafen. Wir dachten wahrscheinlich, wir würden was verpassen. Eine Zeit lang gab es einen Bernd, mit dem ich in Urlaub fahren wollte. Kurz vor diesem Urlaub traf ich Hermann in der Stadt. »Na, wie geht's?«, fragte er. »Es geht gut. Ich fahre diesen Sommer mit Bernd nach Rumänien, und danach werden wir sicher heiraten.« Ich war damals 23. Hermann schaute mich schweigend eine Minute an. So hatte ich ihn noch nie gesehen. Die ganze Farbe wich aus seinem Gesicht. Er holte tief Luft und sagte: »Pass mal auf, jetzt reicht's. Du hast zwölf Stunden Zeit, deine Jeans zu waschen, und dann fährst du mit mir an die Ostsee. Und wenn du unbedingt geheiratet werden willst, dann heirate ich dich eben.« Schöner Heiratsantrag! Ich bin jedenfalls wie in Trance über die Straße gelaufen, nach Hause und habe meine Jeans gewaschen. Ich rief Bernd an, der war in zehn Minuten da. Der muss mit seinem Käfer durch die Stadt geflogen sein. »Du kannst mich doch nicht so in die Pfanne hauen!« Ich stammelte nur rum. Es war halt so.

Im dritten Studienjahr haben Hermann und ich geheiratet. Das war aus zwei Gründen wichtig: Erstens ging es im vierten Studienjahr um die Stellenverteilung. Zweitens wäre mein Mann im Frühling 26 geworden, und wir hätten den zinslosen Ehekredit von 5000 Mark nicht mehr bekommen. Den wollten wir abfassen. Der Polterabend ging bis um vier Uhr, danach nähte ich mein Hochzeitskleid fertig. Morgens zum Standesamt. Hermann hätte gern kirchlich geheiratet, weil das so schön ist. Aber er hatte gerade seinen Aufnahmeantrag in die Partei gestellt. Ich fand, dass das nicht zusammengeht – Partei und kirchliche Trauung. Meine Mutter wusste nicht, dass wir heiraten. Meine Eltern waren inzwischen geschieden und beide noch mal glücklich verheiratet. Mein Vater hatte gesagt: »Entweder ich komme oder deine Mutter.« Mein Vater war mir emotional sehr viel näher. Mit meiner Mutter habe ich mich oft gezankt. Sie ist wahnsinnig dominant. Nach dem Essen fuhren wir mit dem Auto eines Freundes für drei Tage nach Weimar –

in die Stadt der Dichter und Denker, der Mörder und Henker. Kontrastprogramm im Schnelldurchlauf. Wir hatten ein Dachzimmer im Hotel Elephant gemietet. Als wir mit einem Arm voller Blumen in die Hotelhalle kamen, fragten die uns: »Sie sehen aus, als hätten Sie heute geheiratet.« – »Ja, vor vier Stunden.« Wir bekamen vom Hotel für die Hochzeitsnacht eine wahnsinnige Suite mit zwei Badewannen. Das hat mich total beeindruckt. Da muss ich den Elephanten-Leuten wirklich ein Kompliment machen.

Im Sommer machten wir unsere richtige Hochzeitsreise. Das war die schönste Reise meines Lebens, auch wenn wir inzwischen schon den halben Globus bereist haben. Fünf Wochen mit dem Auto durch die Sowjetunion bis in den Kaukasus. Wir fuhren Campingplätze an. Wo es keine gab, mussten wir ins Hotel. Das war Pflicht, weil sie keine Landstreicherei wollten. Wir hatten einen ganz alten Wartburg mit Rostlöchern in der Tür. Wir lernten dort so viele wunderbare Leute kennen und erlebten eine Gastfreundschaft und Herzlichkeit, die wirklich umwerfend war. Bei den Amerikanern ist das ähnlich. Sie kommen einem unvoreingenommen, nett und liebenswürdig entgegen. Der Unterschied ist jedoch, dass man sich mit den Russen nach einer Stunde noch was zu sagen hat, das in die Tiefe geht. Einen Tag fuhren wir zum Elbrus. Das ist mit fast 6000 Metern der höchste Berg des Großen Kaukasus. Unser Zelt hatten wir 70 Kilometer weg auf dem Zeltplatz gelassen, da wir nach der Besteigung wieder zurückfahren wollten. Plötzlich zogen Wolken auf, so dass wir uns entschlossen, eine Nacht im Auto zu schlafen. Verpflegung hatten wir mit. Da unser Kocher kaputtgegangen war, hatten wir uns zwei Ziegelsteine organisiert und etwas Holz in einem Schuhkarton. Wir holten unseren kleinen Topf aus dem Kofferraum und ein Glas Mischgemüse. Unweit von uns war eine Gruppe russischer Studenten. Als Hermann sich mühte, unser Holz anzuzünden, fingen die Russen zu lachen an. Sie sägten ein paar Bäume ab, stellten sie zusammen. In kurzer Zeit schlugen die Flammen 20 Meter hoch. Sie winkten uns, unseren Topf in ihr Feuer zu stellen. Wir konnten ihn zwar hinterher nicht mehr benutzen, weil er völlig verrußt war, aber es wurde ein wunderbarer Abend. Zu fortgeschrittener Stunde fing eine junge Frau an, Michail Lermontow zu rezitieren. Tränenüberströmt standen wir da und bewunderten diese Studentin. Plötzlich fand ich diese Sprache unheimlich lyrisch. In der Schulzeit hatte ich Russisch zum Kotzen gefunden. Es war für mich ein Schlüsselerlebnis, dort im Angesicht des Elbrus russische Gedichte zu hören. In Jerewan trafen wir Leute, die einfach den Hammer fallen ließen, weil Gäste da waren. Das wäre unter kapitalistischen Umständen gar nicht möglich, dass der Personalchef mittags sagt: »Wir beenden jetzt unseren Arbeitstag, weil Freunde aus Deutschland da sind, und machen ein Fest.« So ein Fest war mit Unmengen Alkohol verbunden. Schon morgens im Hotel, wenn man nur den Blick gehoben hat, prostete einem jemand zu. Und dann war der Vormittag gelaufen. Die haben alle wahnsinnig gesoffen. Da gab's zum Frühstück schon 5-Sterne-Cognac. Selbst die Polizisten waren besoffen. Das konnten wir nicht so gut verstehen und nicht durchhalten. Sonst war es eine Wahnsinnsreise, tolle Gastfreundschaft und unglaublich schöne Landschaft. In diesen fünf Wochen haben wir nur 1400 Mark verbraucht. Benzin kostete 30 Pfennig pro Liter. Ich war beeindruckt, wie billig dort das Leben war.

Nun waren wir verheiratet und wollten eine Wohnung. Man konnte sich anmelden auf dem Wohnungsamt und hätte fünf Jahre warten müssen. Man konnte von Haus zu Haus gehen und fragen, ob was frei war. Alles ziemlich mühsam und langwierig. Meine Zimmerwirtin bewohnte eine relativ große Wohnung, zwei und zwei halbe Zimmer, Küche, jedoch kein Bad. Das Klo war auf halber Treppe. Seit fünf Jahren lief ihr Antrag auf einen Platz im Altersheim. Sie wollte ein Einzelzimmer, was in der Regel schwierig zu bekommen war. Wir fragten, ob sie uns ihre Wohnung geben würde, wenn wir ihr ein Einzelzimmer im Heim besorgten. Sie war sofort einverstanden. Sie hatte schon ihr ganzes Zeug verkauft und bewohnte nur noch ein Zimmer. Hermann fing fast ein Verhältnis mit der Tante vom Sozialamt an. Jedenfalls schaffte er es, das Zimmer zu vermitteln. Anschließend mussten wir rumtricksen, damit wir zu zweit diese große Wohnung behalten durften. Wir begannen, die Wohnung auszubauen: neue Fenster rein, Bad in das eine kleine Zimmer, Dielen abgeschliffen, Gasheizung. Als wir unsere Wohnung grade fertig hatten – inzwischen war unsere erste Tochter geboren – wurde ich mit dem zweiten Kind schwanger. Wir suchten eine größere Wohnung. Wir tauschten mit einem älteren Ehepaar, das eine herrlich große Wohnung in einer Top-Lage hatte, aber eine totale Ruine. Wir zogen von einem auf den anderen Tag um, das heißt, ich machte das fast allein, weil Hermann im Studentensommer war – das waren Arbeitseinsätze mit ausländischen Studenten, die über die Hochschulen organisiert wurden. Durch die Plackerei verlor ich das Kind. Das war schade, weil es wirklich ein Wunschkind war. Ich verkraftete es trotzdem ganz gut, weil alles so hoffnungsvoll war: die neue

Wohnung und meine berufliche Entwicklung. Ich hatte nach dem Studium beim DTSB gearbeitet und Betriebssportgemeinschaften betreut. Jeder Betrieb ab 50 Beschäftigten musste ja eine eigene Sportgemeinschaft gründen. Das war Pflicht. Ich musste die Finanzen organisieren, Weiterbildungen halten und die Hallenzeiten abstimmen. Das war nicht gerade ein aufregender Job. Morgens saß ich im Büro und habe einen Bleistift nach dem anderen abgekaut. Wenn die Leute Feierabend hatten und zum Sport gegangen sind, musste ich vor Ort sein. Das Ganze war mit Familienpflichten nicht so gut unter einen Hut zu bringen. Darum suchte ich mir eine neue Stelle an einer Berufsschule mit Abiturausbildung. Das hat mir richtig Spaß gemacht.

Um unsere neue Wohnung auszubauen, haben wir drei Jahre gebraucht. Es war wahnsinnig kompliziert, die Dinge zu besorgen, die wir brauchten. Zum Beispiel tauschten wir Russen gegen Heizkörper. Das ist eine komische Geschichte. Mein Mann entdeckte während des Studentensommers in einem Baustofflager Heizkörper. Der zuständige Meister meinte: »Ich kann dir die nicht für Geld und gute Worte geben. Die sind für die Neubauten verplant.« Mein Hermann gibt nie so schnell auf. Er sagte: »Wie kann ich dir denn helfen. Ich habe hier russische Studenten vom Studentensommer, die wollen irgendwas arbeiten und Geld verdienen.« Da meinte der: »Dort ist eine Betonwand, die muss weggestemmt werden. Die ist erst für nächstes Jahr im Plan. Sie stört mich und müsste eigentlich weg.« Pro Heizkörper schickte er einen russischen Studenten hin, die bekamen einen Presslufthammer in die Hand und knallten die Betonwand weg. Die Studenten verdienten gut. Und wir hatten unsere Heizkörper. Die mussten wir natürlich bezahlen. Ich habe Parkett abgeschliffen und lackiert. Mir war ganz schlecht von dem Geruch. Mit der Zahnbürste und spitzem Messer haben wir den Stuck an der Decke gereinigt, den irgendjemand mit bunten Blumen bemalt hatte. Die Bauerei war zwar anstrengend, hat aber viel Spaß gemacht. Solche Phasen hat wohl jeder durchgemacht in dieser Zeit, der nicht unbedingt auf 'ne Neubauwohnung scharf war. Ich wurde bald wieder schwanger. Das ging immer rackzack. Ich hätte ja am liebsten fünf Kinder gehabt. Hermann winkte nur ab: »Wenn das so weitergeht, gehe ich zur Handelsmarine.« Zwei Mädels würden ihm genügen. Am Anfang unseres Familienlebens hatten wir Schwierigkeiten mit der Umstellung. Das Baby war plötzlich ein Eindringling in unsere Zweierbeziehung, obwohl es wirklich ein Wunschkind war. Umgekehrt war es jedoch sehr viel schwerer. Ich habe gelitten wie ein Hund, als die Mädels aus dem

Haus sind. Ich sagte zu meinem Mann: »Du, wir müssen jetzt aufpassen, sonst wird's langweilig hier.«

Wir waren in den 70er Jahren ziemlich mit Nestbauen beschäftigt. Die Politik berührte uns kaum. Die Biermann-Geschichte kriegte ich am Rande mit. Das hat mich nicht so furchtbar aufgebracht. Wir haben nur Witze gemacht, wenn es irgendwas nicht gab. »Die BBUs sind an allem schuld.« Also die »Bösen Bonner Ultras«. Und solchen Quatsch. Das Einzige, woran ich mich erinnere, war dieser Militärputsch in Chile. Ich hörte damals im Radio den Originalmitschnitt von Allendes letzter Rede. Er redete so lange, bis er von hinten erschossen wurde. Diese Rede hatte ich lange als großes Plakat überm Schreibtisch hängen, weiße Schrift auf schwarzem Grund. Damals war ich eindeutig links, auch wenn ich nicht in der Partei war. Mein Herz schlägt heute noch links. Ich war mit der DDR zufrieden und fand es nicht bedrückend oder eng. Wir sind viel gereist, freilich nur in die Ostblockländer. Unsere Freunde waren Ungarn, Polen, Russen und Tschechen. Für mich ist egal, ob jemand aus Polen oder aus Frankreich stammt. Mein Studium hat mir Spaß gemacht, obwohl ich anfangs was anderes wollte. Jeder hat doch so drei, vier Ideen und muss sich für eine entscheiden. Heute wird den Kindern vorgegaukelt, ihnen stünden alle Möglichkeiten dieser Welt offen. Das ist eine Lüge. Aus der Nähe besehen, fällt so vieles aus unterschiedlichen Gründen flach. Die finanzielle Situation der Eltern spielt eine Rolle und genauso der Arbeitsmarkt. Es nützt nichts, jemandem zu sagen, er möge studieren, was ihm Spaß macht. Wenn er nach dem Studium in der Luft hängt und keinen Job kriegt, hat ihm der ganze Spaß nichts genützt. Wir diskutieren heute mit manchen Studenten: »Machen Sie lieber was anderes, in dem Beruf sind Sie nicht so gut, dass Sie mal davon leben könnten.« Da kriege ich zur Antwort: »Das geht Sie gar nichts an.« Auf der einen Seite haben sie natürlich Recht, auf der anderen Seite fühle ich eine Verantwortung.

Also, DDR war okay für mich. Ja, auch das Organisieren hat Spaß gemacht. Für die große Wohnung brauchten wir Möbel. Auf der Messe sahen wir eine Holzküche, die uns sehr gut gefiel. Die haben wir damals aus dem Thüringischen geholt. Ich habe diese Küche nach der Wende in unser neues Haus mitgenommen, was keiner versteht. Ich hänge an der Küche, habe nur eine neue Platte draufgemacht, fertig. Es passt einfach. Auf einer anderen Möbelmesse sahen wir eine Ledersitzgruppe, die wir unbedingt haben wollten. Die wurde für den Westen produziert, für Neckermann, und kam gar nicht in unsere Geschäfte. Wir fuhren nach Schwerin ins Werk. Sie wollten diese Sitzmöbel nicht rausrücken. Die Direktorin sagte: »Wir verkaufen diese Möbel nicht.« Ich würde normalerweise aufstehen und gehen. Wenn jemand zu Hermann sagt: »Nee, geht nicht«, setzt sich mein Mann extra hin, macht einen breiten Hintern und fängt die ganze Geschichte von vorne an. Irgendwann konnten die das nicht mehr hören und sagten entnervt: »Gut, laden Sie das Zeug auf und hauen Sie hier ab.« So haben wir uns die Einrichtung zusammengestoppelt.

In unserer neuen Wohnung und in dem Viertel haben wir uns sehr wohl gefühlt. Mit den anderen Familien in diesem großen Stadthaus pflegten wir sehr guten Kontakt. Fast jeder hatte einen Schlüssel zur Nachbarwohnung. Mit dem neuen Domizil griff ein neues Phänomen: Messevermietung. Das machten viele in Halle und Leipzig, die ausreichend Platz hatten. Das war eine gute Gelegenheit, an Westgeld zu kommen. Es gab ja schon Intershops, wo es so gut roch wie die Westpäckchen. Dort gab es feine Sachen, die man meinte zu brauchen: Kaffee, Kosmetik, Überraschungseier für die Kinder zu Ostern. Wir wollten auch vermieten. Ich putzte die Wohnung auf Hochglanz, damit alles vom Feinsten war. Wir dachten: »Wenn jetzt die Westhandlungsreisenden kommen, die sind so anspruchsvoll, da muss alles knacken.« Und dann haben wir Typen kennen gelernt, da hat's den Hund mit der ganzen Hütte geschüttelt. Einmal kam ein Syrer, der Mengen Alkohol trank. Wir wunderten uns, weil Moslems normalerweise keinen Alkohol trinken dürfen. Da sagte der: »Allah ist ein alter Mann, kann nicht gucken bis Europa.« Zwei Westberliner Brüder kamen mit einer Reisetasche voll Schnaps, die sie spottbillig im Intershop gekauft hatten. So mancher Westler war eine für uns ungewöhnliche Mischung aus Geizkragen und Spesenverprasser. Die Stadt war während der Messe jedes Mal wie verwandelt. Überall fuhren schicke Autos, du sahst gut gekleidete Männer und unheimlich schöne Frauen. Die reisten von überall her an. Die Mädels vom Gewerbe kamen aus Rostock und Berlin, das war die Spitzenklasse, wirklich. Und Models. Ich habe das durchaus genossen.

Über drei, vier Jahre nahm ein besonders interessanter Geschäftsmann bei uns Quartier. Der war wie es im Buche steht: weltgewandt, attraktiv, Anfang 40. Ich war damals 30. Wir standen zusammen am Herd, haben gekocht. Es ging sehr familiär zu. In diesen Zaubermann verliebte ich mich. Er sich in mich auch. Ich war total beeindruckt von ihm. Es fand nichts statt, weil ja immer die ganze Familie da war. In einem Jahr brachte er einen sehr wichtigen Kunden mit. Seine Firma verdankte diesem Kunden fast 20 Prozent Jahresumsatz. Plötzlich war dieser Mann, den ich so weltmännisch und überlegen erlebt hatte, ganz klein mit Hut, hat nur gekuscht vor dem anderen. Ich begriff ein bisschen, wie das im Westen läuft: Wer in der Wirtschaft das Geld hat, kann sich fast alles erlauben. Wir erlebten einen extrem schwierigen Abend mit diesem Typen. Ich hatte mich extra anderthalb Stunden nach Karten fürs Bach-Konzert angestellt. Als wir im Konzert saßen, guckte der ständig auf die Uhr. Es war Musik vom Feinsten mit Gewandhaus-Musikern. Als es zu Ende war, sagte dieser Kunde: »So, und jetzt gehen wir endlich in eine Bar.« Ich flüsterte meinem Mann zu: »Ich gehe nicht mit, das ist ein Arschloch, der haut so auf den Putz.« Hermann erwiderte: »Im Gegenteil. Der hat heute Abschlüsse gemacht und will feiern. Ich mache dem die teuerste Rechnung. Der soll seinen Spaß haben, wenn ich meinen auch habe.« Wir gingen mit in die Bar. Der Eintritt für sieben Leute kostete schon 350 Westmark. Ich rechnete im Kopf sofort mal sechs – das war der Schwarzkurs damals – und dachte: »Dafür könntest du deine Kinder ein Jahr ausstaffieren oder eine Reise machen.« In der Bar ging es ziemlich rund. Unter anderem nahm dieser Kunde einen Hundertmarkschein, riss ihn durch und drückte eine Hälfte einem Mädel in die Hand. Die andere Hälfte könne sie in seinem Zimmer abholen. Mir schwoll der Kamm über solche West-Macho-Manieren. Als ob die sich für ihr Geld alles erlauben könnten! Ich nahm mein Sektglas und kippte ihm den Sekt über den Kopf: »Sie sind wirklich ein Arsch.« Ich dachte, der ärgert sich. Nee, der fand das total erotisch: »Oh! Sie sind ja so ein richtig wildes Tier.« Ich hätte ihm eine knallen könne. Das war der Gipfel. Ich kam mit solchen Männern nicht zurecht. Wir waren gewöhnt, dass man respektvoll oder kumpelhaft miteinander umging. Der behandelte mich wie so ein Häschen. Und der Mann, den ich so toll fand, trat mir unterm Tisch vors Schienbein. Womit er andeuten wollte, ich möchte meine Klappe halten. Ich sollte seinen Hauptkunden nicht vergnatzen. Ich konnte den gar nicht vergnatzen. Was ich auch vom Zaune brach, hat den höchstens aufgestachelt. Er fühlte sich überhaupt nicht angegriffen, weil ich ihm kein ebenbürtiger Partner war. Erstens war ich aus dem Osten, zweitens war ich eine Frau. Das war Grund genug, mich nicht ernst zu nehmen. Wir sind dann gegangen. Ich habe mich gewundert, wie sich mein Zaubermann plötzlich entzaubert hatte.

Wir schrieben uns eine Zeit lang postlagernd. Als ich gerade einen seiner Briefe las, kam mein Mann ins Zimmer. Ich muss ihn wohl ziemlich entsetzt angeschaut haben. Er sagte nichts und ging wieder raus. Er hatte geschrieben, dass er nach Leipzig käme, in dem und dem Hotel abstiege, und ich sollte kommen. Als der bewusste Tag herangerückt war, fragte mein Mann am Morgen: »Was machst du denn heute?« Ich sagte: »Ich gehe mit meinen Leuten in dieses Museum.« – »Da komme ich mit, dort war ich noch nicht.« Mir stand das Wasser bis Oberkante Unterlippe. Ich schluckte, eierte rum und erzählte irgendeine Geschichte. Er wusste genau, was los war. Er hatte den Brief gelesen. Ich sagte: »Du, der kommt extra die 600 Kilometer aus dem Rheinland. Ich gehe jetzt dorthin.« – »Das kannst du machen. Aber ich komme mit.« Sie kannten sich ja. Als wir in die Hotelhalle kamen, entglitten dem Zaubermann die Gesichtszüge. Wir sind einen Kaffee trinken gegangen. Der Zaubermann stotterte was von Gefühlen und so weiter. Mein Mann sagte nur: »Wissen Sie, ich merke ja, dass hier was glimmt. Und da müsst ihr mir nun gestatten, dass ich mit der Gießkanne drübergehe. Wie Sie sich das denken, das wird nichts. Ich gehe jetzt mal ums Viereck. In der Zeit könnt ihr miteinander reden. Und dann fahren wir heim.« Das fand ich so stark! Ich war total stolz auf meinen Mann. Und der Zaubermann saß da wie vom Blitz getroffen. Er hatte gesagt, dass er mich unbedingt heiraten wollte. Er würde sich scheiden lassen und notfalls in den Osten kommen. Er hätte nie hier leben können! Er hatte einen hohen Posten in der Wirtschaft, reiste um die ganze Welt. Wir haben noch Kontakt, und er sagt manchmal: »Das war ein Fehler, dass wir das nicht durchgezogen haben.« Ich bin froh, dass es ist, wie es ist. Erstens hatte er unrealistische Vorstellungen. Ich wäre viel komplizierter zu handeln gewesen als seine Frau, weil ich mein eigenes Leben gestalten wollte und nicht alles gemacht hätte, was der große Kaiser sagt. In unserer Ehe führt das mitunter zu heftigem Streit. Wir sind beide rechthaberisch. Das Phänomen in unserer Beziehung ist eine unheimlich tolle körperliche Kommunikation. Damit meine ich nicht nur das Sexuelle. Wenn wir uns zanken wegen irgendwelcher Kleinigkeiten, reicht es, wenn wir aneinander vorbeigehen und uns mit dem Finger kurz anfassen. So eine ganz kleine Berührung – und es ist wieder gut. Selbst wenn das Problem noch nicht ausdiskutiert ist, es ist auf einmal nicht mehr gar so wichtig. Einmal lagen die Scheidungspapiere schon auf dem Tisch. Wir mussten eine Reihe Fragen beantworten und saßen über diesen Papieren. Da hieß es zum Beispiel: Gibt es

Streit um Geld? Nee. Haben Sie verschiedene Meinungen in der Kindererziehung? Nee. Kann sich einer von beiden in der Beziehung nicht verwirklichen? Hat einer eine andere Weltanschauung als der andere? – Als wir alles mit »Nein« beantwortet hatten, sahen wir uns an: »Kein Mensch versteht, warum wir uns trennen, wenn wir das Ding abliefern.« Es stand manchmal so auf der Kippe. Seit unsere Töchter aus dem Haus sind, hat sich eine ganz neue Zweisamkeit eingestellt. Ich bin manchmal verliebt in meinen Mann wie in jungen Jahren, was ich nie erwartet hätte.

Als ich 36 war, starb mein Vater. Ich war sehr traurig darüber. Er war ja mit seiner zweiten Frau noch mal sehr glücklich geworden. Sie war vor ihm gestorben, und da wollte er nicht mehr leben. Er hat mir ein bisschen Geld vererbt. Ich nutzte die Chance, um mal aus dem Schuldienst auszusteigen. Mir ging dieser Schulsport auf die Nerven. Jedes Jahr musste man mit den Schülern laufen, springen, werfen – nur ein bisschen weiter und ein bisschen schneller. Ich fand das total langweilig und hätte lieber Sachen gemacht, die man sein ganzes Leben nutzen kann: mehr Tanz und Musik. Und dieses ganze Militärische im Sportunterricht, zum Beispiel Handgranatenweitwerfen! Mit dem geerbten Geld wollte ich mich selbstständig machen. Mein Ziel war, die Jil Sander des Ostens zu werden. Ich nähte gern und gestaltete Kostüme. Ich wollte nun eine Schneiderlehre machen, um so den letzten Schliff zu kriegen. Autodidaktisch geht das nicht. Ein richtiges Handwerk lernt man nicht allein. Hermann richtete mir auf dem Dachboden ein Atelier ein. Ich ging zum Schneiderobermeister der Stadt. Der sagte mir glasklar: »Sie haben schon auf Staatskosten ein Studium gemacht, da können Sie nicht noch eine Lehre auf Staatskosten machen.« Ich hätte es gerne selber bezahlt. Er gab mir die Genehmigung trotzdem nicht. Mit der deutschen Einheit war der Traum von der Jil Sander des Ostens ausgeträumt. Es hätte keinen Markt mehr gegeben. Ich hatte Glück und bekam eine Anstellung als künstlerische Mitarbeiterin an einer Musikhochschule. Alles, was ich im Tanz, in der künstlerischen Gymnastik, im Bewegungstheater und im Fechten gemacht hatte, konnte ich jetzt gut miteinander verbinden. Ich besuchte viele Kurse im Westen, habe tausende Mark investiert, um mich weiterzubilden in historischen, höfischen Tänzen, Bewegungstheater und im Musiktheaterbereich. Ich war mal auf der Sporthochschule Köln zu einem Kurs für Bewegungstheater. Wir haben dort unter anderem getrommelt. Das war für mich eine absolute Schlüsselerfahrung. Ich konnte das nicht. Und ich bin ungern die

Schlechteste. Deshalb habe ich in den Pausen geübt. Solche Dinge sind im DDR-Sport viel zu kurz gekommen. Wir haben zu sehr Leistungssport gemacht. Und viel Wissenschaft, wobei ich das wieder sehr gut finde. Ich merke, dass ich viel mehr Ahnung habe als die Kollegen aus dem Westen, was die psychologische, physiologische und biomechanische Seite der Bewegung im weiteren Sinne betrifft. Bei diesen Kursen war ich die Einzige aus dem Osten. Die westdeutschen Kollegen brachten mir großes Interesse entgegen und waren ausgesprochen nett. Natürlich habe ich auch Dilettanten getroffen. Ich merkte, dass die sich trotzdem besser verkaufen können als ich. Und ich bin ja wahrlich nicht auf den Mund gefallen. Ich merke zum Beispiel, dass ich mich entschuldige, wenn irgendetwas nicht perfekt ist. Das liegt nicht an mangelndem Selbstbewusstsein. Sondern ich denke, dass es nichts bringt, wenn man so tut, als hätte man die Weisheit mit Löffeln gefressen. Mich ärgert diese ganze Show im Westen, die auch unsere Studenten oft abziehen. Das ist doch ein Eigentor. Erstens strengt es wahnsinnig an, diese Show aufzubauen, und zweitens hält man das sowieso nicht durch. Wer ein bisschen psychologisches Gespür hat, merkt bald, was wirklich dahinter steckt. Manche Studenten wollen sich oft nicht auf Improvisationen einlassen, weil es ihnen unheimlich ist, möglicherweise einen Teil ihres wahren »Innen« preiszugeben. Ich halte die Angewohnheit, nur seine Stärken zu präsentieren, für einen ernst zu nehmenden gesellschaftlichen Verlust.

Ich habe bei diesen Kursen viele nette Leute getroffen. Aus manchen Begegnungen sind Freundschaften entstanden, die nun schon acht Jahre halten. Darunter sind Leute, die sagen: »Den Osten hat es für mich nicht gegeben.« Was mich allerdings ärgert, ist die Ignoranz. Eine Lehrerin für Sozialkunde und Geographie fragte mal ganz erstaunt: »Was, ihr bezahlt auch Solizuschlag?« Die wusste nicht, dass alle diesen Solidaritätszuschlag zahlen. Die denken, sie finanzieren uns hier im Osten.

1992/93 wurden alle unsere festen, unbefristeten Stellen europaweit neu ausgeschrieben. Das hätte sich im Westen keiner bieten lassen!

Als wir unser Haus bauten, meinten unsere Westverwandten: »Euch hat die Wende die Chance gebracht, ein Haus zu bauen.« Ich sagte: »Anders herum ist es. Wir wären sehr gerne in unserer großen Wohnung geblieben. Aber wir wissen, dass wir eine private Altersvorsorge brauchen in diesem Land. Wir können uns diese zwei- bis dreitausend Mark Miete als Rentner nicht leisten.« Jetzt wohnen wir in diesem Ort, weil hier die Grundstücke erschwinglich waren. Unser Haus hat keinen Schnickschnack. Die Hälfte haben wir selbst gemacht und sogar vom Kredit noch was zurückgegeben. Hermann hat alle Dielen verlegt, ich die Fliesen und alles, was mit Steinen zu tun hat. Da konnten wir einen Wert erarbeiten, den wir niemals hätten ersparen können.

Mein schönstes Gespräch nach der Wende war mit der Frauenbeauftragten unserer Schule. Das war eine allein stehende Professorin aus dem Westen. Sie sagte, wenn ich Probleme mit Männern hätte, solle ich mich an sie wenden. »Ich habe keine Probleme mit Männern, ganz im Gegenteil.« Das fand die gar nicht so witzig. Ich registriere oft, wenn ich mich mit den Westfrauen unterhalte, dass sie sich viel mehr gegen Männer wehren müssen und die Mechanismen dafür entwickelt haben. Ich bin noch nie von einem Mann schlecht behandelt worden, weder im Sinne von Gewalt noch von Zynismus – außer diesem Typen zur Messe damals. Ich habe nie erlebt, dass mir ein Mann vorgezogen wurde, nur weil er ein Mann war. Im Kollegenkreis erlebe ich Kameradschaft, auch im Freundeskreis gehen wir ganz normal miteinander um. Es ist völlig egal, ob jemand Frau oder Mann ist.

Für unsere Zukunft habe ich wenig positive Erwartungen. Weder für die junge Leute noch für die Alten. Ich sehe dunkelschwarz, was den Osten betrifft, solange hier keine wirklich Wert schöpfende Industrie entsteht. Unsere große Tochter wird sicher überall in Europa zu Potte kommen, weil sie gut Englisch und Französisch spricht. Sie war ein Schuljahr in Amerika. Die Kleine will partout nicht in den Westen. Sie sagt: »Was ich im Westen mehr verdiene, gebe ich für Miete aus.« Vielleicht wird ihr eines Tages nichts anderes übrig bleiben. Ihr jetziger Klinikdirektor sagte zu ihr, als es um die Verlängerung des Arbeitsvertrages ging: »Fachlich und persönlich bin ich sehr mit Ihnen zufrieden. Doch Sie sind eine Frau im gebärfähigen Alter. Das ist ein Risiko.« So was hätte es in der DDR nie gegeben!

Mein politisches Engagement hat sich gegen null reduziert. Dieses Land und diese Gesellschaft werden vom Geld regiert. Da sitzt du am kürzeren Hebel. Ich habe kürzlich mal wieder bei einer Bürgerinitiative mitgemischt. In unserem Ort soll eine Tankstelle gebaut werden, obwohl es sinnvoller wäre, sie in die Nähe der Autobahn hinzusetzen. Da brauchten wir nur 100 Meter weiter zu fahren. Der eigentliche Grund ist das Grundstück eines Münchner Anwalts. Das gilt es zu versilbern. Solche Dinge machen mich unheimlich wütend, und ich fühle mich ohnmächtig. Deshalb komme ich mehr und mehr zu dem Schluss, dass es nicht lohnt, sich um jeden Preis in die Politik einzumischen. Die Korruption ist so allgegenwärtig, und kaum einer schämt sich dafür – am wenigsten die so genannten »Volksvertreter«. In der Wendezeit war das was anderes. Wir hatten Illusionen. Da diskutierten wir im Neuen Forum nächtelang über Bildung und Umwelt und Religionsunterricht und alle gesellschaftlichen Probleme. Es ging uns bei der ganzen Arbeit nie darum, Westen zu werden oder Gesamtdeutschland, sondern den eigenen Saustall aufzuräumen. Zu einem, der »Deutschland einig Vaterland« schrie, das war so ein tumber Typ, einer aus der Braunkohle, sagte ich: »Weiste was, das wird schwer. Es wird zwar klappen, doch der Erste, der seinen Job verliert, bist du.« – »Eh, wir fahr'n alle Mercedes.« Diese üblichen Straßendiskussionen. Wir waren zehn Leute in der Gruppe, die sich seit dem Sommer 1989 trafen. Ich hätte für jeden von denen beide Hände ins Feuer gelegt. Hinterher stellte sich heraus, dass zwei davon Stasi-Informanten waren.

In den Oktoberferien fuhr ich mit einer Freundin und den Kindern in die Sächsische Schweiz. Auf einer Wanderung durch das Elbsandsteingebirge trafen wir hinter jedem dritten Baum auf einen Soldaten. Jedes Mal wurden wir aufgefordert, unsere Papiere zu zeigen. Sie hatten Angst, dass die Leute über die grüne Grenze nach Prag abhauen. Nachdem wir drei Mal unsere Ausweise gezeigt hatten, reichte es meiner Freundin. Sie hat vor nichts Angst, auch keinen Respekt vor der Obrigkeit. Sie sagte zu einem der jungen Soldaten: »Weiste, mein Junge, ich habe schon deinen Kollegen drei Mal meinen Ausweis gezeigt. Jetzt ist Schluss.« Der Soldat hob sein Gewehr einen Zentimeter hoch: »Doch, ich muss das von Ihnen erzwingen.« – »Willste mich jetzt abknallen, wenn ich dir meinen Ausweis nicht zeige? Weißt du überhaupt, was in der DDR läuft?« Die wussten überhaupt nichts, diese Soldaten. Sie waren abgeschnitten vom Rundfunk und Fernsehen. Sie hatten keine Zeitungen, nichts. Dort im »Tal der Ahnungslosen« ging gar nichts mehr. Westfernsehen bekamen sie nicht. Die Telefone waren abgeklemmt. An den Kiosken gab es keine Zeitungen. Das war der Wahnsinn! Meine Freundin sagte zu dem Soldaten: »Wenn du das Gewehr jetzt noch einen Zentimeter höher hebst, knall ich dir eine.« Wir konnten schließlich weiterlaufen. Die dachten wohl: »Die Verrückte lassen wir lieber gehen.«

Menschlich lief manches schief in den letzten DDR-Jahren. Ich hatte eine gute Freundin, unsere Kinder waren zusammen groß geworden. Sie jobbte gelegentlich. Er war freischaffender Künstler. Als Hermann mit Jugendtourist mal in die Schweiz reiste, sagten sie: »Wer ins westliche Ausland reisen darf, ist bei der Stasi.« Das hat mich unheimlich verletzt. Wenig später durfte dieser Freund nach Spanien fahren. Und nun war es plötzlich was ganz anderes, Künstler dürfen das. Sie stellten Mitte der 80er einen Ausreiseantrag und sagten uns lange Zeit nichts davon. Kurz vor der Ausreise saßen wir eine ganze Nacht zusammen. Da kamen solche Sätze: »Wir können uns hier nicht verwirklichen, weil wir so christlich sind.« Ich hatte in den zehn Jahren, in denen wir uns kannten, nichts davon gemerkt, dass sie übermäßig christlich waren. Außer dass sie am Heiligabend in die Kirche sind, manchmal sind wir mitgegangen. Ich sagte: »Erzähl doch nicht, du willst Nutella essen statt Nudossi.« Darum ging's. Denn der Mann hatte öfter gesagt: »Ich fahre irgendwann BMW.« Ich glaube, wir leerten in jener Nacht fünf Flaschen Wein. Die Diskussion wurde immer schlimmer. Bis zu solchen Äußerungen: »Wer hier bleibt, ist blöd und zu faul zum Arbeiten.« Ich fühlte mich total angegriffen. Das sagten welche, wo der Mann zwei Mal im Jahr zur Messe richtig ranklotzen musste und in dieser Zeit so viel verdiente, dass der Rest des Jahres sehr ruhig verlief. Die hatten doch ihre Nische gefunden! Ich fand das alles ziemlich traurig. Sie reisten ab, ohne sich zu verabschieden. Das ging mir sehr nah. Ich hing sehr an dieser Freundin. Voriges Jahr haben wir sie zum ersten Mal besucht. Sie rackern wie die Wilden. Als freier Künstler hat man es schon schwer unter marktwirtschaftlichen Verhältnissen. Und sicher war es gut so für sie, weil sie nach der Wende im Osten große Schwierigkeiten gehabt hätten. Sie haben sich eine Existenz aufgebaut, haben ein kleines Reihenhaus und einen Berg Schulden. Sie sagen, dass sie nie wieder so viele interessante Leute und Intellektuelle gefunden hätten wie in unserem Freundeskreis. Dort wohnen vorwiegend Industrielle, die viel Geld haben. Da relativiert sich ihr kleiner Wohlstand schnell, und man wird wieder unzufrieden. Sie wären nach der Wende gern zurückgekommen. Es war aussichtslos, Arbeit zu bekommen.

Es gab wirklich viele positive Erfahrungen bei uns. Auch in Schule, Krippe, Kindergarten. Meine Tochter ging in eine Schulungskrippe, wo die Studentinnen ausgebildet wurden. Das war gigantisch. Eine junge Frau betreute drei Kinder. Die haben den ganzen Tag gesungen und sind spazieren gegangen. Im Kindergarten haben sie keine Panzer gezählt, sondern Bäume. So was lag doch in der Entscheidung der Kindergärtnerin! Ich war mal total verblüfft über das Kind. Als wir mit dem Auto auf der Autobahn an Weimar vorbeifuhren, erklärte ich der Großen, die in die erste Klasse ging: »Das ist Weimar.« Und erzählte von Goethe und Schiller. Die Kleine war vier. Sie guckte ganz gelangweilt aus dem Fenster und plapperte plötzlich: »Gefunden. Ich geh' im Walde so für mich hin ...« Da war ich platt. Sie hatte das Goethe-Gedicht im Kindergarten gelernt. Das fand ich enorm. Deshalb werde ich mir mein Leben im Osten nicht zerreden lassen. Ich habe viele schöne und erlebnisreiche Jahre gehabt. Das war und ist einfach meine Heimat. Mein Opa würde jetzt sagen: »Tja, jeder Vogel liebt sein Nest!«

Chronologie

	West	Ost
1945	Bodenreform	Bodenreform
		Gründung des FDGB
1946	Gründung d. Springer Verlages Konrad Adenauer wird Vorsitzender der CDU Gründung des Sozialistischen Deutschen Studentenbundes (SDS)	Gründung der FDJ
1947		Vereinigungsparteitag von KPD und SPD zur SED
1948	Berlin-Blockade	Gründung der Kinderorganisation Junge Pioniere
1949	Gründung der Bundesrepublik Deutschland (BRD), Hauptstadt: Bonn	Gründung der Deutschen Demokratischen Republik (DDR), Hauptstadt: Ostberlin
1950		Einrichtung des Ministeriums für Staatssicherheit
1952		Beginn der Kollektivierung der Landwirtschaft (LPG-Gründungen), Beginn der Grenzbefestigung, Bildung von »Betriebskampfgruppen«
1954		Einführung der Jugendweihe
1956	Gründung der Bundeswehr	Gründung der Nationalen Volksarmee (NVA)
1960		Walter Ulbricht wird Vorsitzender des Staatsrates

<table>
<tr><td>1961</td><td></td><td>Mauerbau</td></tr>
<tr><td>1962</td><td colspan="2">Kubakrise</td></tr>
<tr><td>1963</td><td colspan="2">Ermordung John F. Kennedys</td></tr>
<tr><td>1964</td><td></td><td>21. August: Bürger, die vor dem Mauerbau die DDR verlassen haben, können wieder in die DDR reisen. Ihnen wird Straffreiheit zugesichert
9. September: Rentner dürfen einmal im Jahr in den Westen zu Verwandten reisen</td></tr>
<tr><td>1968</td><td>Studentenrevolten
Schüsse auf Rudi Dutschke</td><td>Wahl zur Verfassung der DDR
Prager Frühling</td></tr>
<tr><td></td><td colspan="2">Ermordung Martin Luther Kings</td></tr>
<tr><td>1969</td><td>Willy Brandt wird Bundeskanzler</td><td></td></tr>
<tr><td>1970</td><td></td><td>Willi Brandt trifft Willy Stoph in Erfurt</td></tr>
<tr><td>1972</td><td>Ostverträge
Grundlagenvertrag</td><td>6. Oktober: Amnestie für politische und kriminelle Straftäter</td></tr>
<tr><td>1976</td><td></td><td>Erich Honecker wird Vorsitzender des Staatsrates
November: Ausbürgerung Wolf Biermanns</td></tr>
<tr><td>1982</td><td>Die sozialliberale Koalition wird durch eine Koalition aus CDU und FDP abgelöst. Helmut Kohl (CDU) wird Bundeskanzler</td><td></td></tr>
</table>

1989 Massaker auf dem Platz des Himmlischen Friedens in Peking

Zur Kommunalwahl im Mai kontrollieren kirchliche und Bürgerrechtsgruppen innerhalb der Kirche den Ausgang der Kommunalwahl. Sie gehen gezielt zu den öffentlichen Auszählungen und rechnen die Ergebnisse hoch. Auf diese Weise kann bewiesen werden, dass die offiziellen Zahlen manipuliert wurden. Der nun offensichtliche Wahlbetrug löst Unmut unter oppositionellen Gruppen aus. Beginn von Demonstrationen

Gründungen von Bürgerrechtsbewegungen

Friedensgebete und Demonstrationen

9. November: Maueröffnung

Erste freie Wahlen in der DDR

1990 1. Juli: Währungsunion

3. Oktober – Deutsche Einheit

Glossar

7. Oktober/ Republikgeburtstag Am 7. Oktober 1949 wird die Deutsche Demokratische Republik (DDR) gegründet. Hauptstadt wird Ostberlin. Der 7. Oktober wird der Nationalfeiertag der DDR, auch »Republikgeburtstag« genannt.

Amnestie 1972 in der DDR Am 6. Oktober 1972 erlässt der Staatsrat der DDR eine »umfassende Amnestie für politische und kriminelle Straftäter«. Nach dieser Amnestie können Republikflüchtige, die nach 1961 die DDR verlassen hatten, wieder in den Osten reisen.

Ayurveda Ganzheitliche indische Heilmethode, älteste Heilkunde, deren Blütezeit vor 3000 Jahren war.

Barbara (1930 bis 1967); eigentlich Monique Serf, große französische Chansonnette (»Göttingen«, »L'aigle noir«, »Nantes«)

Barth, Karl (1886 bis 1968); Schweizer reformierter Theologe, Begründer der Dialektischen Theologie

BBUs Die »Bösen Bonner Ultras« war ein ironischer Ausdruck in der DDR für die politischen Köpfe in der Bundesrepublik, die als reaktionär und revanchistisch galten.

Biermann, Wolf (*1936); deutscher Lyriker und Liedersänger. Der Kommunist Biermann siedelt 1953 in die DDR über. B. schreibt und singt polemisch-kritische Lieder, was 1976 zu seiner Ausbürgerung führt. Nach einer Konzertreise in die BRD darf er nicht in die DDR zurückkehren. Biermanns Ausbürgerung zieht eine Welle kulturpolitischer Auseinandersetzungen nach sich. Viele Künstler verlassen in der Folgezeit die DDR.

Blockparteien

Im Volksmund auch »Blockflöten«. Die Parteien der Sowjetischen Besatzungszone (SBZ) schließen sich am 14. Juli 1949 zu einem »antifaschistisch-demokratischen Block« (Demokratischer Block) zusammen, angeblich gleichberechtigt. Die SED übernimmt jedoch im Laufe der Zeit eine immer stärkere Führungsrolle.

Politische Parteien in der DDR: Sozialistische Einheitspartei Deutschlands (SED), Christlich-Demokratische Union (CDU, gegr. 1945), Demokratische Bauernpartei Deutschlands (DBD, gegr. 1948), Liberal-Demokratische Partei Deutschlands (LDPD, gegr. 1945); National-Demokratische Partei Deutschlands (NDPD, gegr. 1948).

Bodenreform

Nach 1945 ergehen in den westlichen Besatzungszonen Deutschlands Bodenreformgesetze, die dazu dienen, Heimatvertriebenen eine Existenzgrundlage zu schaffen sowie Großgrundbesitz zu reduzieren. In der sowjetisch besetzten Zone werden Banken, Sparkassen und Versicherungen verstaatlicht.

In Sachsen beginnt die Bodenreform, die 1946 im Wesentlichen abgeschlossen ist. Insgesamt werden im Osten Deutschlands 1400 Groß- und Spezialbetriebe entschädigungslos enteignet. 3,3 Millionen Hektar Land gehen in staatliche Bodenfonds über. Davon werden 2,2 Millionen Hektar an landlose und landarme Bauern sowie Umsiedlerfamilien verteilt; 1,1 Millionen Hektar werden zu volkseigenen Gütern.

Brandt, Willy

(1913 bis 1998); SPD-Politiker, 1957 bis 1966 Regierender Bürgermeister von Westberlin; 1966 bis 1969 Außenminister und Vizekanzler der Koalition aus CDU und SPD; Bundeskanzler von 1969 bis 1974. Mit Willy Brandt beginnt eine neue Deutschland- und Ostpolitik (Unterzeichnung des Atomwaffensperrvertrages,

	Abschluss des Deutsch-Sowjetischen Vertrages, des Deutsch-Polnischen Vertrages, des Grundlagenvertrages zwischen beiden deutschen Staaten und des Viermächteabkommens über Berlin.
Bundeswehr	6. März 1956: Gründung der Bundeswehr; 21. Juli: Einführung der allgemeinen Wehrpflicht sowie eines Ersatzdienstes für Kriegsdienstverweigerer.
BWLer	Student für Betriebswirtschaftslehre.
CeCi-Ziegen und Bavink-Kühe	Nach den Gymnasien (Cecilien- und Bavink-Gymnasium) benannt.
Christenlehre	In der DDR gibt es keinen schulischen Religionsunterricht. Die von den Kirchen verantwortete christliche Unterweisung wird in kirchlichen Räumen abgehalten. In der evangelischen Kirche wird dieser Unterricht Christenlehre genannt, in der katholischen Religionsunterricht. Christenlehre wird auch heute noch in manchen Gemeinden der neuen Bundesländer neben dem schulischen Religionsunterricht gegeben.
Demokratischer Block	Zusammenschluss aller Parteien und Massenorganisationen der DDR unter Führung der SED.
DHFK	Deutsche Hochschule für Körperkultur, Leipzig.
DSF	Gesellschaft für Deutsch-Sowjetische Freundschaft. Eine der größten Massenorganisationen der DDR. Die DSF geht aus der 1947 gegründeten »Gesellschaft zum Studium der Kultur der Sowjetunion« hervor.
DTSB	Deutscher Turn- und Sportbund, Massenorganisation für Sportler der DDR, gegründet am 27./28. April 1957 in Berlin

Dutschke, Rudi (1940 bis 1979); Mitglied des Sozialistischen Deutschen Studentenbundes (SDS) in der Bundesrepublik und führender Kopf der außerparlamentarischen Opposition (APO); Mitorganisator von Protestaktionen. Dutschke wird 1968 durch ein Attentat schwer verletzt, in dessen Folge es zu Demonstrationen und Protestaktionen kommt.

Eichler, Hartmut Schlagersänger der DDR (»Lachend durch den Regen«).

EKD Evangelische Kirche in Deutschland, Bund aus den evangelisch-lutherischen Landeskirchen, reformierten und unierten Kirchen Deutschlands, Dachverband für 24 Kirchen.

EOS Erweiterte Oberschule der DDR, zwölfklassig, Abschluss mit dem Reifezeugnis (Abitur). In den 60er Jahren wird die Schulausbildung mit einer Ausbildung zum Facharbeiter verknüpft. Einmal monatlich gehen die Oberschüler für eine Woche in einen Ausbildungsbetrieb (z. B. Eisenbahn, Produktionsbetriebe, Krankenhaus, Kfz-Betrieb u. a.). Dieser Versuch wird jedoch 1969 wieder eingestellt.

Espenhain Industriegemeinde im Landkreis Borna, Bezirk Leipzig. Braunkohlengebiet. Die dortige Industrie (Braunkohlen- und Chemiekombinat, Tagebau, Brikettfabrik, Erdölverarbeitung, Plastikverarbeitung) belastete die Umwelt verheerend. Die Betriebe waren in den 80er Jahren völlig marode. Die evangelische Kirchgemeinde veranstaltete 1987 einen großen Umweltgottesdienst auf dem Pfarrhof in Mölbis als Protest gegen die Umweltverschmutzung. 1988 wurde die Sammelaktion »Eine Mark für Espenhain« gestartet. Die symbolische Mark war ein Trick, um Unterschriften zu sammeln, da sonst Unterschriftenaktionen nicht erlaubt waren. Die Listen wurden über kirchliche Basisgruppen verbreitet. Es kamen über 40 000 DDR-Mark zusammen.

FDGB Freier Deutscher Gewerkschaftsbund, die Einheitsgewerkschaft in der DDR, entsteht am 15. Juni 1945 zunächst aus den sozialdemokratischen und kommunistischen Gewerkschaften. Ab 1947 ist der FDGB die größte Massenorganisation der SED. Fast alle Werktätigen gehören mehr oder weniger freiwillig dem FDGB an.

FDGB-Urlaub Dem Gewerkschaftsbund gehören eigene Ferieneinrichtungen, die den FDGB-Mitgliedern preisgünstig zur Verfügung stehen. Begehrte Plätze (z. B. an der Ostsee) kann man nicht jedes Jahr in Anspruch nehmen.

FDJ Am 7. März 1946 wird die Freie Deutsche Jugend (FDJ) als kommunistischer Jugendverband gegründet. Erster Vorsitzender wird Erich Honecker. Andere Jugendverbände sind in der DDR verboten.

Flower-Power Die Hippies benutzen diesen Ausdruck Ende der 60er Jahre als »Kampfsymbol« für eine gerechte, humanitäre Gesellschaft. Anhänger schmücken sich mit Blumen und bunten Kleidern. Musik und Mode stehen bis Anfang der 70er ganz im Zeichen der »Blumenkinder«.

Grundlagenvertrag Am 21. Dezember 1972 unterzeichnen Bundesminister Egon Bahr (SPD) und DDR-Staatssekretär Michael Kohl den Grundlagenvertrag beider deutscher Staaten, der einer faktischen Anerkennung der DDR durch die BRD gleichkommt. Er ist das Ergebnis der seit 1969 angestrebten Entspannungspolitik der Bundesregierung unter Willy Brandt. Der Grundlagenvertrag tritt 1973 in Kraft.

Hegel, Georg Wilhelm Friedrich (1770 bis 1831); deutscher Philosoph und Theologe.

Heidegger, Martin (1889 bis 1976); deutscher Philosoph.

Hippies »Blumenkinder« – Anhänger einer jugendlichen Protestbewegung, die Mitte der 60er Jahre in den USA entsteht. Die Bewegung richtet sich gegen die Wohlstands- und Leistungsgesellschaft. Natürliche Gemeinschaft, Liebe und sexueller Genuss stehen im Vordergrund ihrer Lebensphilosophie.

HO Die staatliche Handelsorganisation der DDR (HO) wird 1948 gegründet. In Berlin werden die ersten HO-Läden eingerichtet, die hochwertige Waren anbieten, um dem Schwarzhandel entgegenzusteuern.

Holt, Werner Romanfigur aus »Die Abenteuer des Werner Holt« von Dieter Noll (*1927), Schriftsteller der DDR. Der Roman war Lesestoff im Literaturunterricht der Oberstufe.

Honecker, Erich (1912 bis 1994); deutscher Politiker. Der gelernte Dachdecker ist der erste Vorsitzende der FDJ und Mitglied des Parteivorstandes der SED (1946), seit 1949 Abgeordneter der Volkskammer und Vorsitzender des Staatsrates der DDR von 1976 bis 1989.

Jugendweihe 1954 wird eine Feier für die 14-Jährigen eingeführt, um sie in die »Reihen der Erwachsenen« aufzunehmen. Im Vorfeld besuchen sie so genannte Jugendstunden, in denen die Kinder politisch und gesellschaftlich unterwiesen werden – im Sinne des sozialistischen Staates. Am 27. März 1955 findet die erste Jugendweihe im Berliner Stadtteil Köpenick statt. Die Jugendweihe ist verbunden mit einem Gelöbnis zum Sozialismus.

Junge Pioniere Am 13. Dezember 1948 wird die kommunistische Kinderorganisation »Junge Pioniere« gegründet.

Kampfgruppe Betriebskampfgruppen werden 1952 aus Werktätigen in den volkseigenen Betrieben in der DDR gebildet. Die bewaffneten Verbände werden 1989 aufgelöst.

Kennedy, John F. (1917 bis 1963); Präsident der USA ab 1961, wurde 1963 in Dallas ermordet.

King, Martin Luther (1929 bis 1968); Baptistenpfarrer und amerikanischer Bürgerrechtler, begründet und fördert den gewaltfreien Kampf für die Gleichberechtigung der Farbigen in den USA. 1968 wird er in Memphis ermordet.

Kleiner Grenzverkehr Nach Inkrafttreten des Grundlagenvertrages (1973) gibt es Erleichterungen im Grenzverkehr. Es werden mehrere zusätzliche Grenzübergänge eingerichtet. Im »Kleinen Grenzverkehr« können Westdeutsche aus von der DDR festgelegten 56 grenznahen Land- und Stadtkreisen Tagesreisen in 54 grenznahe Kreise der DDR unternehmen. Im ersten Jahr nutzen bereits 193 000 Bürger diese Möglichkeit. 1979 wird die Anzahl der Kreise, die in den Genuss dieser Regelung kommen, nochmals erweitert.

Klemperer, Victor (1881 bis 1960); Romanist, Professor in Dresden; wurde als Jude von den Nazis entlassen. Durch die Ehe mit einer Nichtjüdin entging er dem KZ. In seinem Buch LTI (Lingua Tertii Imperii. Sprache des Dritten Reiches) setzt er sich mit der Sprache der Nazis auseinander. Nach dem Krieg lehrte er in Greifswald, Halle und Berlin.

Krenz, Egon

(*1927), deutscher Politiker, Mitglied der SED, 1974 bis 84 Erster Sekretär der FDJ, seit 1983 Mitglied des Politbüros der SED, ab 1984 Stellvertreter Erich Honeckers. Nach dem Sturz Honeckers im Oktober 1989 war er bis zum Dezember Generalsekretär der SED und Staatsratsvorsitzender und versuchte, die Macht der SED zu halten. Im Januar 1990 wurde er aus der Partei ausgeschlossen.

Kuba-Krise

1962 stationiert die Sowjetunion Langstreckenraketen auf Kuba. Das führt zu einer Konfrontation zwischen den Großmächten UdSSR und USA. John F. Kennedy verlangt den Abbau und die Rückführung aller sowjetischen Raketen und Abschussanlagen aus Kuba. Im Oktober 1962 erreicht er das Einlenken des damaligen sowjetischen Regierungschefs Nikita Chruschtschow.

LPG

Landwirtschaftliche Produktionsgenossenschaft. Im Juli 1952 beginnt die Kollektivierung der Landwirtschaft in der DDR zu landwirtschaftlichen Großbetrieben. Anfangs auf freiwilliger Basis. Großbauern blieben noch ausgeschlossen.

Am 12. Juni 1958 wird die Forcierung der Kollektivierung beschlossen, was einer Zwangskollektivierung gleichkommt. Viele Bauern flüchten in die Bundesrepublik.

LPG Typ I: Das Ackerland der Mitglieder wird zusammengelegt. Die Viehwirtschaft bleibt in individueller Nutzung.

LPG Typ II: Außer dem Ackerland werden nun die Zugtiere und die für die Produktion in der Feldwirtschaft notwendigen Maschinen der Genossenschaft einverleibt.

	LPG Typ III: Alle land-, forst- und wasserwirtschaftlich nutzbaren Flächen werden kollektiviert. Ebenso zieht die Genossenschaft Maschinen und Gebäude ein, die für die Produktion verwendbar sind.
LTI	Lingua Tertii Imperii, Sprache des Dritten Reiches. Das Buch von Victor Klemperer setzt sich mit dem Sprachverfall und der Bedeutungswandlung von Wörtern unter den Nazis auseinander.
Mauer, Mauerbau	Am 13. August 1961 riegeln Volkspolizei und Betriebskampfgruppen mit Stacheldraht und Straßensperren die Zugänge nach Westberlin ab. Der Bau der Berliner Mauer beginnt. Für DDR-Bürger gibt es ein totales Westreiseverbot. Erst ab 1964 dürfen Rentnerinnen und Rentner der DDR einmal im Jahr Verwandte in Westdeutschland besuchen.
Nationale Front der DDR (NF)	Am 7. Oktober 1947 gegründetes Aktionsbündnis aller Parteien und Massenorganisationen der DDR unter Führung der SED. Die NF stellt die Kandidaten zu Wahlen auf und koordiniert das Parteiensystem.
Neues Forum	Die am 9. September 1989 gegründete Bürgerbewegung versteht sich als überparteiliche Plattform, um den Dialog zwischen unterschiedlich Denkenden in der DDR zu ermöglichen.
NVA	1. März 1956: Gründung der Nationalen Volksarmee (NVA); 24. Januar 1962: Einführung der allgemeinen Wehrpflicht in der DDR
Platz des Himmlischen Friedens	Wichtigster Platz der chinesischen Hauptstadt Peking. Im Frühsommer 1989 halten tausende von Studenten und Pekinger Bürgern den Platz mit Zelten besetzt, um gegen die Korruption in der chinesischen

	Führung zu demonstrieren. Täglich gibt es Diskussionen, Reden und Demonstrationen, auch in anderen großen Städten Chinas. In der Nacht vom 3. auf den 4. Juni 1989 räumt die Armee den Platz mit Gewalt. Einige tausend Menschen kommen ums Leben.
POS	Zehnklassige allgemein bildende polytechnische Oberschule der DDR. Am 2. Dezember 1959 wird mit dem Gesetz zur »sozialistischen Entwicklung des Schulwesens« die POS Bildungsstandard. Der »Unterrichtstag in der sozialistischen Produktion in Industrie und Landwirtschaft« (UTP) wird für die Klassen 7 bis 10 eingeführt.
Pott	Ruhrpott, Ruhrgebiet
Prager Frühling	1968 versucht die Regierung der Tschechoslowakei unter Alexander Dubcek den Sozialismus zu liberalisieren. Der als »Prager Frühling« in die Geschichte eingegangene Versuch, einen »Sozialismus mit menschlichem Antlitz« aufzubauen, wird am 20./21. August durch eine Militäraktion der Truppen des Warschauer Vertrages niedergeschlagen.
Prana-Healing	Prana (Sanskrit) – indische Bezeichnung für den Atem als Lebenskraft. Geistheilung, Fernheilung durch Stärkung der Lebenskraft.
Republikflucht	Am 11. Dezember 1958 schränkt ein neues Passgesetz die Reisefreiheit der DDR-Bürger drastisch ein. Übertritte auf BRD-Territorium gelten von nun an als Republikflucht.
SBZ	Sowjetische Besatzungszone (Gebiet der späteren DDR).

Schullandheim Von westdeutschen Schulen oder deren Trägern gehaltene Heime auf dem Lande. Sie dienen einem mehrtägigen bis mehrwöchigen Aufenthalt von Schulklassen mit ihren Lehrern. Die pädagogische Absicht der Schullandheime ist zum Beispiel die Förderung des sozialen Lernens.

Schwarzer Kanal Politische Sendung des DDR-Fernsehens, in der Karl Eduard von Schnitzler (im Volksmund »Sudel-Ede«) gegen die Bundesrepublik polemisiert.

SDS Sozialistischer Deutscher Studentenbund, marxistisch orientierter Hochschulverband Westdeutschlands, 1946 als Studentenverband der SPD gegründet. 1960 spaltet sich der Sozialistische Hochschulbund ab. Auflösung 1970.

SED Auf einem Vereinigungsparteitag in der SBZ am 21./22. April 1947 werden die Kommunistische Partei Deutschlands und die Sozialdemokratische Partei Deutschlands zu einer Partei, der Sozialistischen Einheitspartei Deutschlands (SED), zusammengeführt. Vorsitzende werden Wilhelm Pieck und Otto Grotewohl. Am 23. April erscheint die erste Ausgabe der Tageszeitung »Neues Deutschland« als Zentralorgan der SED.

SPD Sozialdemokratische Partei Deutschlands, eine der großen Volksparteien Deutschlands.
Am 10. Juni 1945 erlaubt die sowjetische Militäradministration die Gründung antifaschistisch-demokratischer Parteien. Bereits am 11. Juni wird von einer Gruppe Exilpolitiker aus Moskau um Walter Ulbricht die Kommunistische Partei als erste Nachkriegspartei gegründet. Vorsitzender wird Wilhelm Pieck. In

der Sowjetischen Besatzungszone folgen innerhalb eines Monats die Gründungen der Sozialdemokratischen Partei (SPD), der Christlich-Demokratischen Union (CDU), der Liberaldemokratischen Partei (LDP) für das gesamte Gebiet der SBZ.
In den Westsektoren gründen sich vorerst nur regional Parteien.

Sperrgebiet Im Mai 1952 wird auf DDR-Seite ein zehn Meter breiter Kontrollstreifen an der innerdeutschen Grenze errichtet. Er darf nicht überschritten werden. An diesen Kontrollstreifen schließt sich ein 500 Meter breiter Schutzstreifen sowie eine Sperrzone von fünf Kilometern an. In das Sperrgebiet dürfen auch DDR-Bürger nur mit einem gültigen Passierschein reisen. Westdeutsche erhalten nur eine Einreise bei Sterbefällen von Verwandten. Auch die Bewohner des Sperrgebietes können sich nur innerhalb ihres eigenen Kreises frei bewegen und dürfen nicht ohne Genehmigung in einen anderen Kreis des Sperrgebietes gehen.

Springerpresse Axel Springer gründet 1946 den Springer Verlag. Der westdeutsche Zeitschriftenkonzern wird von der außerparlamentarischen Opposition (APO) und revoltierenden Studenten 1968 wegen Hetze gegen die APO für die Schüsse auf Rudi Dutschke verantwortlich gemacht. Es gibt zahlreiche Versuche, die Auslieferung der Springerpresse zu verhindern.

Staatssicherheit (Stasi) Geheimdienst der DDR. Das Ministerium für Staatssicherheit wird am 8. Februar 1950 eingerichtet.

Stoph, Willi (1914 bis 1999); deutscher Politiker, Mitglied der KPD, später SED, seit 1950 Mitglied des Zentralkomitees der SED; von 1964 bis 1973 und ab 1976 bis zur Wende 1989 Vorsitzender des Ministerrates der DDR.

	Stoph wird wegen des Schießbefehls an der innerdeutschen Grenze 1991 angeklagt. Es kommt jedoch nie zu einer rechtskräftigen Verurteilung, da er zu diesem Zeitpunkt schon schwer krank ist.
Tal der Ahnungslosen	Der Volksmund nennt das Gebiet um Dresden und Cottbus bis hin zur polnischen und tschechischen Grenze »Tal der Ahnungslosen«, weil dort Westfernsehsender nicht empfangen werden können.
The Beatles	Die englische Popgruppe aus Liverpool beeinflusst mit ihrem Stil die Musikkultur. Die Gruppe spielt von Anfang der 60er Jahre bis 1970.
The Rolling Stones	Die englische Rockgruppe tritt 1962 zum ersten Mal in London auf.
Ulbricht, Walter	(1893 bis 1973); deutscher Politiker. Der gelernte Tischler tritt 1912 in die SPD ein, 1919 in die KPD, wird 1923 in die Zentrale der KPD gewählt. Er emigriert 1933 nach Frankreich, 1938 in die Sowjetunion. 1960 übernimmt Ulbricht den Vorsitz des neu gegründeten Staatsrates der DDR. Unter seiner Regierung wird 1961 die Mauer gebaut.
Ullmann, Wolfgang	(*1929); Theologe, Dozent an der kirchlichen Hochschule in Naumburg; im Herbst 1989 Mitbegründer der Bürgerrechtsbewegung »Demokratie Jetzt«. 1990 wird Ullmann Minister ohne Geschäftsbereich im Kabinett Modrow; Vizepräsident der Volkskammer und Abgeordneter von Bündnis 90/Die Grünen. 1990 bis 1994 Mitglied des Bundestages; anschließend Mitglied des Europäischen Parlaments in der Fraktion der Grünen.
VEB	Volkseigener Betrieb. In der DDR sind die meisten Betriebe staatlich, »volkseigen«. Es gibt darüber hi-

naus genossenschaftliches Eigentum und einige wenige Privatbetriebe, die eine gewisse Größe nicht übersteigen dürfen.

Vietnamkrieg In den Konflikt in Indochina – Hauptschauplatz sind das kommunistische Nordvietnam und das von den USA unterstützte Südvietnam – greift die USA 1964 militärisch ein. Der amerikanische Präsident L. B. Johnson erhält vom Kongress eine Generalvollmacht für den Einsatz amerikanischer Truppen in Indochina.

Wachholz, Bärbel (1938 bis 1984); erfolgreiche Schlagersängerin der DDR (»Damals«, »Weil ich jung bin«), die sowohl in Osteuropa als auch bei Solo-Gastspielen in Westeuropa auftritt.

Wende 1989 wird durch friedliche Bürgerproteste und Demonstrationen, die von Gruppen der Bürgerbewegung organisiert werden, ein Machtwechsel in der DDR eingeleitet. Am 9. November 1989 öffnet sich die innerdeutsche Grenze. Die »Wende« schafft die Grundlage für die Wiedervereinigung Deutschlands am 3. Oktober 1990.

Zone Für Sowjetische Besatzungszone (SBZ). Der Begriff wird von jenen, die die DDR nicht als souveränen deutschen Staat anerkennen, auch nach der Gründung der DDR verwendet, was die meisten DDR-Bürger als diskriminierend empfinden.

ZV-Lager Zivilverteidigungslager. Studenten der DDR müssen an einer Zivilverteidigung teilnehmen. Ende der 60er Jahre wird ein sechswöchiges Zivilverteidigungslager für Mädchen und für vom Wehrdienst befreite Jungen eingeführt. Die wehrdiensttauglichen männlichen Studenten nehmen währenddessen an einem Armeelager teil.